金蝶K/3
供应链管理实务

主　编◎党丹丹　张　军
副主编◎荆兆春　李德胜

Kingdee K/3 Supply Chain Management Practice

清华大学出版社
北京

内容简介

本书以企业供应链业务为基础，以金蝶 K/3 WISE V13.1 软件为平台，以企业一个月的业务操作为主线，从账套的创建、系统设置、初始化到企业业务及期末结账，完整地描述企业供应链业务账套的操作过程，详细介绍金蝶软件中供应商管理、采购管理、销售管理、仓存管理、存货核算、期末结账等功能。本书最后一个项目还提供了一个完整的练习案例，供读者练习。

本书是作者结合自己多年的教学经验及金蝶资深顾问多年的项目经验编写，同时配备教学视频及账套，非常适合作为职业院校财务会计、企业管理、信息管理、物流管理等专业的教学用书，同时也可以作为企业信息化管理的初学者的参考书，还可作为 ERP 培训用书。

本书封面贴有清华大学出版社防伪标签，无标签者不得销售。
版权所有，侵权必究。举报：010-62782989，beiqinquan@tup.tsinghua.edu.cn。

图书在版编目（CIP）数据

金蝶 K/3 供应链管理实务/党丹丹，张军主编．— 北京：清华大学出版社，2019（2025.2重印）
（21 世纪高职高专经管专业精编教材）
ISBN 978-7-302-51654-5

Ⅰ．①金…　Ⅱ．①党…　②张…　Ⅲ．①企业管理-供应链管理-计算机管理系统-高等职业教育-教材　Ⅳ．①F274-39

中国版本图书馆 CIP 数据核字（2018）第 257373 号

责任编辑：杜春杰
封面设计：刘　超
版式设计：魏　远
责任校对：马子杰
责任印制：沈　露

出版发行：清华大学出版社
网　　址：https://www.tup.com.cn，https://www.wqxuetang.com
地　　址：北京清华大学学研大厦A座　　　邮　　编：100084
社 总 机：010-83470000　　　　　　　　　邮　　购：010-62786544
投稿与读者服务：010-62776969，c-service@tup.tsinghua.edu.cn
质量反馈：010-62772015，zhiliang@tup.tsinghua.edu.cn

印 装 者：三河市人民印务有限公司
经　　销：全国新华书店
开　　本：185mm×260mm　　　印　张：19.5　　　字　数：507 千字
版　　次：2019 年 5 月第 1 版　　　　　　　　印　次：2025 年 2 月第 4 次印刷
定　　价：59.80 元

产品编号：081214-01

前 言 | Foreword

　　随着企业信息化水平的不断提高，越来越多的企业引入了 ERP 系统，而且市场对企业信息化人才的需求也日益攀升，金蝶作为国内一流的企业管理软件厂商，越来越受中小企业的青睐。本书以金蝶 K/3 WISE V13.1 为平台，详细介绍供应链管理系统的功能及企业业务处理。

　　本书基于企业供应链业务案例设计，从企业 ERP 账套的创建开始讲解，以企业一个月的业务数据为基础，详细讲解供应商管理、采购管理、销售管理、仓存管理、进出口管理和存货核算等功能模块。通过这种账套式、业务化的方式，全方位地向学生展示企业供应链业务在金蝶软件中的操作过程，让学生更容易地完成从"理论"到"实践"的有效过渡。

　　本书共分为 9 个项目，项目 1 介绍了 ERP 行业背景，金蝶 K/3 软件功能；项目 2 介绍了金蝶 K/3 软件中账套的创建与初始化过程；项目 3 至项目 7 主要介绍了供应链系统中供应商管理、采购、销售、仓存及进出口业务；项目 8 主要介绍了存货核算及期末结账业务；项目 9 主要提供一个模拟案例供读者练习。

　　本书由党丹丹、张军任主编，荆兆春、李德胜任副主编。此外，沈秋红、谢诗力、赵智勇、周晓岚等多名金蝶实施顾问也参与了本书的编写。本书在编写的过程中，我们也得到了金蝶公司以及傅仕伟博士的大力支持，在此一并表示感谢！

　　在编写本书的过程中，我们参考了国内外大量的优秀教材、著作、学术论文，以及网上传播的一些优秀文章，并在书中部分地方引用了一些内容，有准确出处的已列入参考文献中，由于疏忽没有列入参考文献的著作内容，望作者及时与我们联系，我们会及时进行改正。

　　由于编者水平所限，书中难免有疏漏和不当之处，敬请行业专家、学者以及同行批评指正。同时也希望认识更多的行业专家及同行，共同交流，一起探讨，不断完善本书。

　　在编写本书的过程中，我们也得到了清华大学出版社的大力支持，在此特别致谢。

编　者

2018 年 8 月

目 录 | Contents

项目 1 金蝶 K/3 供应链管理系统简介 ··· 1

 学习任务 1.1 金蝶 K/3 软件及供应链管理系统介绍 ······················ 1
  1.1.1 金蝶 K/3 软件介绍 ··· 1
  1.1.2 金蝶 K/3 供应链管理系统介绍 ·· 2
  1.1.3 各功能业务 ··· 3
 学习任务 1.2 金蝶 K/3 WISE V13.1 软件安装 ································ 4
  1.2.1 金蝶 K/3 WISE V13.1 的安装方式 ·· 4
  1.2.2 金蝶 K/3 WISE V13.1 对硬件和软件的要求 ···························· 5
  1.2.3 金蝶 K/3 WISE V13.1 安装前的注意事项 ······························ 5
  1.2.4 金蝶 K/3 WISE V13.1 的安装流程 ·· 6

项目 2 企业案例账套 ·· 18

 学习任务 2.1 企业案例资料 ··· 18
  2.1.1 企业介绍 ·· 18
  2.1.2 企业资料 ·· 18
 学习任务 2.2 账套创建与用户管理 ·· 25
  2.2.1 金蝶 K/3 账套管理 ··· 25
  2.2.2 金蝶 K/3 V13.1 系统登录 ··· 32
  2.2.3 用户管理 ·· 33
 学习任务 2.3 金蝶 K/3 基础资料录入 ·· 36
  2.3.1 基础资料介绍 ·· 36
  2.3.2 基础资料录入 ·· 37
 学习任务 2.4 系统初始化 ·· 46
  2.4.1 系统初始化介绍 ··· 46
  2.4.2 供应链模块初始化 ··· 47
  2.4.3 应收款管理模块初始化 ··· 50
  2.4.4 应付款管理模块初始化 ··· 53
  2.4.5 总账初始化 ··· 55

项目3 供应商管理 ... 59

学习任务3.1 供应商资质评估管理 ... 59
3.1.1 供应商管理系统介绍 ... 59
3.1.2 供应商资质评估管理流程 ... 59

学习任务3.2 供应商交易管理 ... 70
3.2.1 供应商交易管理介绍 ... 70
3.2.2 供应商交易管理流程 ... 71

项目4 采购管理 ... 77

学习任务4.1 采购基本业务 ... 77
4.1.1 采购管理系统介绍 ... 77
4.1.2 采购基本业务流程 ... 77

学习任务4.2 入库后收票与收票后入库业务 ... 87
4.2.1 入库后收票与收票后入库业务介绍 ... 87
4.2.2 入库后收票业务流程 ... 87
4.2.3 收票后入库业务流程 ... 89

学习任务4.3 采购退货业务 ... 92
4.3.1 采购退货业务介绍 ... 92
4.3.2 收票前退货与收票后退货业务流程 ... 93
4.3.3 采购全部退货与采购部分退货业务流程 ... 98
4.3.4 采购换货与采购退货退钱业务流程 ... 99
4.3.5 采购有源单退货与采购无源单退货业务流程 ... 103

学习任务4.4 现购与赊购业务 ... 104
4.4.1 现购与赊购业务介绍 ... 104
4.4.2 现购业务流程 ... 104
4.4.3 赊购业务流程 ... 107

学习任务4.5 直运采购业务 ... 111
4.5.1 直运采购业务介绍 ... 111
4.5.2 直运采购业务流程 ... 111

学习任务4.6 受托入库业务 ... 113
4.6.1 受托入库业务介绍 ... 113
4.6.2 受托入库业务流程 ... 114

学习任务4.7 委外加工业务 ... 116
4.7.1 委外加工业务介绍 ... 116
4.7.2 委外加工业务流程 ... 116

项目 5　销售管理···126

学习任务 5.1　销售基本业务···126
5.1.1　销售管理系统介绍···126
5.1.2　销售基本业务流程···126

学习任务 5.2　出库后开票与开票后出库业务···134
5.2.1　出库后开票与开票后出库业务介绍···134
5.2.2　出库后开票业务流程···134
5.2.3　开票后出库业务流程···136

学习任务 5.3　销售退货业务···139
5.3.1　销售退货业务介绍···139
5.3.2　开票前退货与开票后退货业务流程···140
5.3.3　销售全部退货与销售部分退货业务流程···144
5.3.4　销售换货与销售退货退钱业务流程···145
5.3.5　销售有源单退货与销售无源单退货业务流程···149

学习任务 5.4　现销与赊销业务···150
5.4.1　现销与赊销业务介绍···150
5.4.2　现销业务流程···150
5.4.3　赊销业务流程···152

学习任务 5.5　直运销售业务···155
5.5.1　直运销售业务介绍···155
5.5.2　直运销售业务流程···156

学习任务 5.6　委托代销与受托代销业务···160
5.6.1　委托代销与受托代销业务介绍···160
5.6.2　委托代销业务流程···160
5.6.3　受托代销业务流程···163

学习任务 5.7　分期收款业务···169
5.7.1　分期收款业务介绍···169
5.7.2　分期收款业务流程···170

学习任务 5.8　业务流程设计及审批管理···174
5.8.1　业务流程设计及审批管理介绍···174
5.8.2　业务流程设计···174
5.8.3　多级审核管理···175
5.8.4　审批流管理···180

项目 6　仓存管理 ·· 182

学习任务 6.1　其他出入库业务 ··· 182
6.1.1　仓存管理系统介绍 ··· 182
6.1.2　其他出入库业务介绍 ·· 182
6.1.3　其他出入库业务流程 ·· 183

学习任务 6.2　批号与序列号管理 ·· 185
6.2.1　批号与序列号介绍 ··· 185
6.2.2　批号管理 ·· 185
6.2.3　序列号管理 ··· 189

学习任务 6.3　价格管理 ·· 193
6.3.1　价格管理介绍 ·· 193
6.3.2　采购价格管理 ·· 193
6.3.3　销售价格管理 ·· 196

学习任务 6.4　赠品业务 ·· 200
6.4.1　赠品业务介绍 ·· 200
6.4.2　不核算成本的赠品业务流程 ··· 200
6.4.3　核算成本的赠品业务流程 ·· 201

学习任务 6.5　暂估入库业务 ··· 205
6.5.1　暂估入库业务介绍 ··· 205
6.5.2　暂估入库系统参数设置 ·· 205
6.5.3　暂估入库业务流程 ··· 206

学习任务 6.6　组装销售业务 ··· 211
6.6.1　组装销售业务介绍 ··· 211
6.6.2　组装销售业务流程 ··· 211

学习任务 6.7　盘点业务 ·· 217
6.7.1　盘点业务介绍 ·· 217
6.7.2　盘点作业流程 ·· 217

项目 7　进出口管理 ·· 222

学习任务 7.1　进口管理 ·· 222
7.1.1　进口管理介绍 ·· 222
7.1.2　进口管理业务流程 ··· 222

学习任务 7.2　出口管理 ·· 231
7.2.1　出口管理介绍 ·· 231
7.2.2　出口管理业务流程 ··· 231

项目 8 存货核算 ······ 238

学习任务 8.1 存货核算业务 ······ 238
- 8.1.1 存货核算介绍 ······ 238
- 8.1.2 存货核算业务流程 ······ 239

学习任务 8.2 凭证管理 ······ 250
- 8.2.1 凭证管理介绍 ······ 250
- 8.2.2 采购类凭证 ······ 250
- 8.2.3 销售类凭证 ······ 261
- 8.2.4 委外加工凭证 ······ 274
- 8.2.5 仓存管理凭证 ······ 276
- 8.2.6 盘点凭证 ······ 282

学习任务 8.3 报表 ······ 283
- 8.3.1 报表介绍 ······ 283
- 8.3.2 采购报表 ······ 283
- 8.3.3 销售报表 ······ 285
- 8.3.4 仓库报表 ······ 287

学习任务 8.4 期末结账 ······ 288
- 8.4.1 期末结账介绍 ······ 288
- 8.4.2 期末结账流程 ······ 288

项目 9 供应链模拟实训 ······ 292

- 9.1 企业介绍 ······ 292
- 9.2 企业基础资料 ······ 292

参考文献 ······ 299

项目 1　金蝶 K/3 供应链管理系统简介

学习目标

- ✧ 了解金蝶 K/3 软件的整体功能；
- ✧ 熟悉金蝶 K/3 供应链管理系统的主要功能；
- ✧ 掌握金蝶 K/3 软件的安装。

学习任务

- ✧ 金蝶 K/3 软件的整体功能架构；
- ✧ 金蝶 K/3 供应链管理系统功能架构；
- ✧ 金蝶 K/3 软件的安装及注意事项。

学习任务 1.1　金蝶 K/3 软件及供应链管理系统介绍

1.1.1　金蝶 K/3 软件介绍

一个企业从原料采购、生产运作、市场销售、售后服务，到计划、财务、人力资源等传统的管理方式，已经严重制约企业的发展，越来越多的企业借助信息化管理手段，引入 ERP 系统，实现传统产业的快速升级，以提升企业的核心竞争力。

金蝶 K/3 作为中小企业 ERP 软件市场的领军品牌，一直专注于中小企业管理模式的研究和探索，也已发展成为具备 W（Wide Application，全面应用）、I（Integrated Collaboration，完整协同）、S（Smart Manufacturing，敏捷制造）、E（Excellent Model，卓越模式），简称"WISE"。

金蝶 K/3 ERP 系统集客户关系管理、供应链协同、财务管理、供应链管理、生产制造管理、人力资源管理、企业绩效、移动商务、集成引擎及行业插件等业务管理组件为一体，以成本管理为目标，以计划与流程控制为主线，通过对成本目标及责任进行考核激励来推动管理者应用 ERP 等先进的管理模式和工具，建立企业人、财、物、产、供、销科学完整的管理体系。

K/3 WISE V13.1 创新管理平台是金蝶公司为满足中小型企业精细管理、快速成长的需要所推出的一款精品 ERP。它主要新增了日历视图、职员管理、价目表、项目管理、呼叫中心、移动销售、组织架构、数据授权、微博集成等功能，完善了 CRM（Customer Relationship

Management，客户关系管理）业务管理组件，同时在主控台增加了个人工作台，集中将个人最为关注的功能、报表、工作跟进、信息处理作为个人门户首页来展示。

1. 产品理念

秉承"帮助顾客成功"的企业理念，经过多年实践与经验积累，金蝶 K/3 ERP 在帮助企业实现全面业务应用的基础上，进一步提出"让管理精细化"的产品理念，从管理方法、流程控制、管理对象等方面，引导企业从常规管理迈向深入应用，使企业在激烈的竞争环境中，不断提升企业边际利润，实现企业的卓越价值和基业常青。

1）管理方法精细化

金蝶 K/3 ERP 针对不同业务领域、不同行业应用、不同管理模式，将全面预算、费用管理、作业成本管理、标准成本管理、车间工序管理、精益生产等管理方法充分融合，帮助企业逐步迈入管理精细化阶段。

2）流程控制精细化

金蝶 K/3 ERP 基于 K/3 BOS 平台，借助灵活可变的流程将系统模块、功能、单据、数据、角色等要素紧密关联，通过参数精确控制，帮助企业实现管理流程的规范化和精细化。

3）管理对象精细化

金蝶 K/3 ERP 以企业的人、财、物为基本分类，将产、供、销等业务运营过程中涉及的物料、产品、伙伴等基本对象从数量、价值、时点、质量、状态等多纬度、多方位进行全面细致的监控，实现对管理对象的精细化管理。

2. 产品适用性

金蝶 K/3 ERP 结合国外先进管理理论和数十万国内客户最佳应用实践，面向单个利润中心的企业，包括单体企业或集团下属的利润中心子公司，提供了多种细分行业专业应用解决方案，包括电子设备、电子元器件、仪器仪表、灯饰照明、五金行业、塑胶行业、汽摩零部件、通用专用设备、医疗器械、玩具行业、金属加工、化工行业、医药食品等。

金蝶 K/3 WISE 创新管理平台 V13.1，针对绝大部分模块提供了中文简体、中文繁体以及英文的应用，能满足企业中不同国籍人员对软件产品语言的应用需求，为国际化的企业提供了较好的企业管理运作平台。

软件的整体功能图，如图 1-1-1 所示。

1.1.2 金蝶 K/3 供应链管理系统介绍

金蝶 K/3 供应链管理系统面向企业采购、销售、库存和质量管理人员，提供采购管理、销售管理、仓存管理、进口管理、出口管理、存货核算、质量管理等业务管理功能，帮助企业全面管理供应链业务。该系统既可独立运行，又可与生产、财务系统结合使用，构成更完整、更全面的一体化企业应用解决方案。

采购管理：提供从采购申请、订单、收货/入库、退货、发票到付款的业务管理功能，支持供应商、价格、批号等多种采购业务处理，帮助企业实现采购业务全过程的物流、资金流和信息流的有效管理和控制。

销售管理：提供从订单、发货/出库、退货、发票到收款的业务管理功能，支持信用赊销、价格、折扣、促销等多种销售业务处理，帮助企业实现销售业务全过程的物流、资金流和信息流的有效管理和控制。

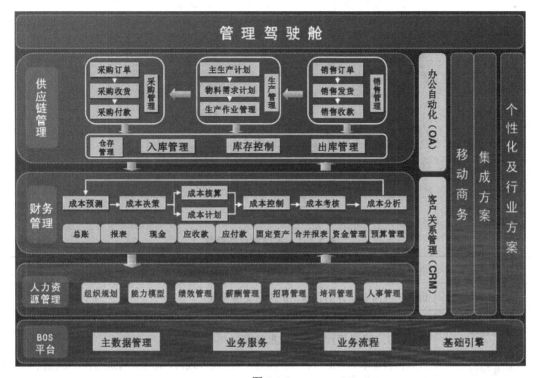

图 1-1-1

仓存管理：提供入/出库业务、仓存调拨、库存调整、虚仓等业务管理功能，支持批次、物料对应、盘点、即时库存校对等管理功能，帮助企业建立规范的仓存作业流程，提高仓存运作效率。

进口管理：提供进口采购订货、进口单证（供应商发票、报关单证、进口税金）等业务管理功能，帮助企业实现对进口采购物流和资金流的全过程管理，提升进口业务效率。

出口管理：提供出口外销订单、外销出运管理、装箱管理、出库管理、外销客户管理、出口单证（形式发票、报关单证）等业务管理功能，帮助企业提升对出口外销的物流和资金流管理的全过程管理，提升出口业务效率。

存货核算：提供多种存货核算计算方式，结合总仓与分仓核算、凭证模板灵活设置等业务管理功能，可以帮助企业准确核算存货的出入库成本和库存金额余额，实时提供库存业务的财务成本信息。

质量管理：提供供应商评估、采购检验、工序检验、委外工序检验、产品检验、委外加工入库检验、发货检验、退货检验等质量管理功能，帮助企业提高质量管理效率与生产效率。

供应链模块功能如图 1-1-2 所示。

1.1.3 各功能业务

为了更快地让初学者了解金蝶系统，了解企业供应链业务中不同业务的不同处理方式，本书对金蝶 K/3 供应链管理的各功能业务进行了详细的讲解和实操演示，各功能业务设置如表 1-1-1 所示。

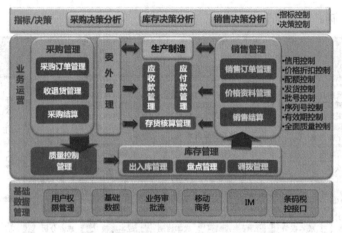

图 1-1-2

表 1-1-1 各功能业务设置

企业案例账套	讲解企业案例资料、账套创建与用户管理、基础资料及期初单据录入、系统初始化
供应商管理	讲解供应商资质评估管理、供应商交易管理
采购管理	讲解采购基本业务流程、四种采购方式业务（现购、赊购、直运采购、受托入库）、委外加工、业务流程设计及审批管理
销售管理	讲解销售基本业务流程、六种销售方式业务（现销、赊销、直运销售、委托代销、受托代销、分期收款）
仓存管理	讲解仓库基本业务流程、仓库典型业务（批次与序列号管理、价格管理、赠品、暂估、组装销售、盘点）
进出口管理	讲解进口管理、出口管理
存货核算	讲解出入库核算、凭证管理、报表分析、期末结账

学习任务 1.2 金蝶 K/3 WISE V13.1 软件安装

1.2.1 金蝶 K/3 WISE V13.1 的安装方式

金蝶 K/3 WISE V13.1 软件的安装有两种方式。

1. 网络版

在局域网环境下，一台计算机作为数据库服务器和中间件服务器，其他多台计算机作为客户端。在服务器上应先安装 SQL Server 2005/2008，然后再安装金蝶软件，客户端只需要安装金蝶软件客户端。

2. 单机版

单机情况下，计算机既安装服务端又要安装客户端，操作系统一般是 Windows 2003/2008/XP，数据库采用 SQL Server 2005/2008。

> **注意**：在教学中，一般采用单机版的安装方式。

1.2.2 金蝶 K/3 WISE V13.1 对硬件和软件的要求

金蝶 K/3 WISE V13.1 对硬件及软件的要求如表 1-2-1 所示。

表 1-2-1　金蝶 K/3 WISE V13.1 对硬件及软件的要求

组　件	要　　　求
处理器	处理器类型： Intel Xeon 或 AMD Opteron 或 Intel Itanium 2 处理器速度： 最低：1.6 GHz（对于 Itanium 处理器是 1.4 GHz） 推荐：2.4 GHz 或更快处理器（对于 Itanium 处理器是 1.6 GHz） 处理器核心总数： 最低：2 核心 推荐：4 核心、8 核心、16 核心
内存	物理内存： 最少：2 GB 推荐：4 GB、8 GB、16 GB
存储	存储类型： SCSI（小型计算机系统接口）或更快企业级存储，数据盘推荐设置为 RAID10，并至少建立两个 LUN（逻辑单元号）分别放置生产数据库与临时数据库（Tempdb） 存储空间： 最少：10 GB 空闲空间 推荐：50 GB 或更多空闲空间
操作系统	操作系统类型： Windows XP、Windows 7 等日常使用的操作系统均可
数据库	数据库类型： SQL Server 2000/2005/2008

1.2.3 金蝶 K/3 WISE V13.1 安装前的注意事项

（1）在安装金蝶软件前一定要先安装好数据库软件，本书中使用的是 SQL Server 2008。

（2）如需要应用到 K/3 WEB，如 CRM、经销商门户，供应商协同、E-BOS，则在安装 K/3 之前需要配置 IIS。

Internet Information Services（IIS，互联网信息服务），是由微软公司提供的基于运行 Windows 的互联网基本服务。在本书中采用金蝶完全安装，建议先配置 IIS，具体安装过程参见本节后面的友情演示部分。

（3）安装金蝶软件时一定要使用管理员权限。

（4）安装金蝶软件时尽量不要安装其他类型的软件。

1.2.4　金蝶 K/3 WISE V13.1 的安装流程

金蝶 K/3 WISE V13.1DVD 安装光盘及说明如表 1-2-2 所示。

表 1-2-2　金蝶 K/3 WISE V13.1DVD 安装光盘及说明

光盘名称	说　　明
金蝶 K/3 安装盘	安装程序+演示账套+资源包+用户手册
金蝶 K/3 资源盘	环境检测后所需要的其他系统安装程序
金蝶 K/3 用户手册	用户手册

1．环境检测

在安装金蝶 K/3 软件前一定要进行环境检测，这是确保 K/3 顺利安装和运行所必需的一个步骤；如果没有达到 K/3 要求的环境而强行安装 K/3，将会导致某些功能不可用。

打开金蝶 K/3 WISE 资源盘，找到安装程序 Setup.exe，如图 1-2-1 所示。

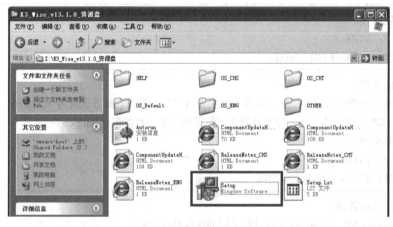

图 1-2-1

双击安装程序 Setup.exe，运行该软件，打开【金蝶 K/3 安装程序】界面，如图 1-2-2 所示。

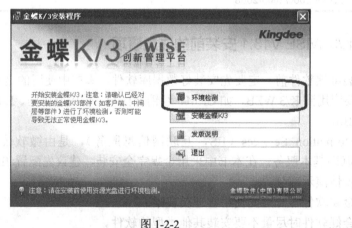

图 1-2-2

在该界面中选择"环境检测",系统弹出【金蝶 K/3 环境检测】对话框,选中所有组件,如图 1-2-3 所示。

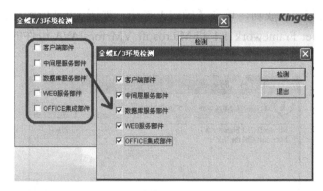

图 1-2-3

单击【检测】按钮,系统检测金蝶软件所需的组件是否安装完成,在检测过程中系统出现相关提示,如图 1-2-4 所示。

单击【确定】按钮,在【金蝶 K/3 环境检测】对话框中系统检测出缺少的组件,如图 1-2-5 所示。

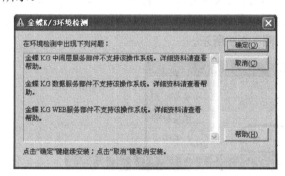

图 1-2-4

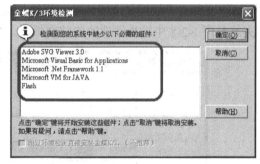

图 1-2-5

单击【确定】按钮,系统开始安装这些组件,在安装的过程中,有些提示性的界面只需要单击【确定】或者【完成】按钮;有些需要选择"同意条款"或者"安装目录"的地方,按照常规安装操作即可。

如果在安装 Microsoft .Net Framework 1.1 组件过程中,系统弹出【Microsoft .NET Framework 1.1 安装】对话框,提示"命令行选项语法错误。键入'命令/?'可获得帮助信息。"警告,有警告也没关系,单击【确定】按钮,继续安装,如图 1-2-6 所示。

整个环境检测大概需要二十多分钟,需要耐心等待。

当环境安装完成后,系统弹出【金蝶提示】对话框,显示"环境更新完毕!"提示,单击【确定】按钮,如图 1-2-7 所示。

图 1-2-6

图 1-2-7

安装完组件，应重新启动系统，为安装金蝶 K/3 WISE 做准备。

重复上述操作，再次进行环境检测时，系统提示 Microsoft.Net Framework 1.1 和 Microsoft VM for JAVA 组件没有安装成功，单击【确定】按钮，如图 1-2-8 所示。此时需要在安装资源盘中找到 Microsoft .Net Framework 1.1 和 Microsoft VM for JAVA 组件的安装程序，单独安装组件。

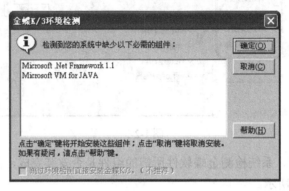

图 1-2-8

打开金蝶 K/3 WISE V13.1 资源盘的存放位置，找到 OS_CHS 文件夹，双击 OS_CHS 文件夹，这个文件夹存放的是金蝶软件所需的相关组件，其中 DOTNETFX11 文件夹和 JAVAVM 文件夹就是图 1-2-8 中缺少组件的安装文件夹，如图 1-2-9 所示。

图 1-2-9

双击打开 DOTNETFX11 文件夹，选中 DOTNETFX 执行文件，双击运行该程序，如图 1-2-10 所示。

双击打开 JAVAVM 文件夹，选中 msjavx86 执行文件，双击运行该程序，如图 1-2-11 所示。

图 1-2-10

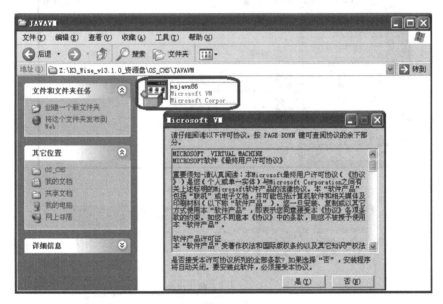

图 1-2-11

安装完这两个组件后，再次运行环境检测，检查是否所有需要的组件都已成功安装，若还缺少组件，需要重复上述步骤，在资源盘的组件安装包中一一手动安装；若系统弹出【金蝶提示】对话框，提示"环境更新完毕！"，表示金蝶软件所需组件全部安装完成，单击【确定】按钮，返回【金蝶 K/3 安装程序】界面，单击【退出】按钮，如图 1-2-12 所示。

2．金蝶软件的安装

环境检测完成以后，才能安装金蝶 K/3 WISE 软件，打开金蝶 K/3 WISE 安装盘目录，找到安装程序 Setup.exe，如图 1-2-13 所示。

双击安装程序 Setup.exe，运行该软件，打开【金蝶 K/3 安装程序】界面，单击【安装金蝶 K/3】按钮，如图 1-2-14 所示。

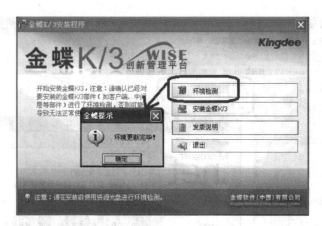

图 1-2-12

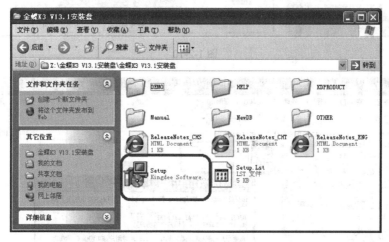

图 1-2-13

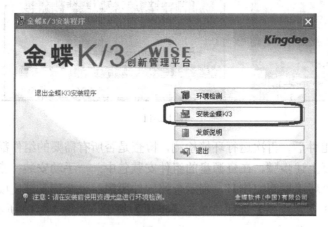

图 1-2-14

系统开始安装金蝶 K/3 WISE V13.1 软件，系统打开【金蝶 K/3 WISE 创新管理平台 安装程序】界面，在安装过程中，系统弹出【InstallShield Wizard】安装向导对话框，提示"正在准备安装"，如图 1-2-15 所示。

系统进入【Kingdee K/3】界面，提示"欢迎使用 Kingdee K/3 InstallShield Wizard"，单击

【下一步】按钮，如图 1-2-16 所示。

图 1-2-15

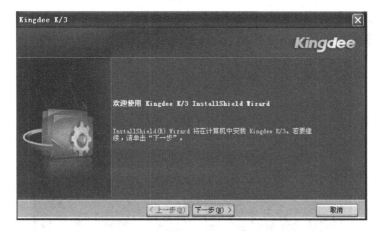

图 1-2-16

系统提示是否接受许可协议，单击【是】按钮，如图 1-2-17 所示。

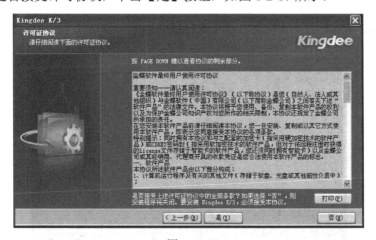

图 1-2-17

进入【Kingdee K/3 WISE】界面，显示金蝶 K/3 软件的自述文件，单击【下一步】按钮，如图 1-2-18 所示。

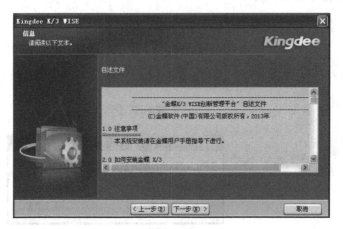

图 1-2-18

在【Kingdee K/3】界面，输入"用户名"为"admin"，"公司名称"为"珠海艺轩公司"，单击【下一步】按钮，如图 1-2-19 所示。

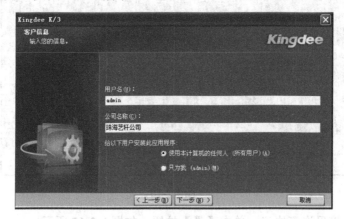

图 1-2-19

选择金蝶 K/3 WISE 的安装位置，这里选择默认地址，单击【下一步】按钮，如图 1-2-20 所示。

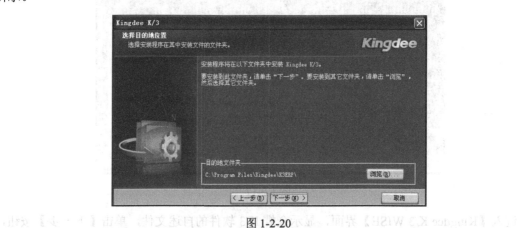

图 1-2-20

本教材软件使用单机版方式安装，这里建议选择"全部安装"，单击【下一步】按钮，如图 1-2-21 所示。

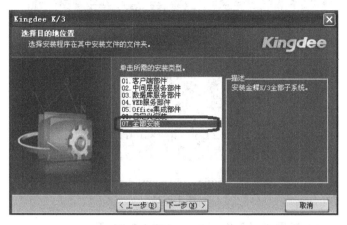

图 1-2-21

此处安装需要二十多分钟，安装过程会进行文件复制和组件注册，需要较长的时间才能完成，当以上步骤完成后，系统会弹出【问题】对话框，提示"是否立即安装 JRE 和 Tomcat？"，本教材暂不使用管理驾驶舱系统，这里单击【否】按钮，继续安装，如图 1-2-22 所示。

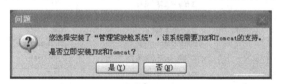

图 1-2-22

进入【金蝶 K/3 系统-中间层组件安装】界面，在【系统选择】栏中单击【全选】按钮，再单击【安装】按钮，如图 1-2-23 所示。

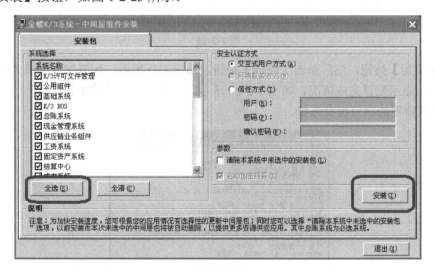

图 1-2-23

安装完成，在【Kingdee K/3】界面，系统提示"安装程序已完成在计算机中安装 Kingdee

K/3",单击【完成】按钮,如图 1-2-24 所示。

图 1-2-24

系统弹出【Web 系统配置工具】对话框,如图 1-2-25 所示。

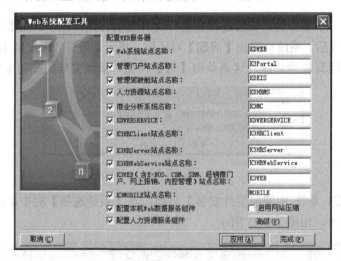

图 1-2-25

单击【应用】按钮,然后单击【完成】按钮,系统进行配置,配置完成系统弹出【配置情况】对话框,显示配置完成情况,如图 1-2-26 所示。如果有不成功的项目提示,一般是因为没有安装 IIS 或需要的项目没有选择。

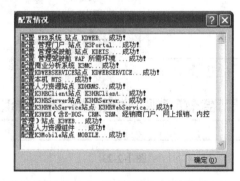

图 1-2-26

单击【确定】按钮，完成 Kingdee K/3 WISE 软件的安装，重新启动计算机，即可使用金蝶 K/3 WISE 软件了。

友情演示

安装 IIS 的操作流程

IIS 的默认安装不完全，需要用户手动添加进行安装。

先将下载的 IIS 6.0 安装包放到 C:\Program Files 文件夹中，如图 1-2-27 所示。

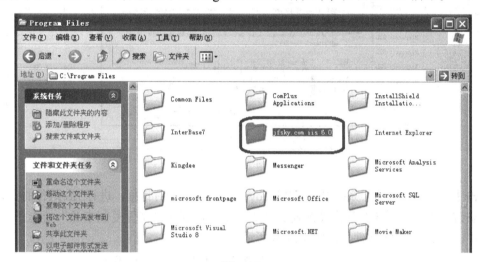

图 1-2-27

在"开始"菜单中选择"控制面板"，找到"添加/删除程序"，如图 1-2-28 所示。

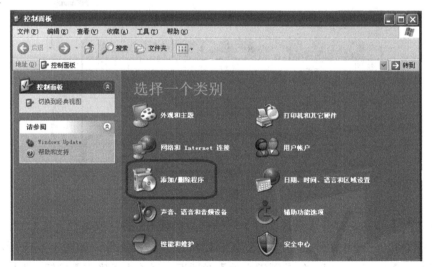

图 1-2-28

双击【添加/删除程序】，系统弹出【添加或删除程序】窗口，在左侧双击【添加/删除 Windows 组件】，系统弹出【Windows 组件向导】对话框，在【组件】栏中选中"Internet 信息服务（IIS）"复选框。注意，其余选项要取消选中，如图 1-2-29 所示。

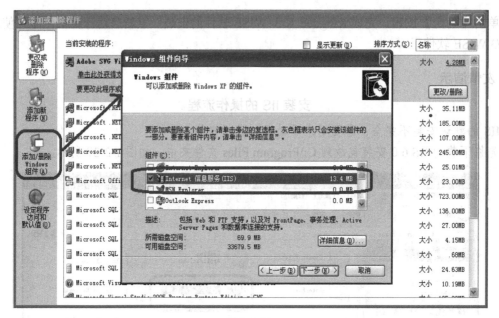

图 1-2-29

单击【下一步】按钮，系统打开【Windows 组件向导】对话框，进行 IIS 组件的安装。在组件的安装过程中，系统会弹出【所需文件】对话框，须在"文件复制来源"处选择 IIS 6.0 安装包中的 STAXMEM 文件，如图 1-2-30 所示。

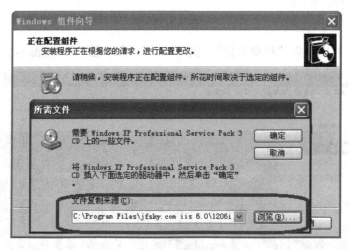

图 1-2-30

单击【浏览】按钮，打开【查找文件】对话框，根据 IIS 的存放路径，在 C:\Program Files\jfsky.com iis 6.0\1206iis6.0 文件夹中选中 STAXMEM 动态链接文件，如图 1-2-31 所示。

单击【打开】按钮，返回上级【所需文件】对话框，再单击【确定】按钮，返回【Windows 组件向导】对话框，完成 STAXMEM 的复制来源设置。在安装的过程中，还需进行 ADMXPROX 文件、IIS6 文件和 IMS 文件的复制来源设置，请重复上述步骤添加即可，如图 1-2-32 所示。

在弹出的【Windows 组件向导】对话框中，系统提示"您已成功地完成 Windows 组件向导"，单击【完成】按钮，IIS 6.0 安装完毕，如图 1-2-33 所示。

图 1-2-31

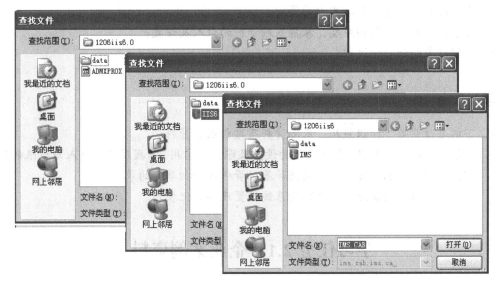

图 1-2-32

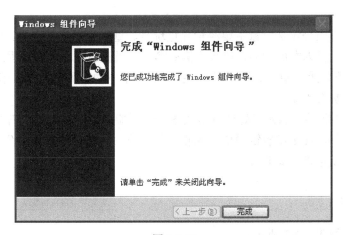

图 1-2-33

项目 2　企业案例账套

学习目标

- ◆ 了解企业情况，熟悉企业案例资料；
- ◆ 掌握账套的创建方法及用户的管理；
- ◆ 熟悉企业基础资料的分类，掌握基础资料的录入及设置；
- ◆ 掌握账套的初始化过程。

学习任务

- ◆ 了解企业业务、组织架构、基础资料及期初业务资料；
- ◆ 掌握企业账套的创建、会计期间的设置及账套的启用，掌握用户的录入与权限的设置；
- ◆ 掌握科目、币别、客户、供应商等基础资料及期初单据的录入；
- ◆ 掌握供应链、应收应付、总账的系统设置及初始化操作。

学习任务 2.1　企业案例资料

2.1.1　企业介绍

珠海艺轩童车有限公司是一家主要经营儿童玩具、童车的销售型企业。自成立以来，始终坚持以人为本，以创新为发展动力，秉承"信誉第一，质量至上"的经营理念，争创市场一流品牌。公司主要经营玩具、童车、滑板车、扭扭车、儿童电动车等儿童玩具车产品，品种齐全、价格合理，深受消费者喜欢。

随着公司业务的发展，靠人工处理日常业务已经不能满足企业的工作需要，2018 年 1 月公司引入金蝶 K/3 软件，使用供应链模块、应收应付模块、总账模块来管理公司的采购、销售、仓库、应收应付款及存货核算业务。

2.1.2　企业资料

企业组织架构如图 2-1-1 所示。
企业所涉及的会计科目、币别、新增会计科目等内容如表 2-1-1 至表 2-1-14 所示。

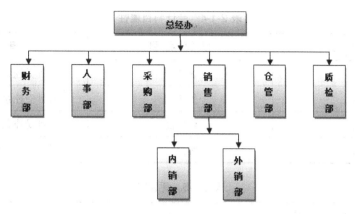

图 2-1-1

表 2-1-1 会计科目

会 计 科 目	采用新会计准则科目

表 2-1-2 币别

币别代码	币别名称	记账汇率	折算方式	金额小数位数
RMB	人民币	1	（默认）	2
USD	美元	6.74	原币×汇率=本位币	2
HKD	港币	0.86	原币×汇率=本位币	2

表 2-1-3 新增会计科目

科目代码	科目名称	外币核算	期末调汇	借贷方
1001.01	人民币	不核算		
1001.02	美元	美元	是	
1001.03	港币	港币	是	
1002.01	招商银行	不核算		
1002.01.01	人民币	不核算		
1002.01.02	美元	美元	是	
1002.01.03	港币	港币	是	
1002.02	建设银行	不核算		
1409	半成品			
2221.01	应交增值税	不核算		
2221.01.01	进项税额	不核算		借方
2221.01.05	销项税额	不核算		
6602.05	坏账准备			

表 2-1-4 会计科目属性

科目代码	核算项目	备注
1122	客户	科目受控系统：应收应付
1123	供应商	科目受控系统：应收应付
2202	供应商	科目受控系统：应收应付
2203	客户	科目受控系统：应收应付

表 2-1-5 凭证字

凭证字	记

表 2-1-6 计量单位

计量单位组	计量单位编码	计量单位名称	换算率	转换方式
数量组	101	个	1	固定
	102	辆	1	固定
	103	副	2	固定
	104	套	1	固定

表 2-1-7 客户

组代码	客户组	客户代码	客户名称	销售模式	备注
1	普通客户	1.001	深圳宇润百货有限公司	内销	赊销/退货
		1.002	上海美琳儿童用品有限公司	内销	开票
		1.003	中山尔雅儿童用品有限公司	内销	直运
		1.004	南京达利百货有限公司	内销	委托/多级审核
		1.005	郑州曼博儿童车行	内销	组装/审批流
		1.006	佛山敏微百货有限公司	内销	受托代销
2	VIP 客户	2.001	广州万家百货公司	内销	分期/特殊价格
		2.002	珠海益佰家生活超市	内销	赠品
		2.003	杭州沃尔玛百货公司	内销	批次
		2.004	广州联华超市股份有限公司	内销	序列号
3	零散客户	3.001	珠海蓝精灵母婴店	内销	现销
4	外销客户	4.001	香港龙达车行	外销	出口

表 2-1-8 部门

部门代码	部门名称	部门属性	成本核算类型
001	总经办	非车间	期间费用部门
002	财务部	非车间	期间费用部门
003	采购部	非车间	期间费用部门
004	销售部		
004.01	外销部	非车间	期间费用部门
004.02	内销部	非车间	期间费用部门
005	仓管部	非车间	期间费用部门
006	质检部	非车间	期间费用部门
007	人事部	非车间	期间费用部门

表 2-1-9 职员

代码	姓名	部门名称	性别	职务
101	李德胜	总经办	男	总经理
201	林晓珍	财务部	女	财务部经理
202	许小洁	财务部	女	会计
203	谢诗力	财务部	女	出纳
204	沈秋红	财务部	女	会计
301	陈堂	采购部	男	采购处处长
302	吴小玲	采购部	女	采购员
401	招子龙	内销部	男	销售部主管
402	刘敏瑜	内销部	女	销售员
403	魏基豪	外销部	男	销售员
501	卫国强	仓管部	男	仓管部经理
502	黄书琳	仓管部	女	仓管员
601	杨朝强	质检部	男	质检员

表 2-1-10 仓库

仓库代码	仓库名称	仓库属性	仓库类型	是否进行仓位管理
001	成品仓	良品	普通仓	否
002	半成品仓	良品	普通仓	否
003	原材料仓	良品	普通仓	否
004	赠品仓	良品	赠品仓	否

表 2-1-11 物料

物料代码	物料名称	物料分类	计量单位	存货科目	物料属性
1.00001	四轮闪光滑板车	成品	辆	1405	自制
1.00002	静音轮扭扭车	成品	辆	1405	自制
1.00003	四轮电动卡丁车	成品	辆	1405	自制
1.00004	三轮儿童电动摩托车	成品	辆	1405	自制
1.00005	儿童自行车	成品	辆	1405	自制
1.00006	四轮蛙式剪刀摇摆车	成品	辆	1405	组装件
1.00007	婴儿学步车	成品	辆	1405	外购
1.00008	四轮儿童遥控电动车	成品	辆	1405	外购
1.00009	二轮活力滑板	成品	辆	1405	外购
1.00010	小型过山玩具车	成品	辆	1405	外购
1.00011	婴儿敞篷小推车	成品	辆	1405	外购
1.00012	双座婴儿小推车	成品	辆	1405	外购
2.00001	蛙式剪刀尼龙踏板系统	半成品	套	1409	自制
2.00002	可升降操纵杆	半成品	个	1409	外购
2.00003	PU 橡胶轮前轮系统	半成品	套	1409	委外加工
3.00001	防滑手把	原材料	副	1403	外购
3.00002	智能防倒转向系统	原材料	套	1403	外购
3.00003	PU 橡胶轮半径 5 cm	原材料	个	1403	外购
3.00004	不锈钢踏板 14 cm	原材料	个	1403	外购
3.00005	螺丝	原材料	个	1403	外购
3.00006	避水板	原材料	个	1403	外购
3.00007	尼龙车底底座	原材料	个	1403	外购
4.00001	音乐盒	赠品	个	1403	外购

注：计价方法统一采用加权平均法；销售收入科目统一为 6001；销售成本科目统一为 6401。

表 2-1-12 供应商

组代码	供应商组	供应商代码	供应商名称	备注
1	国内普通供应商	1.0001	广州蓝翎童车有限公司	赊购/退货
		1.0002	佛山宇航儿童车有限公司	开票
		1.0003	上海其米拉玩具制造厂	现购/直运
		1.0004	郑州达尼制造有限公司	委外加工
		1.0005	珠海飞航零配件有限公司	暂估/多级审核
		1.0006	成都亚达制造有限公司	受托

续表

组代码	供应商组	供应商代码	供应商名称	备注
2	国内VIP供应商	2.0001	武汉米多多玩具制造厂	特殊价格
		2.0002	河北捷克车业有限公司	批次
		2.0003	天津桐泽童车有限公司	序列号
		2.0004	深圳凡特科技有限公司	赠品
3	国外供应商	3.0001	美国乐源商贸有限公司	进口

表 2-1-13　仓库期初

物料代码	物料名称	单位	期初数量	期初金额	采购不含税价	销售含税价	备注
1.00001	四轮闪光滑板车	辆	200	18 000	90	240	购销/退货
1.00002	静音轮扭扭车	辆	300	9 000	30	100	现销赊销
1.00003	四轮电动卡丁车	辆			150	450	序列号
1.00004	三轮儿童电动摩托车	辆	900	198 000			出口
1.00005	儿童自行车	辆	300	21 000	70	180	委托
1.00006	四轮蛙式剪刀摇摆车	辆				200	组装/审批流
1.00007	婴儿学步车	辆			35	90	批次
1.00008	四轮儿童遥控电动车	辆					进口
1.00009	二轮活力滑板	辆			30	80	直运
1.00010	小型过山玩具车	辆	130	7 800	60	150	票前/后销
1.00011	婴儿敞篷小推车	辆	100	28 000	280	580	分期付款/特殊价格
1.00012	双座婴儿小推车	辆			300	600	受托
2.00001	蛙式剪刀尼龙踏板系统	套	200	6 000	30	70	现购赊购
2.00002	可升降操纵杆	个			12	40	票前/后采
2.00003	PU橡胶轮前轮系统						委外加工
3.00001	防滑手把	副	2 000	20 00	1	5	赠品
3.00002	智能防倒转向系统				10	50	
3.00003	PU橡胶轮半径5 cm				8	25	其他出入库
3.00004	不锈钢踏板14 cm						
3.00005	螺丝	个	6 000	3 000	0.5	2	盘点
3.00006	避水板		100	300	3	10	暂估/多级审核
3.00007	尼龙车底底座		200	800	4	20	暂估
4.00001	音乐盒	个					赠品

表 2-1-14　总账会计科目期初数据

科目代码	科目名称	方向	期初余额	备注
1001.01	人民币		897 343	
1001.02	美元		20 000	美元
1001.03	港币		50 000	港币
1002.01	招商银行			
1002.01.01	人民币		736 489	
1002.01.02	美元		30 000	美元
1002.01.03	港币		40 000	港币
1002.02	建设银行		654 745	
1122	应收账款			
1231	坏账准备	贷	1 750	
1403	原材料			
1405	库存商品			
1409	半成品			
1601	固定资产		1 471 904	
1602	累计折旧	贷	13 000	
2001	短期借款	贷	100 000	
2202	应付账款			
2211	应付职工薪酬	贷	44 000	
2221.01	应交增值税			
2221.01.01	进项税额	借	2 033	
2221.01.05	销项税额	贷	3 910	
4001	实收资本		4 308 154	

避水板期初暂估录入单如图 2-1-2 所示。

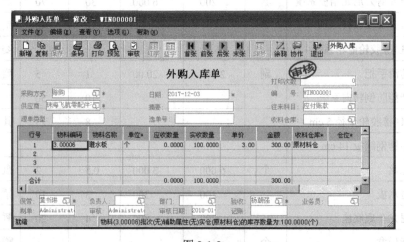

图 2-1-2

尼龙车底底座期初暂估录入单如图 2-1-3 所示。

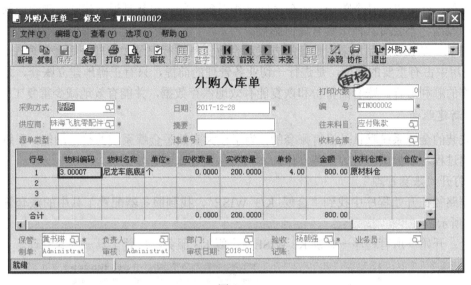

图 2-1-3

组装销售四轮蛙式剪刀摇摆车 BOM（bill of material，物料清单）如图 2-1-4 所示。四轮闪光滑板车 BOM 如图 2-1-5 所示。

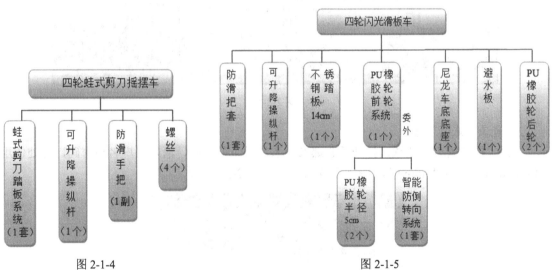

图 2-1-4　　　　　　　　　　　　图 2-1-5

学习任务 2.2　账套创建与用户管理

2.2.1　金蝶 K/3 账套管理

随着科技的发展，企业信息化的普遍应用，越来越多的企业开始使用 ERP 软件来管理公司业务。承载经济实体的所有往来信息的一整套记录（会计凭证、账簿）、会计报表和业务信息的集合，简称为一个账套。一般来说，一个企业只用一个账套，如果企业有几个下属的独立核算的实体，就可以建几个账套。账套之间是相对独立的，也就是说，建立、删除或修改一个账套中的数据，不会对其他账套有任何影响。

金蝶 K/3 WISE 产品也采用账套的方式对企业资料进行记录和管理，账套管理在金蝶 K/3 WISE 应用中占有重要的地位，是进行一切业务管理的前提，只有正确地建立账套，才能保证后续工作的顺利进行。账套的备份和恢复能有效地保存数据，并能有效地减少重复工作量。

1. 新建账套

新安装的金蝶系统默认是没有账套的，为了让大家熟悉金蝶系统的整体功能，了解整个账套的搭建过程，掌握供应链的业务操作，本书将从新建账套开始讲解。

1）打开"账套管理"

根据路径在开始程序中找到"金蝶 K/3 WISE"，找到服务器配置工具中的账套管理，如图 2-2-1 所示。

路径：开始→所有程序→金蝶 K3 WISE→金蝶 K3 服务器配置工具→账套管理。

图 2-2-1

2）登录"账套管理"

选择"账套管理"选项，打开【金蝶 K/3 系统登录】界面，输入用户名和密码，此处使用系统默认的用户名"Admin"，"密码"为空，如图 2-2-2 所示。

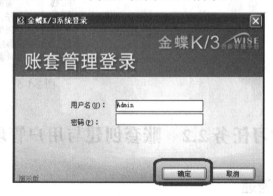

图 2-2-2

单击【确定】按钮，打开【金蝶 K/3 账套管理】窗口，此处存放企业的业务账套，在该窗口可以对账套进行新建、备份、恢复和设置等操作，如图 2-2-3 所示。

图 2-2-3

◉ **说明**：机构列表：适用于集团性、连锁性公司的分公司，他们在财务上独立核算，最后做汇总工作时，使用"组织机构"的概念。本书中没有涉及集团性概念，不设置"组织机构"。

3）创建账套

在【金蝶 K/3 账套管理】窗口的工具栏上单击【新建】按钮或者在菜单栏中执行【数据库】→【新建账套】命令或者按 Ctrl+N 快捷键，如图 2-2-4 所示。

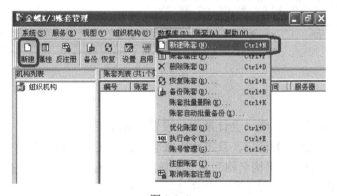

图 2-2-4

系统弹出【信息】对话框，提示账套类型说明。单击【关闭】按钮，打开【新建账套】对话框，设置"账套号"为"001"，"账套名称"为"珠海艺轩童车有限公司"，"账套类型"为"标准供应链解决方案"，"数据库文件路径"和"数据库日志文件路径"设置为默认路径，也可以自定义路径，本书设置为"C:\"，如图 2-2-5 所示。

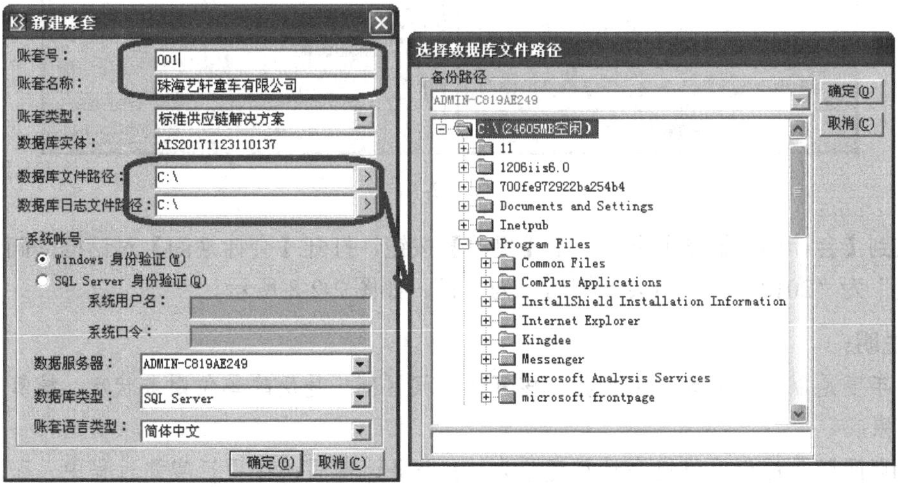

图 2-2-5

⊙ 说明：

账套号：唯一识别账套的编号，不能重复。

账套名称：填写公司账套名称。

数据库实体：账套在数据库中的唯一标识，系统会自动编排一个唯一号。

数据库文件路径和数据库日志文件路径：账套存放的位置，这里可选取 SQL Server 2008 默认存放数据库和日志的位置。

数据库服务器：本书采用单机版方式安装，服务器的名称就是本机名。

单击【确定】按钮，系统开始创建账套，大概需要两分钟，账套创建成功后，在【账套列表】栏显示刚刚创建的 001 账套，如图 2-2-6 所示。

图 2-2-6

2. 设置属性

账套的属性包括系统、总账、会计期间，设置完成才能启用账套。

在【金蝶 K/3 账套管理】窗口，双击 001 账套，打开【属性设置】对话框，在【系统】选项卡中输入企业基本信息，"机构名称"为"珠海艺轩童车有限公司"。切换到【总账】选项卡，选中"凭证过账前必需审核"复选框，如图 2-2-7 所示。

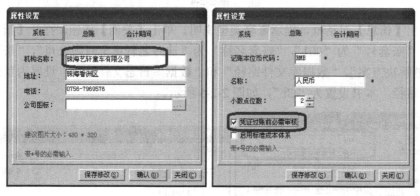

图 2-2-7

切换到【会计期间】选项卡，单击【更改】按钮，打开【会计期间】对话框，确认"启用会计年度"为"2018"，"启用会计期间"为"1"，如图 2-2-8 所示。

⊙ 说明：

会计年度是以年度为单位进行会计核算的时间区间，是反映单位财务状况、核算经营成果的时间界限。

会计期间以月份为单位把会计年度分为 12 个会计期间，在项目实施过程中，账套的创建建议一般在年初、年中和年末。

项目 2　企业案例账套

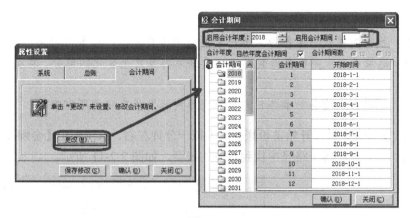

图 2-2-8

单击【确认】按钮，返回【属性设置】对话框，单击【保存修改】按钮，系统弹出【金蝶提示】对话框，提示"确认启用当前账套吗?"，单击【是】按钮，系统弹出【金蝶提示】对话框，提示"当前账套已经成功启用！"，如图 2-2-9 所示，账套只有启用后才能在后续操作中使用。

图 2-2-9

3．账套的备份与恢复

账套备份可以预防意外情况导致的系统不可用，为了维护系统稳定运行，要及时并周期性备份账套。对于日常学习，建议进行阶段性备份，防止因数据录错而要重新录入基础资料或重复前一阶段的工作。

在【金蝶 K/3 账套管理】窗口的工具栏上单击【备份】按钮，或者在菜单栏中执行【数据库】→【备份账套】命令或者按 Ctrl+B 快捷键，打开【账套备份】对话框。初次备份或阶段性备份，或者初学者使用时建议选择"完全备份"模式，如果是企业日常业务运行时可以选择"增量备份"或"日志备份"模式，输入"备份路径"和"文件名称"，如图 2-2-10 所示。

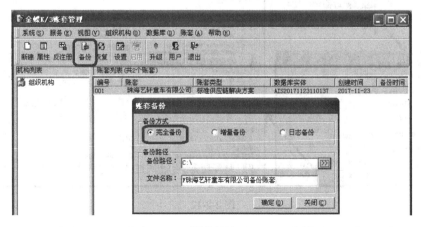

图 2-2-10

⊙ 说明：

完全备份：执行完整数据库备份，备份数据库中所有数据，在本书中采用此方式。

增量备份：记录自上次完整备份数据库后数据库内容发生变化的部分，在企业日常业务中会采用此方式。

日志备份：记录自上次备份事务日志后数据库内容发生变化的所有事务。

单击【确定】按钮，系统开始备份账套，大概一分钟左右，系统弹出【金蝶提示】对话框，提示备份成功，然后可在备份路径中找到备份的账套，如图 2-2-11 所示。

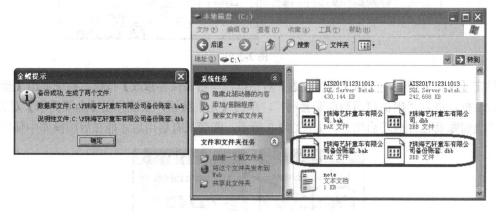

图 2-2-11

如果在系统操作过程中出现错误，可使用"恢复账套"功能将备份账套恢复，再进行后续工作。

在工具栏上单击【恢复】按钮，或者在菜单栏中执行【数据库】→【恢复账套】命令，打开【选择数据库服务器】对话框，"数据库服务器"选取默认服务器，单击【确定】按钮，打开【恢复账套】对话框，选中备份的数据库，然后输入要恢复的"账套号"和"账套名"，一定不能与原账套同名，如图 2-2-12 所示。

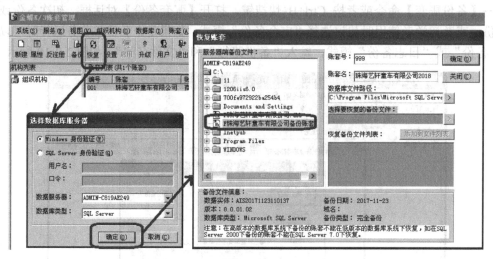

图 2-2-12

单击【确定】按钮，大概两分钟时间，系统弹出【金蝶提示】对话框，提示"账套恢复成功，是否恢复其它账套?"，单击【否】按钮，系统返回【金蝶 K/3 账套管理】窗口，可以看到刚恢复的账套，如图 2-2-13 所示。

图 2-2-13

4. 账套在数据库中的存放

为了让大家了解账套在数据库中的存放方式，更好地为后期学习开发和制作报表服务，这里讲解一下账套在数据库中的存放。

根据路径打开 SQL Server 2008，在【连接到服务器】界面输入服务器名称，这里采用默认信息，单击【连接】按钮，如图 2-2-14 所示。

路径：开始→所有程序→Microsoft SQL Server 2008 R2→SQL Server Management Studio。

图 2-2-14

打开【Microsoft SQL Server Management Studio】数据库管理界面，在左侧数据库实例 ADMIN-C819AE249 下单击"数据库"左侧的"+"标志，展开该实例下的所有数据库，发现此处有金蝶账套管理中的数据库实体编号的数据库，如图 2-2-15 所示。

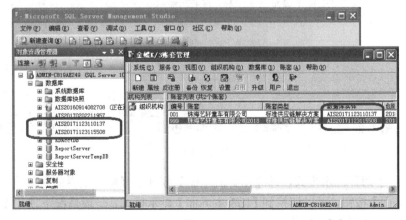

图 2-2-15

2.2.2 金蝶 K/3 V13.1 系统登录

金蝶软件安装完成后，桌面上会有两个图标："金蝶 K/3 WISE"和"金蝶 K/3 WISE HR"。双击"金蝶 K/3 WISE"图标，打开【金蝶 K/3 系统登录】窗口，在"当前账套"下拉列表框中选择"001 | 珠海艺轩童车有限公司"，选择"命名用户身份登录"方式登录，"用户名"输入"administrator"，"密码"为空，如图 2-2-16 所示。

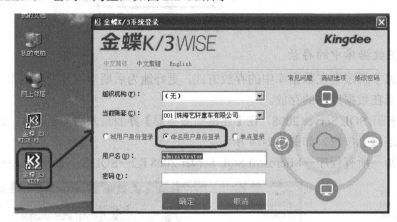

图 2-2-16

单击【确定】按钮，系统弹出【金蝶提示】对话框，提示"您使用的是 K/3 演示版"，然后单击【确定】按钮，打开【K/3 系统-[我的工作台]】窗口，系统默认【我的工作台】显示模式，如图 2-2-17 所示。

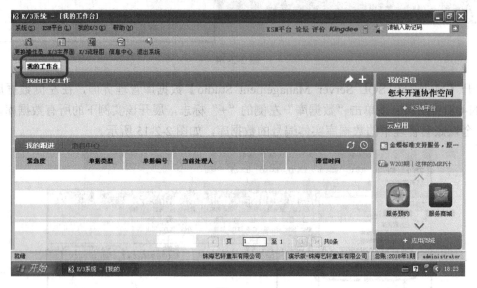

图 2-2-17

系统还提供了两种显示模式，即【K/3 流程图】模式和【K/3 主界面】模式，在工具栏上单击【K/3 主界面】按钮，可以切换到【K/3 主界面】显示模式，一般情况下使用【K/3 主界面】显示模式更直观，如图 2-2-18 所示。

项目 2　企业案例账套

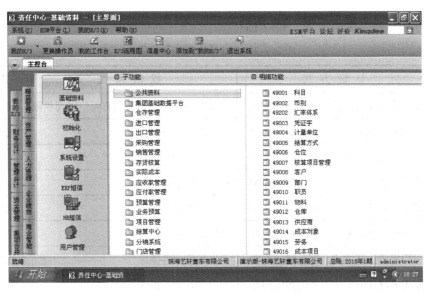

图 2-2-18

如果想切换到【K/3 流程图】模式，则单击工具栏上的【K/3 流程图】按钮。

2.2.3　用户管理

用户管理

用户管理功能主要是为账套管理提供用户账号，同时给用户账号分配权限，以方便企业日常业务的操作。

本书主要是针对供应链业务，结合企业实际，将企业用户分组，并分配权限，如表 2-2-1 所示。

表 2-2-1　企业用户分组及权限分配

用户组名	业务介绍	权限分配
Administrator	系统管理员	所有权限
Cashiers	收银员	基础资料、现金管理、应收账、应付账
总账组	总账、往来账管理等	基础资料、数据引入引出、总账、应收应付账、报表、财务分析、现金流量表
应收应付组	企业往来账管理、坏账计提、往来凭证	基础资料、总账、应收应付账、采购销售管理、仓存管理、供应链系统公用设置
采购组	物料采购	基础资料、供应商管理、采购管理、委外加工、进口管理、供应链系统公用设置
销售组	商品销售	基础资料、销售管理、出口管理、供应链系统公用设置
仓库组	管理各种出入库业务、库存盘点等业务	基础资料、采购管理、销售管理、仓存管理、委外加工、生产管理、供应链系统公用设置、出口/进口管理
核算组	核算材料成本、生产成本、销售成本	总账、基础资料、存货核算、供应链系统公用设置

企业操作用户及权限，如表 2-2-2 所示。

表 2-2-2 企业操作用户及权限

姓 名	认 证 方 式	权 限 属 性	用 户 组
李德胜	采用密码认证方式，密码默认为空	可以进行业务操作，具有用户管理权限	Administrator
林晓珍	采用密码认证方式，密码默认为空	可以进行业务操作	总账组
许小洁	采用密码认证方式，密码默认为空	可以进行业务操作	应收应付组
谢诗力	采用密码认证方式，密码默认为空	可以进行业务操作	Cashiers
沈秋红	采用密码认证方式，密码默认为空	可以进行业务操作	核算组
陈堂	采用密码认证方式，密码默认为空	可以进行业务操作	采购组
吴小玲	采用密码认证方式，密码默认为空	可以进行业务操作	采购组
招子龙	采用密码认证方式，密码默认为空	可以进行业务操作	销售组
刘敏瑜	采用密码认证方式，密码默认为空	可以进行业务操作	销售组
魏基豪	采用密码认证方式，密码默认为空	可以进行业务操作	销售组
卫国强	采用密码认证方式，密码默认为空	可以进行业务操作	仓库组
黄书琳	采用密码认证方式，密码默认为空	可以进行业务操作	仓库组

1. 新增用户组

根据路径找到金蝶 K/3 服务器配置工具，双击"账套管理"，打开【金蝶 K/3 账套管理】窗口，在工具栏上单击【用户】按钮，或者在菜单栏中执行【账套】→【用户】命令，或者按 Ctrl+U 快捷键，打开【用户管理-[珠海艺轩童车有限公司]】窗口，在工具栏上单击【新建用户组】按钮，打开【新增用户组】对话框，按照表 2-2-1 录入用户组信息，这里以总账组为例，"用户组名"为"总账组"，单击【确定】按钮，如图 2-2-19 所示。

路径：开始→所有程序→金蝶 K3 WISE→金蝶 K3 服务器配置工具→账套管理。

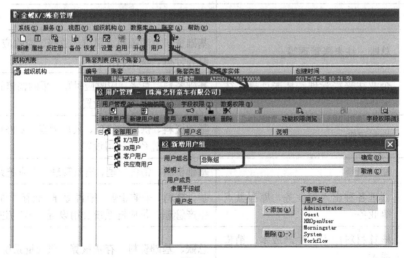

图 2-2-19

2. 新增用户

在【用户管理-[珠海艺轩童车有限公司]】窗口，单击工具栏中的【新建用户】按钮，打开【新增用户】对话框，按照表 2-2-2 录入用户信息，这里以用户李德胜为例，在【新增用户】对话框的【用户】选项卡中"用户姓名"输入"李德胜"；切换到【认证方式】选项卡，选中"密码认证"单选按钮，密码为空；切换到【权限属性】选项卡，选中"用户可以进行业务操作"和"用户具有用户管理权限"复选框；切换到【用户组】选项卡，将 Administrators 组添加到"隶属于"字段，如图 2-2-20 所示。

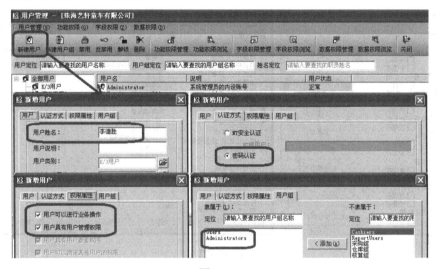

图 2-2-20

3. 用户组授权

按照表 2-2-1 设置用户组功能权限，这里以"总账组"为例。在【用户管理-[珠海艺轩童车有限公司]】窗口，选中左下角需要授权的用户组"总账组"，在工具栏上单击【功能权限管理】按钮，打开【用户管理_权限管理[总账组]】对话框，勾选表中总账组的权限，如基础资料、数据引入引出等。单击【授权】按钮，系统权限设置完成，如图 2-2-21 所示。

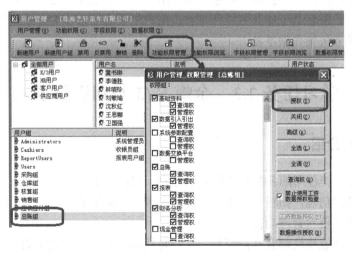

图 2-2-21

4. 用户授权

按照表 2-2-1 设置用户功能权限，用户授权操作和用户组一样，不过也可以对用户进行高级权限设置，这里以用户"沈秋红"为例，给她增加报表模块的查看权限。在【用户管理-[珠海艺轩童车有限公司]】窗口，双击"沈秋红"，打开【用户管理_权限管理[沈秋红]】对话框，单击【高级】按钮，打开【用户权限】对话框，在左侧导航栏选中"报表"，在右侧"查看"行选中"有否权限"，然后单击【授权】按钮，完成对该用户的高级功能权限的授权，如图 2-2-22 所示。

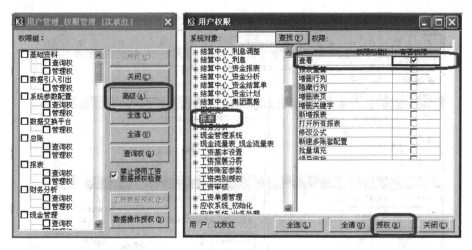

图 2-2-22

⊙ 说明：

用户可以继承用户组的权限，在用户组中设置了权限，该用户在该用户组中就可以继承该组的权限，同时用户还可以新增权限，权限会进行叠加。

为了让初学者更清楚地了解各岗位的工作内容，后续学习任务都标注了用户登录。

本学习任务主要介绍金蝶 K/3 软件账套的创建与用户管理，账套的创建主要包括账套的新建、备份、恢复等操作；用户管理主要包括用户组、用户的创建，用户组权限的设置与用户高级权限设置等操作。账套是企业业务操作平台，用户是账套的操作者，是金蝶 K/3 业务操作的基础，将为后面的业务操作做准备。

学习任务 2.3 金蝶 K/3 基础资料录入

2.3.1 基础资料介绍

基础资料，是系统使用的各种基础数据的总称。用户在录入凭证或录入单据时，需要输入一些业务资料的基础信息，如科目、币别、商品、客户、金额等信息。为了便于统一设置与管理，系统提供了基础资料管理功能。

金蝶 K/3 每个功能模块都有基础资料，有一些基础资料是公共使用的，系统把这类资料统一放在公共资料里进行管理。基础资料的操作大致相同，本学习任务主要介绍基础资料中的公共资料的基本操作。

基础资料录入1　　基础资料录入2

2.3.2 基础资料录入

1. 引入会计科目

将系统时间调整为 2018 年 1 月 1 日，以 Administrator 的身份登录系统，根据路径找到公共资料，如图 2-3-1 所示。

路径：系统设置→基础资料→公共资料→科目。

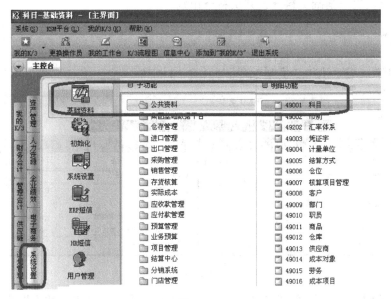

图 2-3-1

双击"科目"，打开【基础平台-[科目]】窗口，在菜单栏中执行【文件】→【从模板中引入科目】命令，打开【科目模板】对话框，在"行业"下拉列表框中选择"新会计准则科目"，然后单击【引入】按钮，打开【引入科目】对话框，单击【全选】按钮，系统提示正在引入科目，如图 2-3-2 所示。

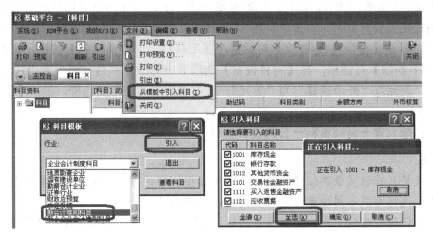

图 2-3-2

科目引入完成后，在【基础平台-[科目]】窗口即可看到引入的会计科目。

2. 币别

币别是企业经营活动中涉及的外币管理，按照表2-1-2新增币别资料。

根据路径找到公共资料，双击"币别"，打开【基础平台-[币别]】窗口，在工具栏上单击【新增】按钮，打开【币别-新增】对话框，"币别代码"输入"USD"，"币别名称"输入"美元"，"记账汇率"输入"6.74"；"币别代码"输入"HKD"，"币别名称"输入"港币"，"记账汇率"输入"0.86"，单击【确定】按钮，如图2-3-3所示。

路径：系统设置→基础资料→公共资料→币别。

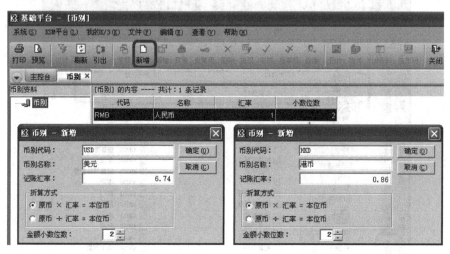

图 2-3-3

⊙ 说明：如果"币别"中"记账汇率"填写错误，需要在"汇率体系"中删除该币别汇率体系，然后再在"币别"中删除该币别；如果该币别在科目等业务中使用后，则需要将该币别所有相关设置删除后才能删除该币别。

3. 新增会计科目

1) 单级科目新增

按照表2-1-3新增会计科目资料，以库存现金科目下设美元科目"1001.02"为例。

根据路径找到公共资料，双击"科目"，打开【基础资料-[科目]】窗口，双击"1001 库存现金"科目，打开【会计科目-修改】对话框，在工具栏上单击【复制】按钮，该对话框切换成【会计科目-新增】对话框，在【科目设置】选项卡中修改"科目代码"为"1001.02"，"科目名称"为"美元"，"外币核算"为"美元"，选中"期末调汇"复选框，单击【保存】按钮，如图2-3-4所示。

路径：系统设置→基础资料→公共资料→科目。

⊙ 说明：

新增下级科目或者同级类似科目不建议采用直接新增的方法，建议采用复制上级科目进行修改的方式，这样可以不用设置该级科目的一些常规属性。

多级科目代码的编制规则：上级科目代码+"."+本级科目代码，通过中间用小数点区分科目的级次关系。

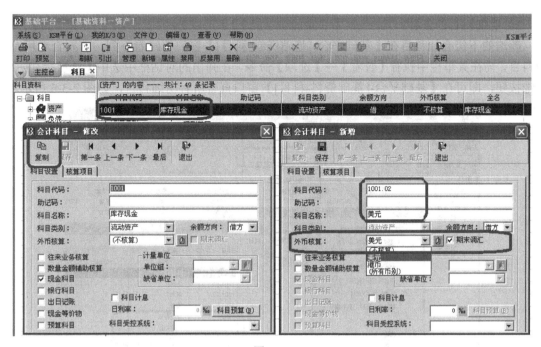

图 2-3-4

2）多级科目新增

以"2221.01.01 进项税额"为例，新增多级科目。按照上述方法先新增科目"2221.01 应交增值税"，然后再为该科目新增下级科目"2221.01.01 进项税额"，如图 2-3-5 所示。

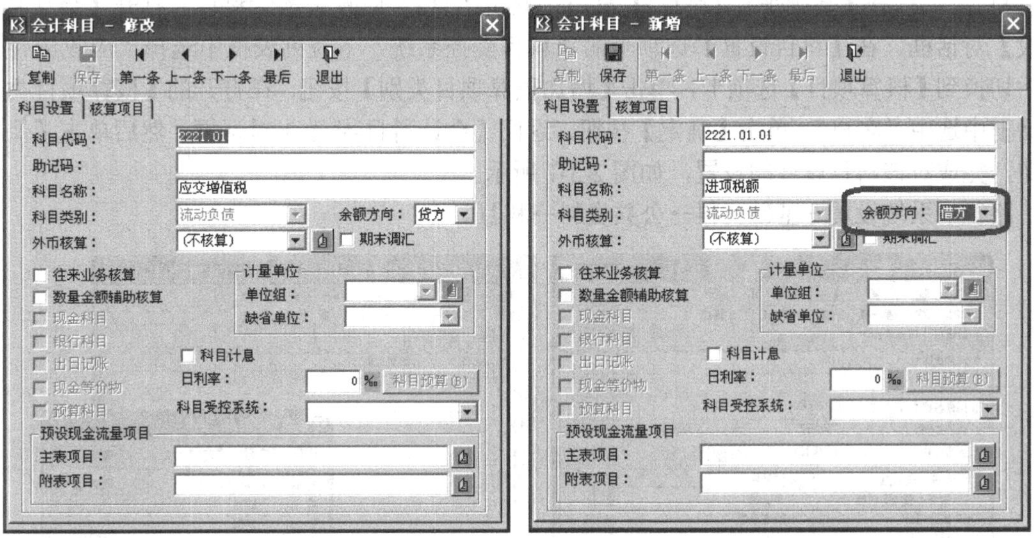

图 2-3-5

◉ 说明：

新科目代码必须由上级至下级逐级增加，即必须首先增加上级科目代码，只有上级科目代码存在后才能增加下级科目代码。

进项税额的余额方向为借方，与上级科目的余额方向不一致，设置属性时要多加注意。

3）明细科目的查看

新增的下级会计科目在【基础平台-[基础资料-科目]】窗口暂时看不到，若要查看所有明细科目，需在菜单栏中执行【查看】→【选项】命令，在弹出的对话框中选中【显示所有明细】单选按钮，即可在【基础平台-[基础资料-科目]】窗口查看所有明细科目，如图 2-3-6 所示。

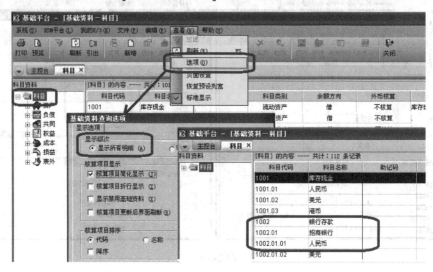

图 2-3-6

4. 会计科目属性的修改

按照表 2-1-4 修改科目属性，以"1122 应收账款"科目为例。根据路径找到公共资料，双击"科目"，打开【基础平台-[科目]】窗口，双击"1122 应收账款"科目，打开【会计科目-修改】对话框，在【科目设置】选项卡的"科目受控系统"下拉列表框中选择"应收应付"，然后切换到【核算项目】选项卡，单击【增加核算项目类别】按钮，在打开的【核算项目类别】对话框中选中"客户"，单击【确定】按钮，返回【会计科目-修改】对话框，然后单击【保存】按钮，完成对该科目属性的设置，如图 2-3-7 所示。

路径：系统设置→基础资料→公共资料→科目。

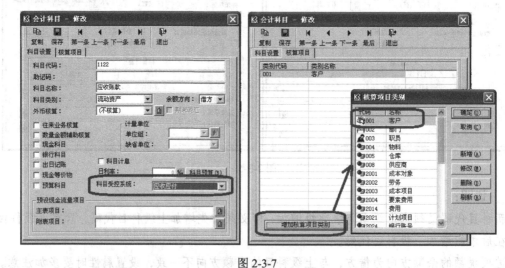

图 2-3-7

● **说明**："科目受控系统设置"为"应收应付",在用户录入应收应付模块中的收付款等单据时,系统将只允许使用已经被指定为受控于应收应付系统的科目。

5. 凭证字

记账凭证,按用途分为专用记账凭证和通用记账凭证。专用记账凭证,是指分类反映经济业务的记账凭证,按其反映经济业务的内容不同,又可以分为收款凭证、付款凭证和转账凭证;通用记账凭证,是指用来反映所有业务的记账凭证,统一写"记"字。

本账套采用通用记账凭证方式,按照表 2-1-5 添加凭证字。

根据路径找到公共资料,双击"凭证字",打开【凭证字-新增】对话框,"凭证字"输入"记",其他字段默认为空,如图 2-3-8 所示。

路径:系统设置→基础资料→公共资料→凭证字。

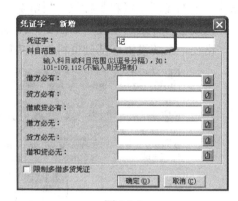

图 2-3-8

6. 计量单位

在金蝶 K/3 系统中,对物料的管理,需要设置计量单位。设置计量单位要先设置计量单位组,然后在组中设置计量单位。按照表 2-1-6 新增计量单位,以计量单位"个"为例。

根据路径找到公共资料,双击"计量单位",打开【基础平台-[计量单位]】窗口,在工具栏上单击【新增】按钮,打开【新增计量单位组】对话框,"计量单位组"输入"数量组",单击【确定】按钮,返回【基础平台-[计量单位]】窗口,在左侧导航栏选中该数量组,在右侧空白处单击,然后再单击【新增】按钮,打开【计量单位-新增】对话框,设置"代码"为"101","名称"为"个","换算率"为"1",单击【确定】按钮,完成计量单位的新增,如图 2-3-9 所示。

路径:系统设置→基础资料→公共资料→计量单位。

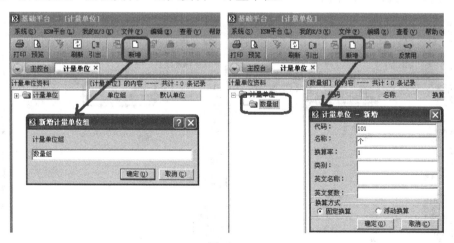

图 2-3-9

● **说明**:所有计量单位的编码必须不一样,不管是否在同一组,否则将不能保存。

7. 客户

客户是企业购销业务流程的终点，也是生产经营业务的直接外因，设置客户管理不仅是销售管理的重要组成部分，同时也是应收款管理、信用管理、价格管理所不可或缺的基本要素。按照表 2-1-7 新增客户资料，以"深圳宇润百货有限公司"为例。

根据路径找到公共资料，双击"客户"，打开【基础平台-[客户]】窗口，在工具栏上单击【新增】按钮，打开【客户-新增】窗口，在工具栏上单击【上级组】按钮，单击【项目属性】选项卡下的【基本资料】标签，"代码"输入"1"，"名称"为"普通客户"，单击【保存】按钮，完成客户分组的设置，如图 2-3-10 所示。

路径：系统设置→基础资料→公共资料→客户。

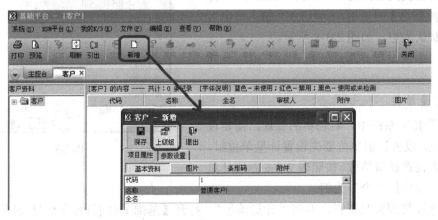

图 2-3-10

关闭【客户-新增】窗口，返回【基础平台-[客户]】窗口，选中左侧导航栏中的"普通客户"，在右侧空白处单击，然后在工具栏上单击【新增】按钮，打开【客户-新增】窗口，单击【项目属性】选项卡下的【基本资料】标签，"代码"输入"1.001"，"名称"为"深圳宇润百货有限公司"，"销售模式"为"内销"，单击【保存】按钮，注意 4.001 香港龙达车行的"销售模式"为"外销"，如图 2-3-11 所示。

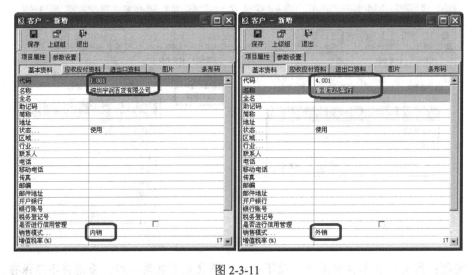

图 2-3-11

8. 部门

部门资料用来记录企业的组织结构的构成情况，可以作为财务核算维度，但不一定是实际的机构。按照表 2-1-8 新增部门资料，以"总经办"和"销售部"为例。

根据路径找到公共资料，双击"部门"，打开【基础平台-[部门]】窗口，在工具栏上单击【新增】按钮，打开【部门-新增】窗口，单击【项目属性】选项卡下的【基本资料】标签，"代码"输入"001"，"名称"为"总经办"，"部门属性"为"非车间"，"成本核算类型"为"期间费用部门"，单击【保存】按钮，如图 2-3-12 所示。

路径：系统设置→基础资料→公共资料→部门。

如果部门有下级部门，要先建立上级组，然后再在上级组下设置下级部门，以"销售部"为例，打开【基础平台-[部门]】窗口，在工具栏上单击【新增】按钮，打开【部门-新增】窗口，在该窗口单击【上级组】按钮，单击【项目属性】选项卡下的【基本资料】标签，"代码"输入"004"，"名称"为"销售部"，然后单击【保存】按钮，关闭该窗口返回【基础平台-[部门]】窗口，在左侧导航栏选中"销售部"组，系统切换到【基础平台-[基础资料-004(销售部)]】窗口，在右侧空白处单击，然后单击【新增】按钮，打开【部门-新增】窗口，单击【项目属性】选项卡下的【基本资料】标签，"代码"输入"004.01"，"名称"为"外销部"，然后单击【保存】按钮，完成下级部门的新增，如图 2-3-13 所示。

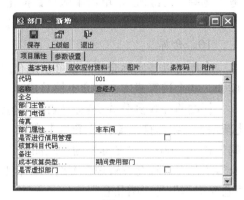

图 2-3-12

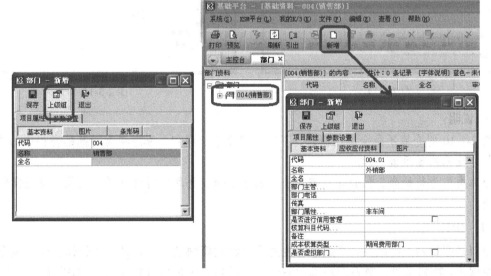

图 2-3-13

9. 职员

职员资料用来记录企业的员工或者操作员信息，对企业职员资料进行集中、分级管理，标识和描述每个职员及其详细信息，另外，还可以作为财务核算维度。按照表 2-1-9 新增职员资料,以职员"李德胜"为例。

根据路径找到公共资料,双击"职员",打开【基础平台-[职员]】窗口,在工具栏上单击【新增】按钮,打开【职员-新增】窗口,单击【项目属性】选项卡下的【基本资料】标签,"代码"输入"101","名称"为"李德胜","部门名称"选择"总经办","性别"选择"男","职务"选择"总经理",单击【保存】按钮,如图2-3-14所示。

路径:系统设置→基础资料→公共资料→职员。

10. 仓库

仓库可以是实际仓库,也可以是仓库划分出的区域,还可以是虚拟仓库。系统中有实仓和虚仓,实仓核算成本,虚仓不核算成本。按照表2-1-10新增仓库资料,以"成品仓"为例。

根据路径找到公共资料,双击"仓库",打开【基础平台-[仓库]】窗口,在工具栏上单击【新增】按钮,打开【仓库-新增】窗口,单击【项目属性】选项卡下的【基本资料】标签,"代码"输入"001","名称"为"成品仓","仓库属性"选择"良品","仓库类型"选择"普通仓","是否进行仓位管理"不选中,单击【保存】按钮,如图2-3-15所示,注意004赠品仓的"仓库类型"为"赠品仓"。

路径:系统设置→基础资料→公共资料→仓库。

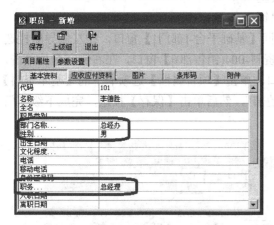

图 2-3-14　　　　　　　　　　图 2-3-15

⊙ 说明:

表2-1-10的仓库不是仓库组概念,不需要建立为上级组,否则在物料基础资料中的"默认仓库"字段无法显示该仓库。

仓库类型为待检仓、代管仓、赠品仓的属于虚仓,仓库类型为普通、其他、受托代销的属于实仓。

11. 物料

物料是原材料、半成品、产成品等企业生产经营资料的总称,是企业经营运作、生存获利的物质保障。物料是供应链系统基本业务资料的最基本也是最重要的内容。按照表2-1-11新增物料资料,以"四轮闪光滑板车"为例。

根据路径找到公共资料,双击"物料",打开【基础平台-[物料]】窗口,在工具栏上单击【新增】按钮,打开【物料-新增】窗口,在工具栏上单击【上级组】按钮,单击【项目属性】选项卡下的【基本资料】标签,"代码"输入"1","名称"为"成品",单击【保存】按钮,然后按照此方法录入"半成品""原材料""赠品"物料组。返回【基础平台-[物料]】窗口，选中左侧导航栏的"成品"，在右侧空白处单击，然后单击【新增】按钮，打开【物料-新增】窗口，单击【项目属性】选项卡下的【基本资料】标签，"代码"输入"1.0001"，"名称"为"四轮闪光滑板车"，"物料属性"选择"自制"，"计量单位"选择"辆"，"默认仓库"为"001"，切换到【物流资料】标签，"计价方法"选择"移动平均法"，"存货科目代码"为"1405"，"销售收入科目代码"为"6001"，"销售成本科目代码"为"6401"，单击【保存】按钮，如图 2-3-16 所示。注意部分物料的"物料属性"为"外购""委外加工""组装件"；部分物料的"存货科目代码"为"1405""1403""1409"。

路径：系统设置→基础资料→公共资料→物料。

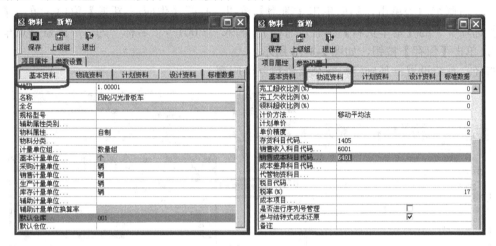

图 2-3-16

如果同类物料除了商品代码和商品名称不一致，其他设置都一样，可以采用复制的方法快速新增。双击 1.00001 物料，打开【物料-修改】窗口，在工具栏上单击【复制】按钮，单击【项目属性】选项卡下的【基本资料】标签，修改"代码"为"1.00002"，"名称"为"静音轮扭扭车"，单击【保存】按钮，如图 2-3-17 所示。

图 2-3-17

⊙ **说明**：如果物料属性差别不大，也可以用复制的方式新增，然后修改不同的属性。

12. 供应商

供应商是供货的主体。要准确地设置供应商信息，可以对供应商进行分类管理。按照表2-1-12新增供应商资料。

根据路径找到公共资料，双击"供应商"，打开【基础平台-[供应商]】窗口，在工具栏上单击【新增】按钮，打开【供应商-新增】窗口，在工具栏上单击【上级组】按钮，单击【项目属性】选项卡下的【基本资料】标签，"代码"输入"1"，"名称"为"国内普通供应商"，单击【保存】按钮，然后按照此方法录入其他供应商组。返回【基础平台-[供应商]】窗口，选中左侧导航栏的"国内普通供应商"，窗口切换到【基础平台-[基础资料-1(国内普通供应商)]】窗口，在右侧空白处单击，然后单击【新增】按钮，打开【供应商-新增】窗口，单击【项目属性】选项卡下的【基本资料】标签，"代码"输入"1.001"，"名称"为"广州蓝翎童车有限公司"，单击【保存】按钮，如图2-3-18所示。

路径：系统设置→基础资料→公共资料→供应商。

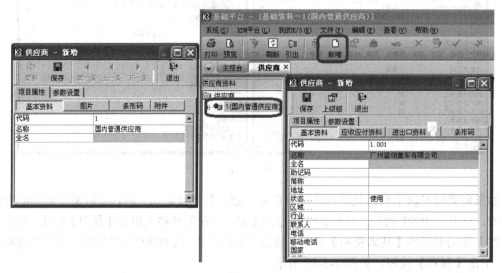

图 2-3-18

本学习任务主要介绍金蝶K/3软件中基础资料管理模块中公共资料（科目、币别、凭证字、供应商、客户和职员等）的操作，同时还介绍了快速录入基础资料的方法与注意事项。

为了方便操作，建议每个学习任务结束后，及时备份账套，下一学习任务中可以恢复本学习任务的账套进行操作。

学习任务2.4 系统初始化

2.4.1 系统初始化介绍

系统初始化设置是指各业务模块的系统设置、业务期初数据录入和初始化完成设置。建立公司账套，录入基础资料后，要进行系统初始化设置，系统业务模块才可以使用。

本学习任务主要介绍供应链模块设置、应收款系统设置、应付款系统设置和总账系统设置。

2.4.2 供应链模块初始化

供应链模块系统初始化

1. 核算参数设置

将系统时间调整为 2018 年 1 月 1 日，以 Administrator 用户登录系统，进行系统初始化设置。

根据路径找到生产管理，双击"核算参数设置"，打开【核算参数设置向导】对话框，"启用年度"为"2018"，"启用期间"为"1"，单击【下一步】按钮，选中"数量、金额核算"单选按钮，"库存更新控制"选中"单据审核后才更新"单选按钮，如图 2-4-1 所示。

路径：系统设置→初始化→生产管理→核算参数设置。

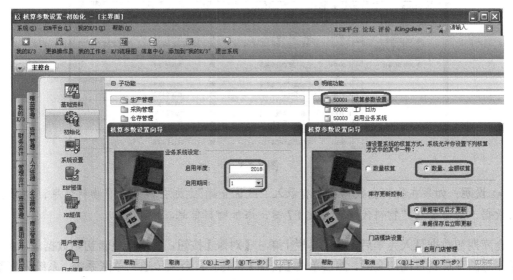

图 2-4-1

单击【下一步】按钮，再单击【完成】按钮，核算参数设置完成后，系统会自动重新登录。

2. 工厂日历设置

工厂日历（Shop Calendar）是指用于生产与库存管理的日历。将工厂日历起始日设置为 2018 年 1 月 1 日。

根据路径找到生产管理，双击"工厂日历"，打开【工厂日历】对话框，默认工厂日历起始日为会计期间第一天，"工厂日历起始日"为"2018-1-1"，单击【保存】按钮，如图 2-4-2 所示。

路径：系统设置→初始化→生产管理→工厂日历。

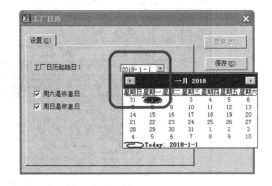

图 2-4-2

◎ **说明：** 工作日历起始日期必须是工作日，如果遇上年初第一天不是工作日，用户系统提示"工厂日历开始日不能为休息日，请重新设置。"，则需要设置为上一年的最后一个工作日作为本年度开始的工作日。

3. 仓库期初数据录入

根据路径找到仓存管理，双击"初始数据录入"，打开【仓存管理（供应链）系统-[初始数据录入]】窗口，在左侧导航栏单击【全部仓库】左边的"+"标志，系统列出全部仓库，选择具体仓库，在右侧可以看到该仓库中的物料信息，将横向滚动条向右滑找到"期初数量""期初金额"字段，按照表 2-1-13 录入仓库期初数据，如图 2-4-3 所示。

路径：系统设置→初始化→仓存管理→初始数据录入。

图 2-4-3

⊙ **说明**：如果在物料主数据中没有录入"默认仓库"，则在该处没有物料信息，如需录入期初数据，则需要在"物料代码"处按 F7 键，添加物料信息。

仓库期初数据录入完毕后，在工具栏上单击【对账】按钮，系统会更新初始数据录入界面，显示汇总的存货科目期初金额，然后单击【传递】按钮，将余额传递到总账系统，系统弹出【金蝶提示】对话框，提示"是否确认开始传递？"，单击【是】按钮，系统提示余额传递成功，如图 2-4-4 所示。

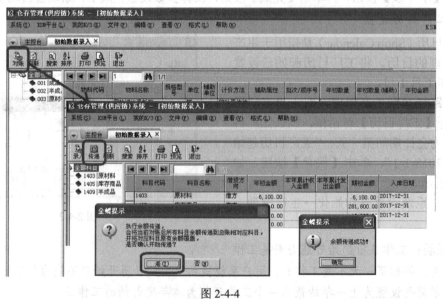

图 2-4-4

根据路径找到总账，双击"科目初始余额录入"，打开【系统总账-[科目初始余额录入]】窗口，可以看到从供应链仓库期初数据传递过来的科目数据，如图 2-4-5 所示。

路径：系统设置→初始化→总账→科目初始余额录入。

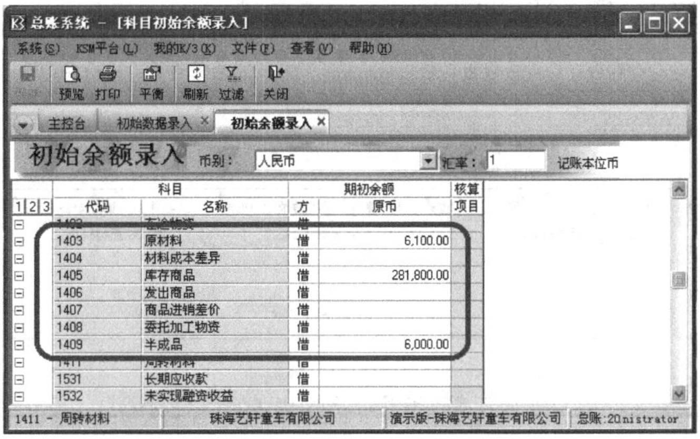

图 2-4-5

4. 录入启动期前的暂估入库单

根据路径找到仓存管理，双击"录入启动期前的暂估入库单"，打开【仓存管理（供应链）系统-[启动期前的暂估入库单序时簿]】窗口，在工具栏上单击【新增】按钮，打开【外购入库单-新增-WIN000001】窗口，按照图 2-1-2 录入期初暂估单，"供应商"为"珠海飞航零配件有限公司"，"摘要"为"启动期间前的暂估入库"，"日期"为"2017-12-03"，"往来科目"为"应付账款"，"收料仓库"为"原材料仓"，"物料编码"选择"3.00006"，"物料名称"为"避水板"，"实收数量"为"100"，"价格"为"3"，"保管"为"黄书琳"，"验收"为"杨朝强"，录入完成，检查数据无误后，保存并审核。注意：保存后的单据界面自动切换到【外购入库单-修改-WIN000001】窗口，如图 2-4-6 所示。

路径：系统设置→初始化→仓存管理→录入启动期前的暂估入库单。

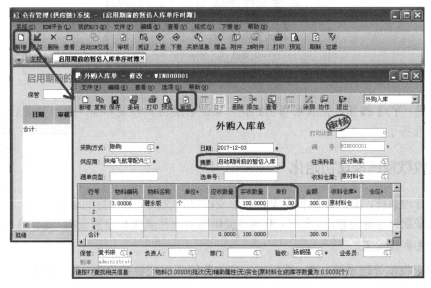

图 2-4-6

按照上述操作，录入第二张期初暂估入库单，保存并审核，如图2-4-7所示。

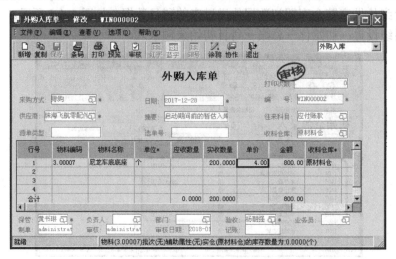

图 2-4-7

◉ 说明：

单据新增时为【XXX-新增-XXX】窗口，单击【保存】按钮后，系统自动将界面切换到【XXX-修改-XXX】窗口，本书一般为操作完成后的截图，单据界面为【XXX-修改-XXX】窗口。

为了更好地理解企业各岗位职责，建议在录入岗位人员时最好根据企业案例资料给定的人员名字录入。

5. 启用业务系统

在操作供应链业务之前，必须先启动该模块的业务系统。根据路径找到仓存管理，双击"启动业务系统"，系统弹出【金蝶提示】对话框，提示"您确认启用系统吗？"，如图2-4-8所示。

路径：系统设置→初始化→仓存管理→启用业务系统。

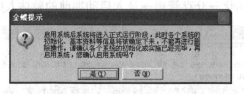

图 2-4-8

单击【是（Y）】按钮，完成账套初始化，系统会跳转到登录界面，重新登录后就可以操作供应链系统业务了。

2.4.3 应收款管理模块初始化

应收款管理系统，是通过销售发票、其他应收单、收款单等单据的录入，对企业的往来账款进行综合管理，及时、准确地提供给客户往来账款余额资料，提供各种分析报表。

1. 系统参数设置

在使用应收款管理系统之前，需要进行应收款管理系统参数设置，具体设置参数如表2-4-1所示。

表 2-4-1 系统参数设置

基 本 信 息	启用年份 2018，启用期间 1 月
坏账计提方法	坏账损失：6602.05；坏账准备：1231 计提坏账科目：应收账款；计提比例：0.5%
科目设置	其他应收单：1122；销售发票：1122 收款单：1122；退款单：1122；预收单：2203 应收票据科目代码：1121；应交税金科目代码：2221.01.05
凭证处理	使用凭证模板（选中）；预收冲应收需要生成转账凭证（选中）
期末处理	结账与总账期间同步（选中） 期末处理前凭证处理应该完成（选中） 启用对账与调汇（选中）

根据路径找到应收款管理，双击"系统参数"，打开【系统参数】对话框，在【基本信息】选项卡确认会计期间，"启用年份"为"2018"，"启用会计期间"为"1"，如图 2-4-9 所示。

路径：系统设置→系统设置→应收款管理→系统参数。

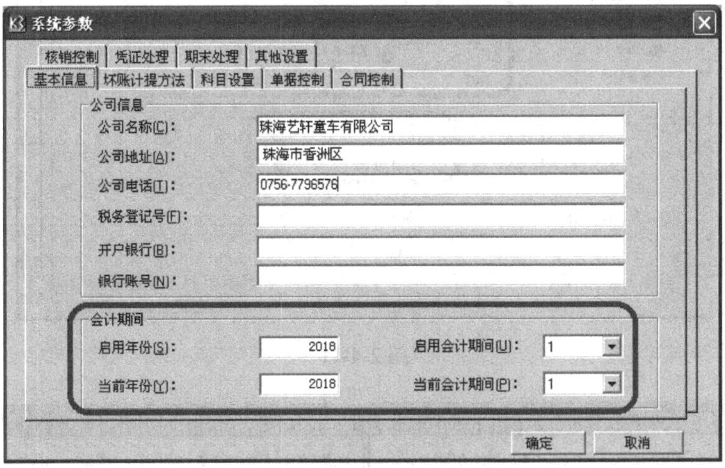

图 2-4-9

切换到【坏账计提方法】选项卡，"坏账损失科目代码"为"6602.05"，"坏账准备科目代码"为"1231"，"计提坏账科目"为"应收账款"，"计提比率"为"0.5%"，如图 2-4-10 所示。

切换到【科目设置】选项卡，"其他应收单"为"1122"，"销售发票"为"1122"，"收款单"为"1122"，"退款单"为"1122"，"预收单"为"2203"，"应收票据科目代码"为"1121"，"应交税金科目代码"为"2221.01.05"，如图 2-4-11 所示。

切换到【凭证处理】选项卡，选中"使用凭证模板"复选框；切换到【期末处理】选项卡，选中"结账与总账期间同步"复选框。其他为系统默认值，如图 2-4-12 所示。

2．期初单据录入

本实验没有设置应收款初始数据，在这里不做详细讲解。

路径：系统设置→初始化→应收款管理。

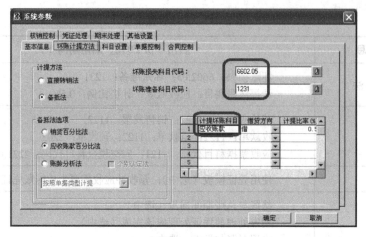

图 2-4-10

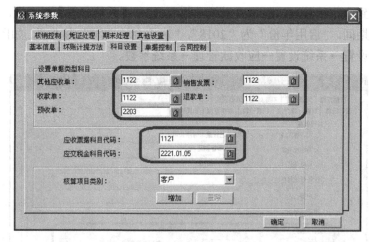

图 2-4-11

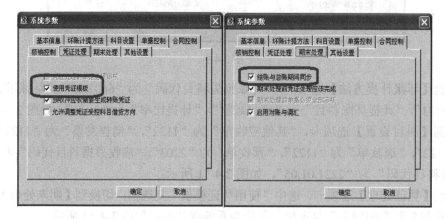

图 2-4-12

3. 结束初始化

根据路径找到初始化，双击"结束初始化"，系统弹出【金蝶提示】对话框，提示"结束初始化之前，需要查看初始化检查的结果吗？"，单击【否】按钮，系统弹出【金蝶提示】对话框，提示是否需要初始化对账，单击【否】按钮，系统弹出【金蝶提示】对话框，提示"系统成功启用！"，单击【确定】按钮，说明应收款管理系统初始化完成，成功启用应收款管理系统，如图 2-4-13 所示。

路径：财务会计→应收款管理→初始化→结束初始化。

图 2-4-13

2.4.4 应付款管理模块初始化

应付账款初始化

应付款管理系统，是通过采购发票、其他应付单、付款单等单据的录入，对企业的往来账款进行综合管理，及时、准确地提供给供应商往来账款余额资料，提供各种分析报表。

1. 系统参数设置

在使用应付款管理系统之前，需要进行应付款管理系统参数设置。具体设置参数如表 2-4-2 所示。

表 2-4-2 系统参数设置

基 本 信 息	启用年份 2018，启用期间 1 月
科目设置	其他应付单：2202；采购发票：2202 付款单：2202；退款单：2202；预付单：1123 应付票据科目代码：2201；应交税金科目代码：2221.01.01
凭证处理	使用凭证模板（选中） 预付冲应付需要生成转账凭证（选中）
期末处理	结账与总账期间同步（选中） 期末处理前凭证处理应该完成（选中） 启用对账与调汇（选中）

根据路径找到应付款管理，双击"系统参数"，打开【系统参数】对话框，在【基本信息】选项卡中确认会计期间，"启用年份"为"2018"，"启用会计期间"为"1"，如图 2-4-14 所示。

路径：系统设置→系统设置→应付款管理→系统参数。

切换到【科目设置】选项卡，"其他应付单"为"2202"，"采购发票"为"2202"，"付款单"为"2202"，"退款单"为"2202"，"预付单"为"1123"，"应付票据科目代码"为"2201"，"应交税金科目代码"为"2221.01.01"，如图 2-4-15 所示。

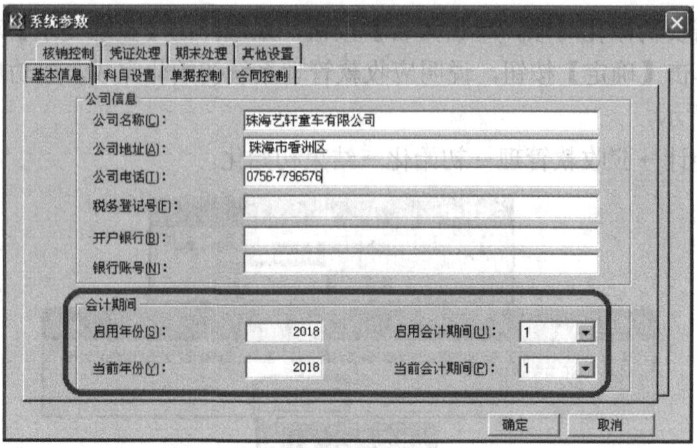

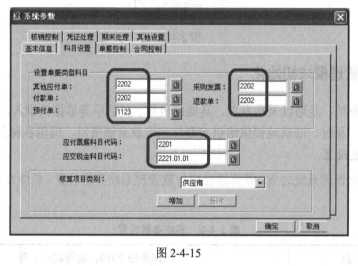

图 2-4-14

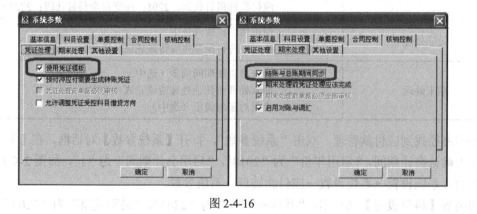

图 2-4-15

切换到【凭证处理】选项卡，选中"使用凭证模板"复选框；切换到【期末处理】选项卡，选中"结账与总账期间同步"复选框。其他为系统默认值，如图 2-4-16 所示。

图 2-4-16

2. 期初单据录入

本实验没有设置应付款初始数据，在这里不做详细讲解。

路径：系统设置→初始化→应付款管理。

3. 结束初始化

根据路径找到初始化，双击"结束初始化"，系统弹出【金蝶提示】对话框，提示"结束初始化之前，需要查看初始化检查的结果吗？"，单击【否】按钮，系统弹出【金蝶提示】对话框，提示是否需要初始化对账，单击【否】按钮，系统弹出【金蝶提示】对话框，提示"系统成功启用！"，单击【确定】按钮，说明应付款管理系统初始化完成，成功启用应付款管理系统，如图 2-4-17 所示。

路径：财务会计→应付款管理→初始化→结束初始化。

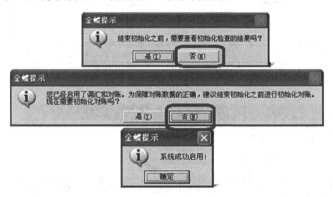

图 2-4-17

2.4.5 总账初始化

总账初始化

总账是财务系统的核心，业务数据在生成凭证以后，全部归集到总账系统进行处理，总账系统也可以进行日常的收款、付款、报销等业务的凭证制单工作。从建账、日常业务、账簿查询到月末结账等全部的财务处理工作均在总账系统实现。

1. 总账系统参数设置

使用总账系统之前，需要进行总账系统参数设置。具体设置参数如表 2-4-3 所示。

表 2-4-3　总账系统参数设置

会 计 期 间	启用会计年度 2018，启用会计期间 1 月
总账	基本信息： 本年利润科目：4103；利润分配科目：4104
	凭证： 凭证过账前必需审核（选中） 不允许修改/删除业务系统凭证（选中） 审核和反审核人必须为同一人（选中）

根据路径找到总账，双击"系统参数"，打开【系统参数】对话框，在【会计期间】选项卡中确认会计期间，"启用会计年度"为"2018"，"启用会计期间"为"1"，如图 2-4-18 所示。

路径：系统设置→系统设置→总账→系统参数。

切换到【总账】选项卡【基本信息】标签，"本年利润科目"为"4103"，"利润分配科目"为"4104"，切换到【凭证】标签，选中"凭证过账前必需审核""不允许修改/删除业务系统凭证""审核和反审核人必须为同一人"复选框，如图 2-4-19 所示。

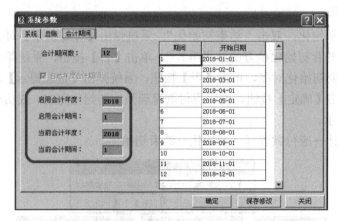

图 2-4-18

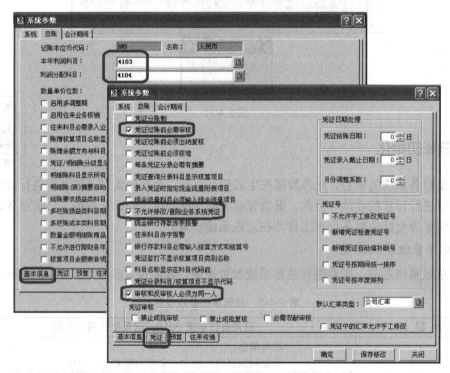

图 2-4-19

◉ **说明**：设置本年利润科目和利润分配科目是为了在总账期末结转损益时能顺利生成凭证，否则无法成功结转损益。

2. 期初余额录入

根据路径找到总账，双击"科目初始余额录入"，打开【总账系统-[科目初始余额录入]】窗口，在"币别"下拉列表框中选择"人民币"，按照表 2-1-14 录入人民币科目的初始余额，如图 2-4-20 所示。

路径：系统设置→初始化→总账→科目初始余额录入。

图 2-4-20

在"币别"下拉列表框中选择"美元",按照表 2-1-14 录入美元科目的期初余额,如图 2-4-21 所示。

图 2-4-21

在"币别"下拉列表框中选择"港币",按照表 2-1-14 录入港币科目的期初余额,如图 2-4-22 所示。

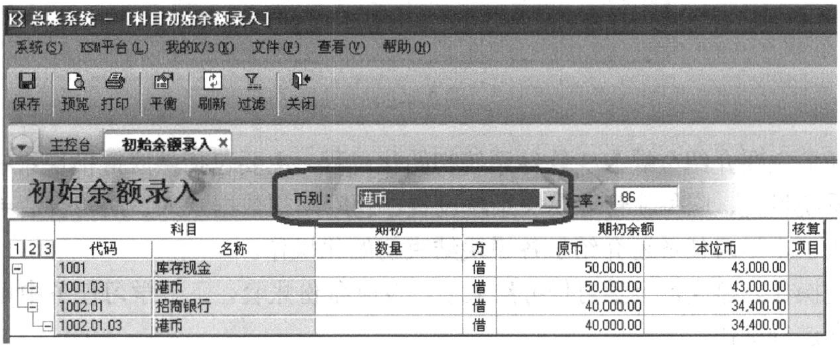

图 2-4-22

在"币别"下拉列表框中选择"综合本位币",在工具栏上单击【平衡】按钮,进行试算平衡计算,系统弹出【试算借贷平衡】对话框,在"差额"字段显示为 0,表示试算平衡,如果不为 0,则表示录入总账期初余额错误,需要调整,直到差额为 0,试算平衡后才能结束初始化,如图 2-4-23 所示。

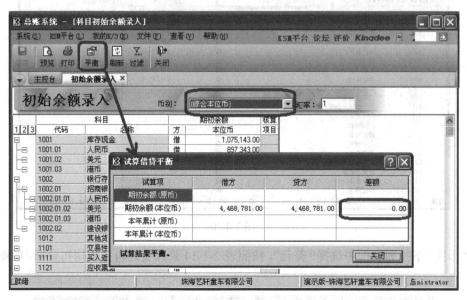

图 2-4-23

3. 结束初始化

根据路径找到总账,双击"结束初始化",打开【初始化】对话框,选中"结束初始化"单选按钮,单击【开始】按钮,系统弹出【金蝶提示】对话框,提示"成功结束余额初始化工作",单击【确定】按钮,如图 2-4-24 所示。

路径:系统设置→初始化→总账→结束初始化。

图 2-4-24

本学习任务主要介绍金蝶 K/3 软件系统初始化过程,主要包括供应链模块系统设置、应收款管理模块系统设置、应付款管理模块系统设置、仓库期初数据录入、期初暂估单录入和总账科目余额录入。本学习任务还介绍了各模块结束初始化操作。

为了方便操作,建议每个学习任务结束后,及时备份账套,下一学习任务中可以恢复本学习任务的账套进行操作。

项目 3　供应商管理

学习目标

- ◇ 了解金蝶 K/3 供应商管理模块的主要功能，熟悉相关单据及业务；
- ◇ 掌握供应商资质评估管理方法及业务处理过程；
- ◇ 掌握供应商日常交易管理业务处理过程。

学习任务

- ◇ 熟悉供应商档案、供应商资质申请表、供应商评估方案、供应商评分表、询报价管理、品质异常报告、采购订单变更通知单等相关单据；
- ◇ 掌握供应商评估指标设置、供应商评估等级设置过程；
- ◇ 掌握供应商资质申请、评分与转交易供应商等业务操作；
- ◇ 掌握供应商询价、报价、品质异常报告及生成采购订单等业务操作。

学习任务 3.1　供应商资质评估管理

3.1.1　供应商管理系统介绍

供应商管理系统，是通过供应商档案、供应商资质申请表、样品试制申请单、供应商评估方案、供应商评分表、询报价管理、品质异常报告、采购订单变更通知单、采购/委外对账单等功能综合运用的管理系统，以建立和维护供应商伙伴关系为导向，涉及供应商整个生命周期的管理。

供应商管理系统的解决方案，如图 3-1-1 所示。

3.1.2　供应商资质评估管理流程

业务描述：珠海艺轩童车有限公司对于供应商的管理有一套完整的评估指标体系，珠海运达贸易有限公司是潜在供应商，2018 年 1 月 7 日提出资质申请。2018 年 1 月 9 日公司对该供应商进行评分，评估合格后，转交易供应商。

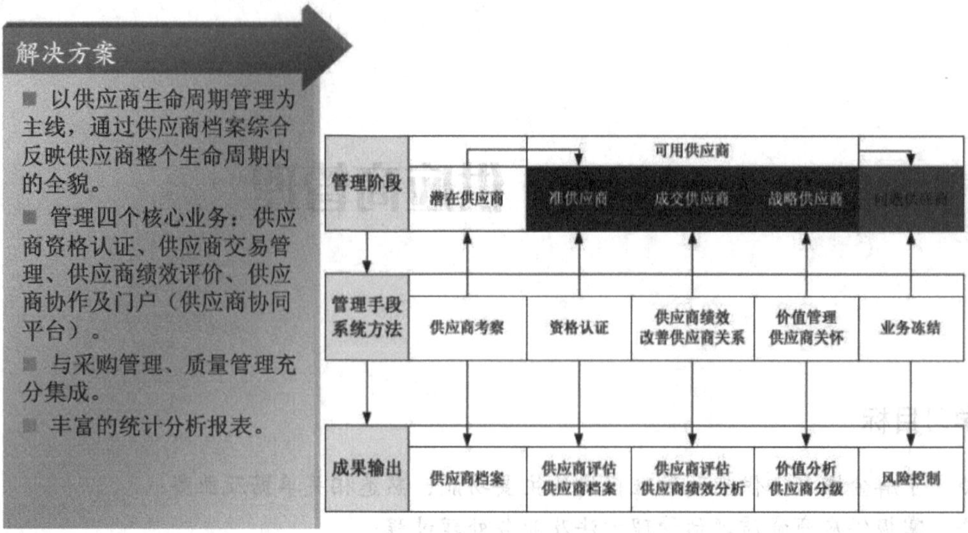
解决方案
以供应商生命周期管理为主线，通过供应商档案综合反映供应商整个生命周期内的全貌。
管理四个核心业务：供应商资格认证、供应商交易管理、供应商绩效评价、供应商协作及门户（供应商协同平台）。
与采购管理、质量管理充分集成。
丰富的统计分析报表。
可用供应商
管理阶段
潜在供应商
准供应商
成交供应商
战略供应商
管理手段系统方法
供应商考察
资格认证
供应商绩效改善供应商关系
价值管理供应商关怀
业务冻结
成果输出
供应商档案
供应商评估供应商档案
供应商评估供应商绩效分析
价值分析供应商分级
风险控制

图 3-1-1

供应商资质评估业务流程：供应商评估指标设置→提交供应商档案→提交资质申请表→创建评分表并评分→反馈初评意见→转交易供应商。

1. 供应商评估指标设置

将系统时间调整为 2018 年 1 月 1 日，以 Administrator 的身份登录系统，设置供应商评估管理参数。

1）评估指标体系

珠海艺轩童车有限公司的供应商评估指标体系如表 3-1-1 所示。

表 3-1-1　供应商评估指标体系

艺轩供应商评估指标体系	质量水平	定性指标：质量保证体系	是，80 分
			否，60 分
		定量指标：优良品率	0～70，60 分
			71～80，70 分
			81～89，80 分
			90～95，90 分
			96～100，100 分
	价格水平	定量指标：优惠程度	0.95～1，70 分
			0.9～0.94，80 分
			0.81～0.89，90 分，备注：表示九折
			0～0.8，100 分，备注：表示八折

根据路径找到评估管理，双击“供应商评估指标管理”，打开【供应商评估指标】窗口，在工具栏上单击【新组】按钮，打开【新增组】对话框，“代码”输入“101”，“名称”为“艺

轩供应商评估指标体系",如图 3-1-2 所示。

路径:供应链→供应商管理→评估管理→供应商评估指标管理。

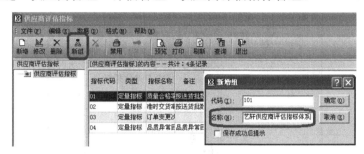

图 3-1-2

单击【确定】按钮,返回【供应商评估指标】窗口,在左侧选中"101(艺轩供应商评估指标体系)",按上述方法,在该组中新建两个组为"Z01(质量水平)"和"Z02(价格水平)",如图 3-1-3 所示。

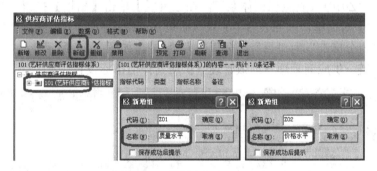

图 3-1-3

单击【确定】按钮,返回【供应商评估指标】窗口,在左侧选中"Z01(质量水平)",单击【新增】按钮,打开【供应商评估指标-新增】对话框,按照表 3-1-1 新增两个指标:"指标代码"为"Z0101","指标名称"为"质量保证体系","类型"为"定性指标";"指标代码"为"Z0102","指标名称"为"优良品率","类型"为"定量指标",单击【保存】按钮,如图 3-1-4 所示。

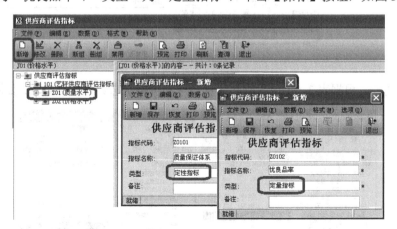

图 3-1-4

按上述方法在"Z02（价格水平）"组中，新增一个指标，"指标代码"为"Z0201"，"指标名称"为"优惠程度"，"类型"为"定量指标"，单击【保存】按钮，如图 3-1-5 所示。

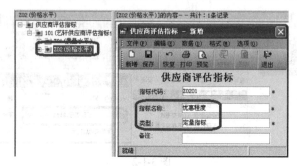

图 3-1-5

2）评估指标参数设置

根据路径找到绩效管理，双击"供应商评估指标设置"，打开【供应商评估指标设置】窗口，在左侧选中"Z0101（质量保证体系）"，在工具栏上单击【新增】按钮，打开【供应商评估指标设置-新增】对话框，按照表 3-1-1 录入质量保证指标参数，"得分标准"为"是"，"分值"为"80"；"得分标准"为"否"，"分值"为"60"，如图 3-1-6 所示。

路径：供应链→供应商管理→绩效管理→供应商评估指标设置。

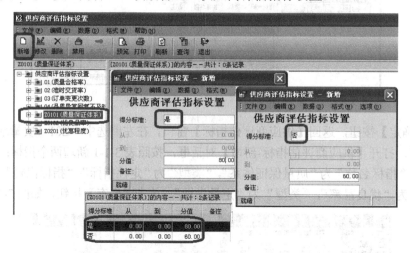

图 3-1-6

按照上述方法，根据表 3-1-1 录入物料优良品率和价格优惠评估指标参数，如图 3-1-7 所示。

图 3-1-7

3）评估等级设置

珠海艺轩童车有限公司的供应商等级设置如表 3-1-2 所示。

表 3-1-2 供应商等级设置

编 号	分 值	供应商等级
01	从 0 到 59	不合格
02	从 60 到 70	合格
03	从 71 到 80	三等供应商
04	从 81 到 90	二等供应商
05	从 91 到 100	一等供应商

根据路径找到绩效管理，双击"供应商评估等级设置"，打开【供应商评估等级设置】窗口，单击【新增】按钮，打开【供应商评估等级设置-新增】对话框，在"等级"处按 F7 键，打开【供应商等级】对话框，单击【新增】按钮，按照表 3-1-2 添加供应商等级，如图 3-1-8 所示。

路径：供应链→供应商管理→绩效管理→供应商评估等级设置。

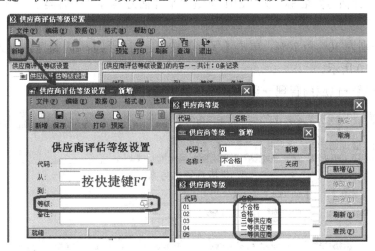

图 3-1-8

单击【确定】按钮，返回【供应商评估等级设置-新增】对话框，按照表 3-1-2 设置各等级分数区间，如图 3-1-9 所示。

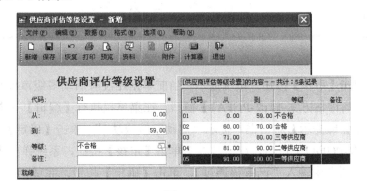

图 3-1-9

4）供应商评估方案

珠海艺轩童车有限公司的供应商评估方案设置如表 3-1-3 所示。

表 3-1-3　供应商评估方案设置

方案级别	评估方案名称	次级指标	权重
一级	101 艺轩供应商评估方案	Z01 质量水平评估方案	50%
		Z02 价格水平评估方案	50%
二级	Z01 质量水平评估方案	Z0101 质量保证体系	30%
		Z0102 物料优良品率	70%
	Z02 价格水平评估方案	Z0201 优惠程度	100%

▶ **注意**：先建立二级指标，保存并审核后，再建立一级指标。

根据路径找到评估管理，双击"供应商评估方案-新增"，打开【供应商评估方案-新增-PGFA1】窗口，"评估方案名称"为"Z01 质量水平评估方案"，"评估类型"为"供应商初评"，"上级评估指标"为"质量水平"，"次级指标"选择"Z0101 质量保证体系"和"Z0102 优良品率"，"权重"分别为 30% 和 70%，单击【保存】按钮，切换到【供应商评估方案-修改-PGFA1】窗口，如图 3-1-10 所示。

路径：供应链→供应商管理→评估管理→供应商评估方案-新增。

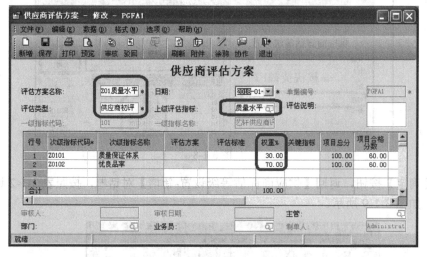

图 3-1-10

在工具栏上单击【审核】按钮，系统提示"当前单据还没有启动多级审核！"，单击【确定】按钮，返回【供应商评估方案-修改-PGFA1】窗口，在菜单栏执行【编辑】→【启动多级审核】命令，系统弹出【金蝶提示】对话框，提示"启动审核成功！"，单击【确定】按钮，返回【供应商评估方案-修改-PGFA1】窗口，在工具栏上单击【审核】按钮，系统弹出【审核】对话框，在【审核意见】选项卡中输入"已审核通过"，单击【确定】按钮，完成供应商评估方案的审核，如图 3-1-11 所示。

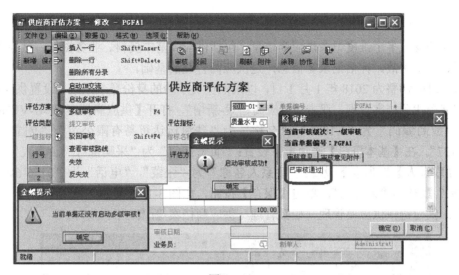

图 3-1-11

按照上述操作，根据表 3-1-3 建立 Z02 价格水平评估方案和 101 艺轩供应商评估方案，"评估类型"为"供应商初评"，保存并审核。

根据路径找到评估管理，双击"供应商评估方案-维护"，打开【供应商管理（供应链）系统-[供应商评估方案序时簿]】窗口，查看新增的评估方案，双击"Z02 价格水平评估方案"，打开【供应商评估方案-查看-PGFA2】窗口，查看评估方案详情，用同样的方法查看 101 艺轩供应商评估方案，如图 3-1-12 所示。

路径：供应链→供应商管理→评估管理→供应商评估方案-维护。

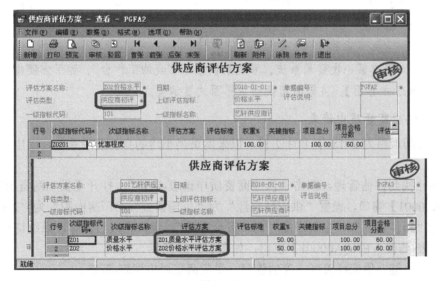

图 3-1-12

◉ 说明：

评估体系的评估类型要一致，此处统一为"供应商初评"。

在新增一级评估方案时，选取次级指标代码后，该次级指标的"评估方案"也一定要选择，否则无法保存。

2. 供应商档案

供应商档案从多个维度记录供应商信息，包括供应商基本资料、业务资料、财务资料、联系人资料、质量事故、评估记录等信息，是供应商管理的基础。

将系统时间调整为2018年1月1日，以采购员吴小玲的身份登录系统，设置供应商资料。

根据路径找到档案管理，双击"供应商档案-新增"，打开【供应商档案-新增-VEN000001】窗口，"供应商编码"为"1.1001"，"名称"为"珠海运达贸易有限公司"，"创立日期"为"2008-09-27"。在【基本资料】选项卡下设置："负责部门"为"采购部"，"负责人"为"吴小玲"。在【联系人】选项卡下设置："联系人名称"为"张蒙"，"电话"为"0756-64098056"，"评估状态"默认为"未评估"，单击【保存】按钮，如图3-1-13所示。

路径：供应链→供应商管理→档案管理→供应商档案-新增。

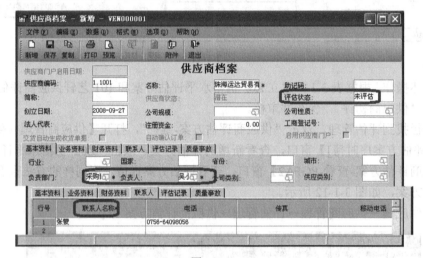

图 3-1-13

⊙ **说明：** 该用户第一次登录系统，系统默认显示"我的工作台"，为了方便操作，请在工具栏上单击【K/3主界面】，将界面切换到主界面的显示模式。

3. 创建供应商资质申请表

将系统时间调整为2018年1月7日，以采购员吴小玲的身份登录系统，提出供应商资质申请。

根据路径找到评估管理，双击"供应商资质申请表-新增"，打开【供应商资质申请表-新增-VENQA00001】窗口，设置"供应商来源"为"市场调查"，"厂房面积"为"20000"，"申请类型"为"新供货商"，"主要产品"为"五金零件"。录入完成后保存，系统切换到【供应商资质申请表-修改-VENQA00001】窗口，如图3-1-14所示。

路径：供应链→供应商管理→评估管理→供应商资质申请表-新增。

4. 创建供应商评分表并评分

将系统时间调整为2018年1月9日，以采购员吴小玲的身份登录系统，创建供应商评分表并对该供应商评分。

根据路径找到评估管理，双击"创建供应商评分表"，打开【创建供应商评分表】对话框，"评估类型"选择"供应商初评"；"评估方案代码"处按F7键，打开【供应商评估方案序时簿】

窗口，双击"单据编号"为 PGFA3 的"101 艺轩供应商评估方案"，系统返回【创建供应商评分表】对话框，单击【选择供应商】按钮，打开【供应商档案序时簿】窗口，双击"珠海运达贸易有限公司"，返回【创建供应商评分表】对话框，单击【创建评分表】按钮，系统弹出【金蝶提示】对话框，提示"供应商评分表创建完成"，单击【确定】按钮，如图 3-1-15 所示。

路径：供应链→供应商管理→评估管理→创建供应商评分表。

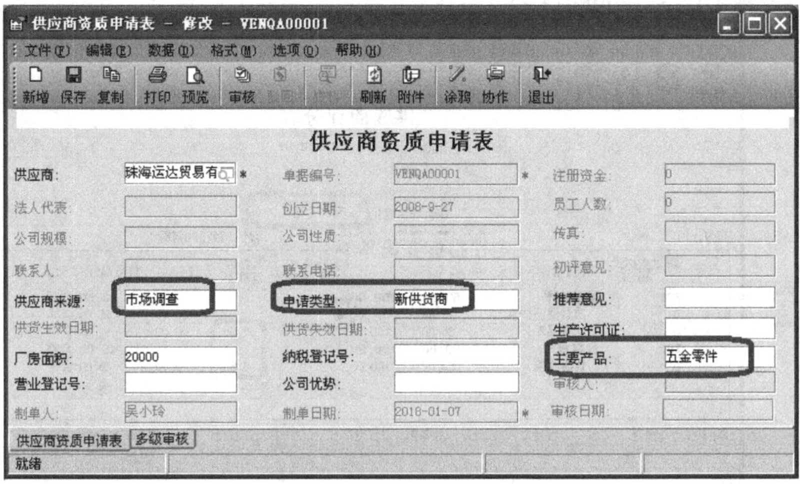

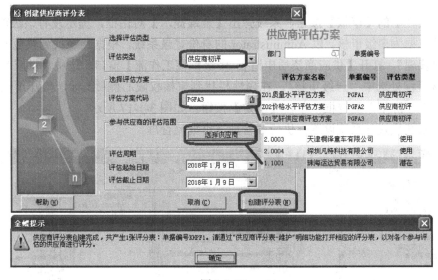

图 3-1-14

图 3-1-15

根据路径找到评估管理，双击"供应商评分表-维护"，在【过滤】窗口，单击【确定】按钮，打开【供应商管理（供应链）系统-[供应商评分表序时簿]】窗口，双击 2018 年 1 月 9 日珠海运达贸易有限公司的评分表 KHPF1，打开【供应商评分表-修改-KHPF1】窗口，录入对该供应商的评估值，质量保证体系的"实际绩效（定性）"选择"是"，"优良品率"和"优惠程度"的"实际绩效（定量）"分别为"92"和"0.86"，"综合评估意见"为"初评合格"，单击【保存】按钮，如图 3-1-16 所示。

路径：供应链→供应商管理→评估管理→供应商评分表-维护。

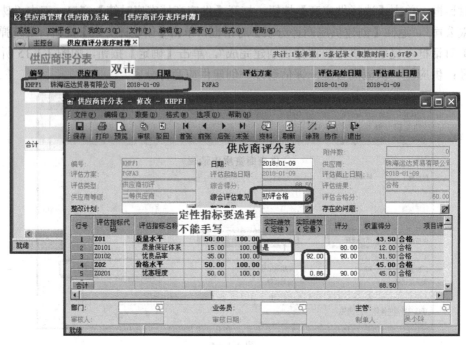

图 3-1-16

单击工具栏上的【审核】按钮，系统弹出【金蝶提示】对话框，提示没有该级审核权限，系统默认该单据为多级审核。以 Administrator 的身份登录系统，根据路径找到供应商管理，双击"审批流管理"，打开【供应商资质申请表_多级审核工作流】窗口，选中"供应商评分表"，在中间审核流程处选中"一级审核"，在属性栏找到审核权限右侧┅图标，打开【权限设置】对话框，选中"陈堂"复选框，单击【确定】按钮，如图 3-1-17 所示。

路径：系统设置→系统设置→供应商管理→审批流管理。

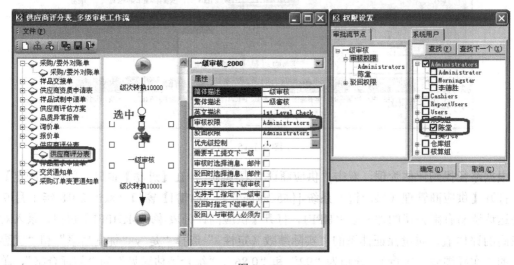

图 3-1-17

以陈堂的身份登录系统,找到 2018 年 1 月 9 日珠海运达贸易有限公司的评分表 KHPF1,打开【供应商评分表-修改-KHPF1】窗口,在菜单栏上执行【编辑】→【启用多级审核】命令,然后单击【审核】按钮,在【审核意见】处输入"审核通过"。

5. 初评意见

供应商资质申请表的初评意见审核后才生效,需要赋予采购处处长陈堂审核权限。

以 Administrator 的身份登录系统,根据路径找到供应商管理,双击"审批流管理",打开【供应商资质申请表_多级审核工作流】窗口,选中"供应商资质申请表",切换到【用户设置】选项卡,将"陈堂"添加到【用户姓名】栏,保存设置,如图 3-1-18 所示。

路径:系统设置→系统设置→供应商管理→审批流管理。

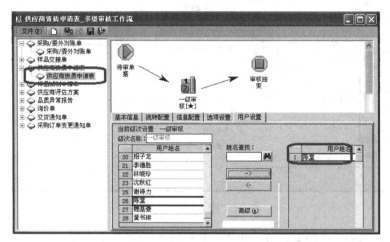

图 3-1-18

以陈堂的身份登录系统,根据路径打开【供应商资质申请表-修改-VENQA00001】窗口,执行【编辑】→【初评意见】命令,"初评意见"字段可见,"初评意见"选择"纳入合格供货商",保存后审核,审核意见为"通过",如图 3-1-19 所示。

路径:供应链→供应商管理→评估管理→供应商资质申请表-维护。

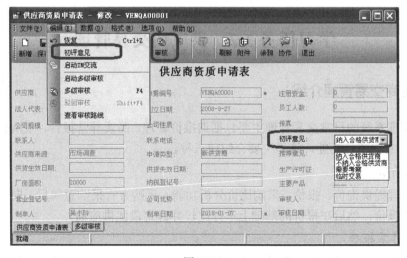

图 3-1-19

6. 转交易供应商

以吴小玲的身份登录系统，根据路径找到并双击"供应商档案-维护"，选中"珠海运达贸易有限公司"，打开【供应商档案-修改-VEN000001】窗口，执行【数据】→【转交易供货商】命令，系统提示"转交易供应商成功"，"供应商状态"由"潜在"变为"使用"，如图 3-1-20 所示。

路径：供应链→供应商管理→档案管理→供应商档案-维护。

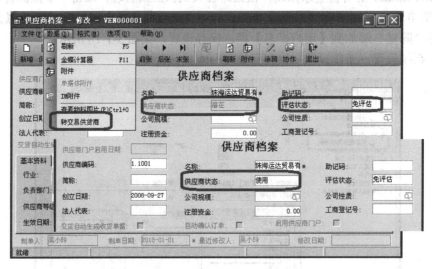

图 3-1-20

"使用"状态的供应商档案，可以在"公共资料-供应商"中查看。

本学习任务主要介绍金蝶 K/3 软件供应商管理模块的供应商资质评审业务流程，该流程主要是根据供应商档案提出资质申请，经过评分、初评，最终根据供应商等级，合格后转交易供应商。本学习任务还介绍了供应商资质申请表和创建供应商评分表的多级权限设置操作。

为了方便操作，建议每个学习任务结束后，及时备份账套，下一学习任务中可以恢复本学习任务的账套进行操作。

学习任务 3.2 供应商交易管理

供应商交易管理

3.2.1 供应商交易管理介绍

供应商管理系统的日常交易管理主要包括询报价管理、品质异常报告、采购订单变更通知单、采购/委外对账单等功能，这里主要介绍前三种。

1. 询报价管理

询报价管理提供询价、报价、采购比价分析功能。采购方有采购意向后，向多个供应商发出询价单让其报价，然后在报价的基础上进行比较并确定最优供应商。

2. 品质异常报告

品质管理是提供品质异常报告的处理，在品质出现问题时，企业可以提供异常品质报告给供应商，要求其确认并提供整改意见。

3. 采购订单变更通知单

采购订单变更通知单是企业与供应商关于变更采购订单进行沟通与记录的单据。企业本身和供应商都可以根据实际业务的变化发起对采购订单的变更，待对方确认后变更正式生效。

3.2.2 供应商交易管理流程

业务描述：2018年1月5日，珠海艺轩童车有限公司欲买100套智能防倒转向系统，向供应商询价，要求供应商在2018年1月15日前报价，要求2018年1月28日交货。2018年1月15日郑州达尼与珠海飞航对其报价，珠海艺轩童车有限公司通过比价分析确定采购供应商，2018年1月16日向该供应商下达采购订单，2018年1月20日通过质检发现该批货物存在质量问题，发布品质异常报告，2018年1月23日进行采购订单变更通知，取消该批货物的采购订单。

供应商交易管理流程：多级审核设置→询价单→报价单→比价分析→生成采购订单→品质异常报告→采购订单变更通知单。

1. 多级审核设置

供应商管理模块的询价单、报价单、品质异常报告、采购订单变更通知单、供应商资质申请表、供应商评估方案、供应商评分表等单据，系统默认为多级审核设置，审核单据时需要设置审核人。上一学习任务已经介绍了部分单据的审核权限设置方法，本学习任务将讲解询价单、报价单、品质异常报告、采购订单变更通知单的审核权限设置，统一设定为采购处处长陈堂审核。

将系统时间调整为2018年1月5日，以Administrator的身份登录系统，设置多级审核人。

根据路径找到供应商管理，双击"审批流管理"，打开【采购/委外对账单_多级审核工作流】窗口，双击左侧的"询价单"，切换到【询价单_多级审核工作流】窗口，在【基本信息】选项卡下选中"启用流程"复选框，在【用户设置】选项卡下将"陈堂"添加到右侧【用户姓名】栏，单击【保存】按钮，如图3-2-1所示。

路径：系统设置→系统设置→供应商管理→审批流管理。

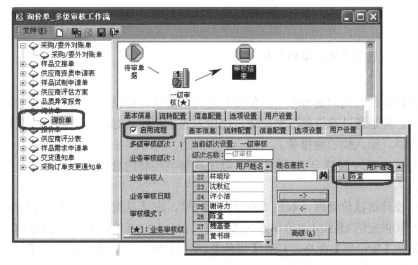

图3-2-1

按照同样的方法设置报价单、品质异常报告的审核人为陈堂。采购订单变更通知单的设置方法跟 3.1 学习任务一样，这里不再赘述。

2. 询价单

一般在采购前企业都会向供应商询价，索要报价单，特别是产品的详细参数，一方面考虑性能是否符合需求，另一方面也会考虑价格。

将系统时间调整为 2018 年 1 月 5 日，以采购员吴小玲的身份登录系统，制作询价单。

根据路径找到询报价管理，双击"询价单-新增"，打开【询价单-新增-XJD000001】窗口，"部门"为"采购部"，"采购员"为"302"，"报价截止日期"为"2018-01-15"，"生效日期"为"2018-01-05"，"失效日期"为"2018-01-31"，"结算币别"为"人民币"。在【物料】选项卡下，"物料代码"选择"3.00002"，"物料名称"为"智能防倒转向系统"，"需求数量"为"100"，"交货日期"为"2018-01-28"。在【供应商】选项卡下，"供应商"选择"郑州达尼制造有限公司"和"珠海飞航零配件有限公司"。录入完成，检查数据无误后，单击【保存】按钮，系统切换到【询价单-修改-XJD000001】窗口，如图 3-2-2 所示。

路径：供应链→供应商管理→询报价管理→询价单-新增。

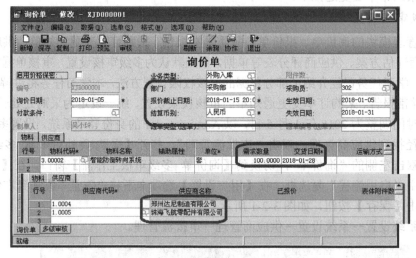

图 3-2-2

以陈堂的身份登录系统，审核询价单。

3. 报价单

供应商在规定的时间内进行报价，如果超过时间报价，则报价无效。供应商报价单的录入有两种方式：一种是通过询价单下推生成，这种方式下系统只对第一个供应商有效；另一种是直接新增报价单，录入供应商报价。

将系统时间调整为 2018 年 1 月 15 日，以采购员吴小玲的身份登录系统，基于询价单下推生成报价单。

根据路径找到询报价管理，双击"询价单-维护"，在【过滤】窗口单击【确定】按钮，打开【供应商管理(供应链)系统-[询价单序时簿]】窗口，双击 2018 年 1 月 5 日的询价单 XJD000001，执行【下推】→【报价单】命令，打开【报价单-新增】窗口，"单位"选择"套"，"需求数量"为"100"，"单价"为"10"，单击【保存】按钮，如图 3-2-3 所示。

路径：供应链→供应商管理→询报价管理→询价单-维护。

图 3-2-3

● **说明**：下推的方式生成报价单，只能推出第一个供应商的报价单，如果询价单中有多个供应商，则其他供应商报价需要手工新增。

根据路径找到询报价管理，双击"报价单-新增"，打开【报价单-新增-BJD000002】窗口，"供应商"选中"珠海飞航零配件有限公司"，"源单类型（选单）"为"询价单"，"源单编号（选单）"选择 2018 年 1 月 5 日的询价单 XJD000001，"单价"为"11"，单击【保存】按钮，系统切换到【报价单-修改-BJD000002】窗口，如图 3-2-4 所示。

路径：供应链→供应商管理→询报价管理→报价单-新增。

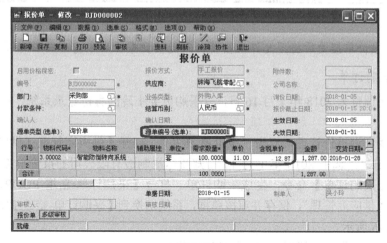

图 3-2-4

以陈堂的身份登录系统，审核这两张报价单。

4. 采购比价分析

以采购员吴小玲的身份登录系统，进行采购比价分析。

根据路径找到询报价管理，双击"采购比价分析"，在【过滤】对话框中设置"询价日期"为"2018年1月1日"至"2018年1月31日"，打开【供应商管理（供应链）系统-[采购比价分析]】窗口，通过比价分析找出合理的报价，在对应报价行选中"选择"，然后单击【接受】按钮，系统弹出【报价接受】对话框，输入"性价比高"，单击【确认】按钮，系统弹出【金蝶提示】窗口，提示"报价接受成功"，如图3-2-5所示。

路径：供应链→供应商管理→询报价管理→采购比价分析。

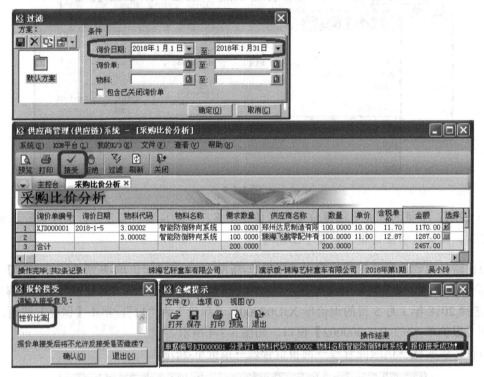

图 3-2-5

- **说明**：报价单接受后将不允许反接受，只能接受报价后才能生成采购订单。

5. 生成采购订单

将系统时间调整为2018年1月16日，以采购员吴小玲的身份登录系统，基于报价单生成采购订单。

根据路径找到询报价管理，双击"报价单-维护"，打开【供应商管理（供应链）系统-[报价单序时簿]】窗口，选中2018年1月15日郑州达尼制造有限公司的报价单BJD000001，执行【下推】→【采购订单】命令，生成采购订单。打开【采购订单-新增-POORD0000001】窗口，"摘要"为"供应商管理"，保存并审核单据，系统切换到【采购订单-修改-POORD0000001】窗口，如图3-2-6所示。

路径：供应链→供应商管理→询报价管理→报价单-维护。

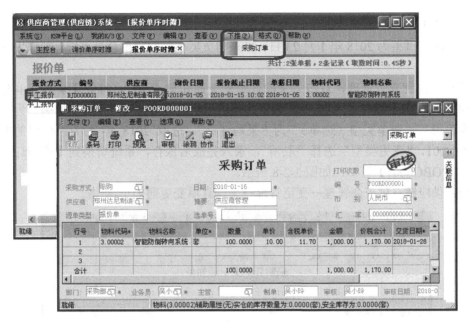

图 3-2-6

6. 品质异常报告

将系统时间调整为 2018 年 1 月 20 日,以采购员吴小玲的身份登录系统,制作品质异常报告。

根据路径找到品质管理,双击"品质异常报告-新增",打开【品质异常报告-新增-PZYC00001】窗口,"供应商"选择"郑州达尼制造有限公司","物料代码"选择"3.00002","物料名称"为"智能防倒转向系统","数量"为"100","处理意见"为"品质异常","异常现象描述"为"塑料质量有安全隐患","提出单位"为"质检部","提出人"为"杨朝强","要求回复日期"为"2018-01-22",保存单据,如图 3-2-7 所示。

路径:供应链→供应商管理→品质管理→品质异常报告-新增。

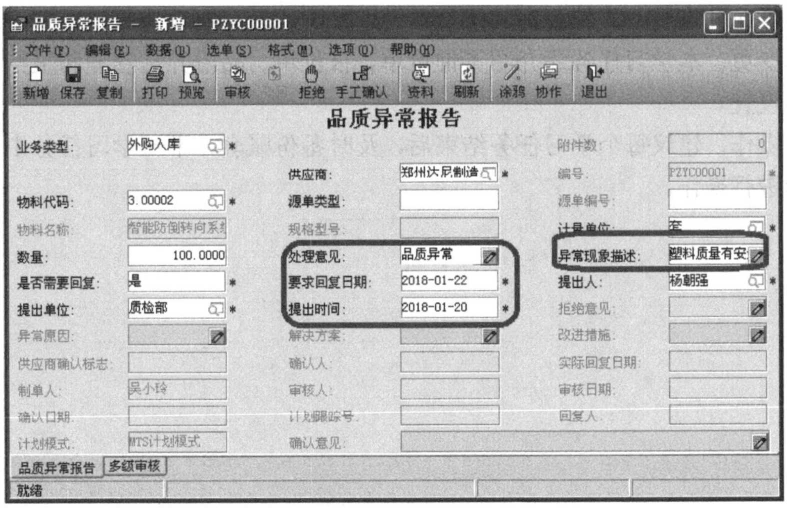

图 3-2-7

以陈堂的身份登录系统,审核品质异常报告。

7. 采购订单变更通知单

将系统时间调整为 2018 年 1 月 23 日，以采购员吴小玲的身份登录系统，制作采购订单变更通知单。

根据路径找到变更管理，双击"采购订单变更通知单-新增"，打开【采购订单变更通知单-新增-POBG0001】窗口，"供应商"为"郑州达尼制造有限公司"，"变更原因"为"塑料质量有安全隐患"，"源单类型（选单）"为"采购订单"，选取 2018 年 1 月 16 日的采购订单 POORD000001，"变更类型"选择"取消"，录入完成后保存，系统切换到【采购订单变更通知单-修改-POBG0001】窗口，如图 3-2-8 所示。

路径：供应链→供应商管理→变更管理→采购订单变更通知单-新增。

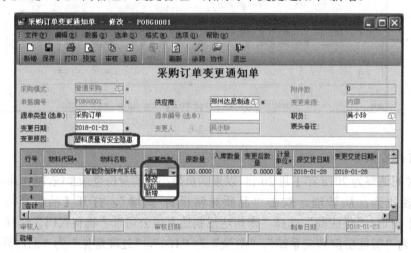

图 3-2-8

以陈堂的身份登录系统，审核采购订单变更通知单。

本学习任务主要介绍金蝶 K/3 软件供应商管理模块中的供应商交易管理业务流程，该管理流程主要是向供应商询价，供应商对其报价，经过采购比较分析确定采购，若出现品质异常则进行采购订单变更。本学习任务还介绍了询价单、报价单、品质异常管理和采购订单变更通知单的多级权限设置。

为了方便操作，建议每个学习任务结束后，及时备份账套，下一学习任务中可以恢复本学习任务的账套进行操作。

项目 4 采购管理

学习目标

- ◇ 了解金蝶 K/3 采购管理模块的主要功能，熟悉相关单据及业务；
- ◇ 掌握金蝶 K/3 采购管理中的采购基本业务流程；
- ◇ 掌握金蝶 K/3 采购管理模块四种业务类型的处理方法；
- ◇ 掌握不同退货业务在金蝶 K/3 软件中的处理方法。

学习任务

- ◇ 熟悉采购申请、采购订货、进料检验、仓库收料、采购退货、购货发票等相关单据；
- ◇ 掌握从采购-收货-发票的操作，区分入库后收票与收票后入库业务；
- ◇ 掌握现购、赊购、直运采购和委外加工的业务操作及区别；
- ◇ 掌握采购票前退货、票后退货、部分退货及无源单退货的业务操作与区别。

学习任务 4.1 采购基本业务

4.1.1 采购管理系统介绍

采购管理系统，是通过采购申请、采购订货、进料检验、仓库收料、采购退货、购货发票处理、供应商管理、价格及供货信息管理、订单管理、质量检验管理等功能综合运用的管理系统，对采购物流和资金流的全过程进行有效地双向控制和跟踪，实现完善的企业物资供应信息管理。该系统可以独立执行采购业务操作；与供应链其他子系统、应付款管理系统等结合运用，将能提供更完整、全面的企业物流业务流程管理和财务管理信息。

4.1.2 采购基本业务流程

业务描述：2018 年 1 月 1 日采购部申请采购 40 辆四轮闪光滑板车，经领导审批后于 2018 年 1 月 5 日向广州蓝翎童车有限公司下达采购订单，不含税单价为 90 元，同日通知仓库 2018 年 1 月 11 日收货。2018 年 1 月 11 日仓库收到广州蓝翎童车有限公司发来的 40 辆四轮闪光滑板车，放入成品仓，2018 年 1 月 13 日会计收到该公司开具的采购发票。

采购基本业务流程：采购申请单→采购订单→收料通知/请检单→外购入库单→采购发票→钩稽。

1. 采购申请单

采购申请单是各业务部门或计划部门根据主生产计划、物料需求计划、库存管理需要、销售订货或零星需求等实际情况，向采购部门提出购货申请并获批准采购的业务单据。

将系统时间调整为 2018 年 1 月 1 日，以采购员吴小玲的身份登录系统，制作采购申请单。

根据路径找到采购申请，双击"采购申请单-新增"，打开【采购申请单-新增-POREQ000001】窗口。

路径：供应链→采购管理→采购申请→采购申请-新增。

1）放大镜字段的录入

在单据界面，有一种字段后面带了一个放大镜图标，这类字段的录入可以直接单击该图标，然后在下拉菜单中选取内容，如"使用部门"为"采购部"；另一种方法是使用快捷键 F7，在该字段处按 F7 键，打开【核算项目-部门】窗口，单击【浏览】按钮，在右侧双击"采购部"，如图 4-1-1 所示。

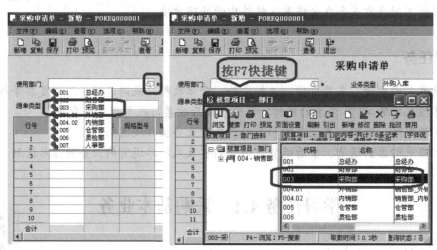

图 4-1-1

2）下拉菜单字段的录入

在单据界面，有一种字段单击后，出现一个倒三角图标，这类字段的录入可以直接单击该图标，然后在下拉菜单中选取内容，如"源单类型"为空，如图 4-1-2 所示。注意：此类字段不能使用快捷键 F7。

图 4-1-2

3）日期字段的录入

在单据界面，日期字段后面带了一个倒三角图标，单击该图标，系统显示日历窗口，可以在此选择日期，如选定"日期"为"2018-01-01"，如图 4-1-3 所示。注意：此类字段不能使用快捷键 F7。

4）文本字段的录入

在单据界面，有一种字段只能录入文字，单击该字段直接录入即可，如"备注"为"采购基本业务流程"，如图 4-1-4 所示。

图 4-1-3

图 4-1-4

5）数据行字段的录入

在单据界面数据行中，"物料代码"字段可以直接输入完整物料代码，也可以输入部分代码，系统自动根据录入代码检索数据，将检索到的数据显示在下拉列表中，然后在该下拉列表中单击要选择的物料代码，如"物料"选择"1.00001 四轮闪光滑板车"；另一种方法是使用快捷键 F7，在该字段处按 F7 键，打开【核算项目-物料】窗口，单击【浏览】按钮，在右侧双击"1.00001 四轮闪光滑板车"，如图 4-1-5 所示。

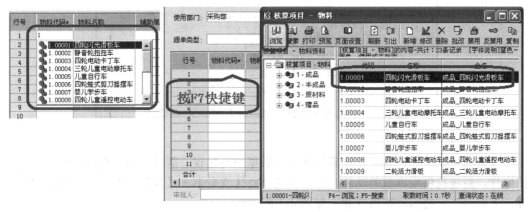

图 4-1-5

在数据行中选中"物料代码"后，系统会自动带出该物料的相关属性字段，如"物料名称"；该数据行部分字段须手动输入，如"数量"为"40"，录入后按 Enter 键，光标会跳转到下一字段。

6）采购申请单的录入

按照上述字段的录入方法，录入单据信息。在【采购申请单-新增-POREQ000001】窗口，"使用部门"为"采购部"，"日期"为"2018-01-01"，"备注"为"采购基本业务流程"，"物料代码"选择"1.00001"，"物料名称"为"四轮闪光滑板车"，"数量"为"40"，"建议采购日期"为"2018-01-05"，"申请人"为"吴小玲"，录入完成，检查数据无误后，单击【保存】按钮，如图 4-1-6 所示。

单据保存后，系统切换到【采购申请单-修改-POREQ000001】窗口，在工具栏上单击【审核】按钮，系统弹出【金蝶提示】对话框，提示"编号为 POREQ000001 的单据审核成功！"，单据右上角会有一个红章 审核，单据头变为灰色，单据体底色变为浅蓝色，如图 4-1-7 所示，审核后的单据中的数据不能修改。

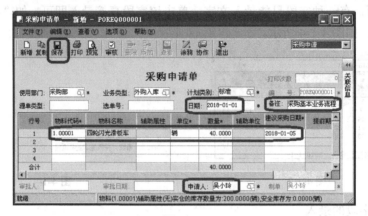

图 4-1-6

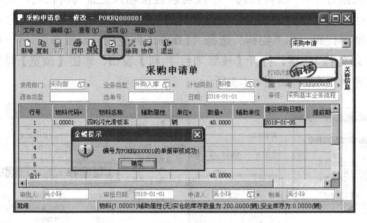

图 4-1-7

在练习操作阶段，若单据审核后发现单据数据填写错误，需要修改，则可以对单据进行反审核操作，系统提供反审核的功能。在菜单栏执行【查看】→【反审核】命令，系统弹出【金蝶提示】对话框，提示反审核成功，如图 4-1-8 所示。

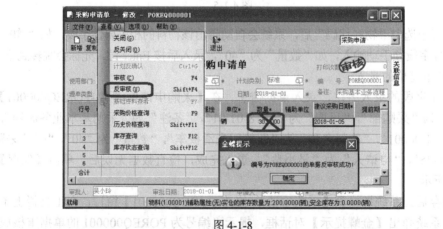

图 4-1-8

反审核后的单据才能修改,修改完成、确认信息无误后,可按照上述审核操作对单据重新审核。

◉ **说明:**

单据未审核前可以修改,审核后不能修改,若进行修改需反审核单据。

单据中有些字段后面带有红色的星号*,该类字段为必填项,未带星号的字段可以输入也可以空着。

2. 采购订单

采购订单是购销双方共同签署的、以确认采购活动的标志,在 K/3 系统中处于采购管理的核心地位。

◉ **说明:** 单据的生成方法有两种:一种方法是基于源单下推生成;另一种方法是直接新增,在单据界面选择源单类型和源单编号。

采购申请单审核通过后就意味着领导同意采购,可以下达采购订单,这里采用下推的方法生成采购订单。

将系统时间调整为 2018 年 1 月 5 日,以采购员吴小玲的身份登录系统,制作采购订单。

根据路径找到采购申请,双击"采购申请单-维护",在【条件过滤】对话框中最好选择左侧方案中的【默认方案】,如图 4-1-9 所示,若不选择该方案,部分单据可能查不到。

路径:供应链→采购管理→采购申请→采购申请单-维护。

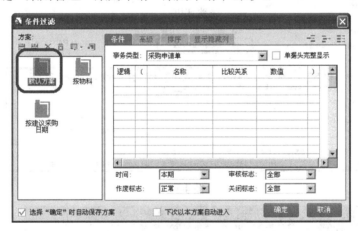

图 4-1-9

单击【确定】按钮,打开【采购管理(供应链)系统-[采购申请单序时簿]】窗口,选中 2018 年 1 月 1 日创建的采购申请单 POREQ000001,在菜单栏执行【下推】→【生成 采购订单】命令,在打开的【采购申请单 生成 采购订单】对话框中单击【生成】按钮,如图 4-1-10 所示。

在打开的【采购订单-新增-POORD000002】窗口中录入采购信息,"供应商"为"广州蓝翎童车有限公司","单价"为"90","交货日期"为"2018-01-11","部门"为"采购部","业务员"为"吴小玲","摘要"为"采购基本业务流程",录入完成,检查数据无误后,保存并审核单据,如图 4-1-11 所示。

采购订单制作完成后,可以查询该采购订单信息。根据路径找到采购订单,双击"采购订单-维护",在【条件过滤】对话框中选择【默认方案】,单击【确定】按钮,打开【采购管理(供应链)系统-[采购订单序时簿]】窗口,双击 2018 年 1 月 5 日的采购订单 POORD000002,

打开【采购订单-修改-POORD000002】窗口,可查看该订单的详细信息,如图4-1-12所示。
　　路径:供应链→采购管理→采购订单→采购订单-维护。

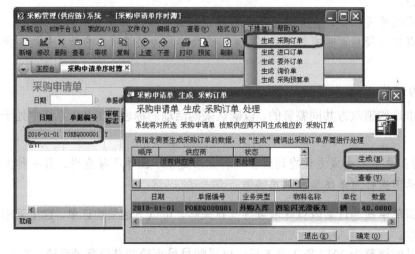

图 4-1-10

图 4-1-11

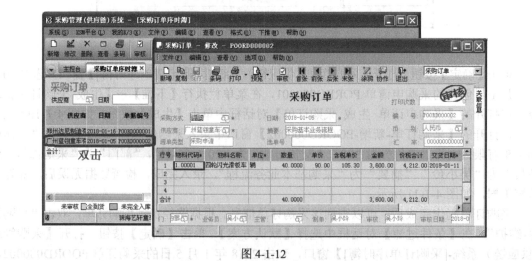

图 4-1-12

3. 收料通知/请检单

收料通知/请检单在采购模块是物料到达企业后，登记由谁验收、由哪个仓库入库等情况的详细单据。录入收料通知/请检单便于物料的跟踪与查询。

采购订单审核通过后，采购员就根据采购订单上的交货日期来通知仓管员收货，制作收料通知/请检单，这里采用源单类型的方法生成收料通知/请检单。

根据路径找到收料通知，双击"收料通知/请检单-新增"，打开【收料通知/请检单-新增-DD000001】窗口，"供应商"选择"广州蓝翎童车有限公司"，"源单类型"为"采购订单"，在"选单号"处按F7键或者双击该字段，打开【采购订单序时簿】窗口，在该窗口选中2018年1月5日的采购订单POORD000002，然后在工具栏上单击【返回】按钮或者双击该行单据信息，返回【收料通知/请检单-新增-DD000001】窗口，自动将源单信息携带到该单据中，如图4-1-13所示。

路径：供应链→采购管理→收料通知→收料通知/请检单-新增。

图4-1-13

补充字段"部门"为"采购部"，"业务员"为"吴小玲"，若实际收料仓库与默认仓库不一致，需要重新录入，检查单据无误后，保存并审核单据，如图4-1-14所示。

图4-1-14

4. 外购入库单

外购入库单，又称收货单、验收入库单等，是确认货物入库的书面证明。仓管员接到入库通知单后，在商品入库日期进行商品入库处理。

将系统时间调整为 2018 年 1 月 11 日，以仓管员黄书琳的身份登录系统，制作外购入库单。

根据路径找到外购入库，双击"外购入库单-新增"，打开【外购入库单-新增-WIN000003】窗口，"供应商"选择"广州蓝翎童车有限公司"，"源单类型"为"收料通知/请检单"，在"选单号"处按 F7 键，按照上述选单号方法选中 2018 年 1 月 5 日的收料通知/请检单 DD000001，补充字段"往来科目"为"应付账款"，"收料仓库"为"成品仓"，"保管"为"黄书琳"，"验收"为"杨朝强"，检查数据无误后，保存并审核单据，如图 4-1-15 所示。

路径：供应链→采购管理→外购入库→外购入库单-新增。

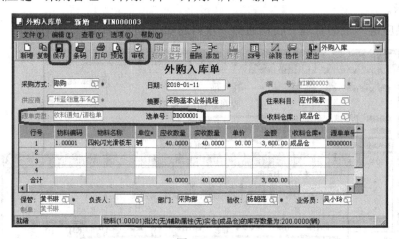

图 4-1-15

◉ 说明：

"往来科目"字段：在外购入库单中该字段可输入也可不输入，但是在采购发票中该字段一定要输入，否则无法生成凭证。

"收料仓库"字段：如果有多行商品数据，可以通过该字段统一设置仓库信息，也可以在各物料行单据设置收料仓库。

只有审核通过的单据才会被后续单据引用，请记得及时审核单据。

已经被引用过的单据不能再被下游单据引用，此处外购入库单不能基于采购订单生成，采购订单已经被收料通知单作为源单引用。

5. 采购发票

采购发票是供应商开给购货单位，据以付款、记账、纳税的依据。采购发票具有业务和财务双重性质，是 K/3 供应链系统的核心单据之一。

采购发票包括采购专用发票和采购普通发票。其中，专用发票是指增值税专用发票，是一般纳税人销售货物或者提供应税劳务所开具的发票，发票上记载了销售货物的售价、税率以及税额等，购货方以增值税专用发票上记载的购入货物已支付的税额作为扣税和记账的依据。普通发票是指除了专用发票之外的发票或其他收购价凭证。物料入库后，会计人员会根据供应商开具的发票在系统中制作采购发票。

将系统时间调整为 2018 年 1 月 13 日，以会计许小洁的身份登录系统，按照前面介绍的下推方法，基于外购入库单下推生成采购发票。

根据路径找到外购入库，双击"外购入库单-维护"，在【条件过滤】对话框中选择【默认方案】，单击【确定】按钮，打开【采购管理（供应链）系统-[外购入库单序时簿]】窗口，选中 2018 年 1 月 11 日的外购入库单 WIN000003，在菜单栏执行【下推】→【生成 购货发票（专用）】命令，打开【外购入库-生成 购货发票（专用）】窗口，单击【生成】按钮，打开【购货发票（专用）-新增-ZPOFP000001】窗口，补充字段"往来科目"为"应付账款"，"摘要"为"采购基本业务流程"，检查数据无误后，保存并审核单据，如图 4-1-16 所示。

路径：供应链→采购管理→外购入库→外购入库-维护。

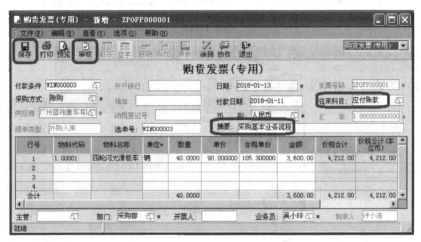

图 4-1-16

◉ 说明：

采购发票概念：这里的采购发票不是实际发票，它是实际发票在系统中的表示形式，系统中的购货发票等同于采购发票。

外购入库单中的"单价"为不含税单价，对应采购发票中的"单价"，采购发票中有"含税单价"字段。

6. 钩稽

发票的钩稽是企业采购业务中的一个重要环节，发票以有形的单据流代替企业生产经营活动中无形的资金流动轨迹，并与反映物流的外购入库单一起相互钩稽，实现资金流和业务流的双轨并行，从而将整个物流业务流程统一为一个有机整体。

根据路径找到采购发票，双击"采购发票-维护"，在【条件过滤】对话框中选择【默认方案】，"钩稽状态"选择"全部"，否则无法筛选出部分单据，如图 4-1-17 所示。

路径：供应链→采购管理→采购发票→采购发票-维护。

单击【确定】按钮，打开【采购管理（供应链）系统-[采购发票序时簿]】窗口，选中刚才审核的采购发票 ZPOFP000001，在工具栏上单击【钩稽】按钮，打开【采购发票钩稽】窗口，确认采购发票中的【本次钩稽数量】和外购入库单中的【本次钩稽数量】均为"40"，然后单击【钩稽】按钮，系统弹出【金蝶提示】对话框，提示钩稽成功，如图 4-1-18 所示。

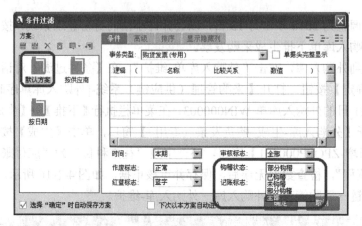

图 4-1-17

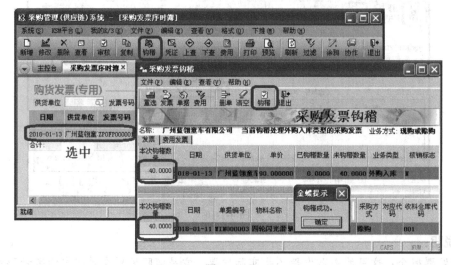

图 4-1-18

◉ 说明：

在【采购发票钩稽】窗口，上半部分显示的是采购发票/费用发票的信息，下半部分显示的是外购入库单信息。

【本次钩稽数量】：系统允许单据多次钩稽，每次钩稽要注意填写本次钩稽数量。

如果单据做多了，此处显示多个外购入库单，则需找准要钩稽的单据，将其他无关的单据删除，再钩稽。

钩稽成功的单据可以在钩稽日志中查看。根据路径找到采购发票，双击"采购发票-钩稽日志"，在【条件过滤】对话框中选择"默认方案"，打开【采购管理（供应链）系统-[钩稽日志]】窗口，查看已钩稽的单据，在工具栏中还有【反钩】、【补钩】和【反补钩】按钮，若钩稽后发现单据中有错误，则执行【编辑】→【反钩稽】命令即可取消钩稽，如图4-1-19所示。

路径：供应链→采购管理→采购发票→采购发票-钩稽日志。

本学习任务主要介绍金蝶K/3软件采购模块的基本业务流程，重点介绍了采购申请单、采购订单、收料通知/请检单、外购入库单、采购发票和发票钩稽的制作，以及钩稽单据的查询。本学习任务还介绍了单据中放大镜字段、下拉框字段、日期字段、文本字段和数据行字段的操作方法，同时还介绍了快捷键 F7 在金蝶软件中的强大功能。

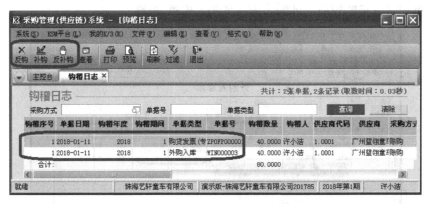

图 4-1-19

为了方便操作，建议每个学习任务结束后，及时备份账套，下一学习任务中可以恢复本学习任务的账套进行操作。

学习任务 4.2　入库后收票与收票后入库业务

4.2.1　入库后收票与收票后入库业务介绍

在企业的采购业务中，通常认为采购流程就是货物先入库，后收到发票，但是经常会出现采购的商品当月未到达，企业已经收到购货发票、账单等结算凭证。

入库后收票与收票后入库业务最大的区别就是发票是否先于收货。两种业务只是单据操作顺序不同，在生成凭证时并无区别，这里主要让初学者了解企业的不同采购业务在金蝶 K/3 软件中的不同处理方式。

4.2.2　入库后收票业务流程

业务描述：2018 年 1 月 3 日仓库收到佛山宇航儿童车有限公司发来的 100 个可升降操纵杆，不含税单价为 12 元，2018 年 1 月 5 日收到该公司开具的采购发票。

在企业实际业务中，并非要用到采购业务模块的所有单据，操作人员可以根据具体业务情况使用单据，但最核心的两张单据（外购入库单、采购发票）不能少，这两张单据是进行存货核算的依据。

入库后收票业务流程：外购入库单→采购发票→钩稽。

1. 外购入库单

将系统时间调整为 2018 年 1 月 3 日，以仓管员黄书琳的身份登录系统，制作外购入库单。根据路径找到外购入库，双击"外购入库单-新增"，打开【外购入库单-新增-WIN000004】窗口，"供应商"选择"佛山宇航儿童车有限公司"，"摘要"为"入库后收票"，"收料仓库"为"半成品仓"，"物料编码"选择"2.00002"，"物料名称"为"可升降操纵杆"，"数量"为"100"，"单价"为"12"，"保管"为"黄书琳"，"验收"为"杨朝强"，录入完成，检查数据无误后保存并审核单据，如图 4-2-1 所示。

路径：供应链→采购管理→外购入库→外购入库单-新增。

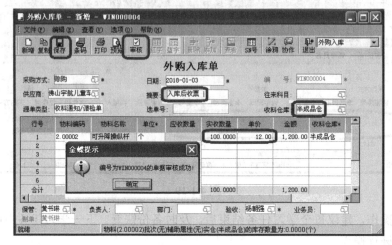

图 4-2-1

◉ 说明：

"摘要"字段注明业务类型，以区分业务单据类型，同时为凭证管理学习任务中区分哪类业务的凭证做准备。

后续单据的截图大都是审核后单据。审核后的单据才生效，才能生成凭证。

2. 采购发票

将系统时间调整为 2018 年 1 月 5 日，以会计许小洁的身份登录系统，制作采购发票（专用）。

根据上一学习任务介绍的下推方法，基于 2018 年 1 月 3 日的外购入库单 WIN000004 制作采购发票（专用），补充字段"往来科目"为"应付账款"，"摘要"为"入库后收票"，"部门"为"采购部"，"业务员"为"吴小玲"，录入完成，检查数据无误后保存并审核单据，如图 4-2-2 所示。

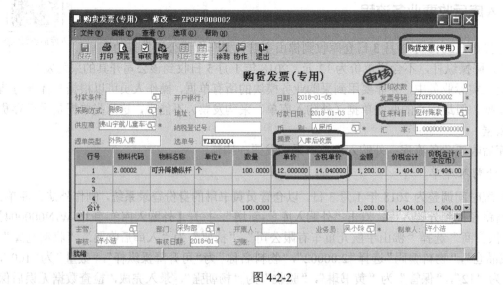

图 4-2-2

⊙ 说明：

外购入库单中的"摘要"字段不会随着外购入库单携带到采购发票中，在采购发票单据中需要手动录入。

外购入库单中的"单价"会携带到采购发票中的"单价"，在采购发票中"单价"是不含税价格，"含税单价"为含税价格。

3. 钩稽

在工具栏上单击【钩稽】按钮，打开【采购发票钩稽】窗口，显示采购发票和外购入库单信息，确认两个"本次钩稽数量"均为"100"，再单击【钩稽】按钮，系统弹出【金蝶提示】对话框，提示钩稽成功，如图4-2-3所示。

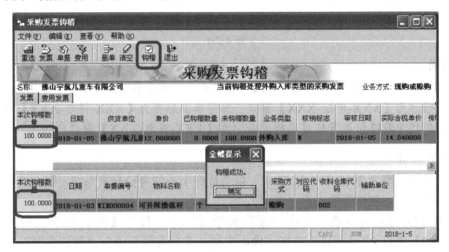

图 4-2-3

4.2.3 收票后入库业务流程

业务描述：2018年1月10日采购部向佛山宇航儿童车有限公司订购200个可升降操纵杆，不含税单价为12元，2018年1月12日收到该公司开具的采购发票，2018年1月14日仓库收到该批物料入半成品仓。

收票后入库业务流程：采购订单→采购发票→外购入库单→钩稽。

1. 采购订单

将系统时间调整为2018年1月10日，以采购员吴小玲的身份登录系统，制作采购订单。

根据路径找到采购订单，双击"采购订单-新增"，打开【采购订单-新增-POORD000003】窗口。"供应商"选择"佛山宇航儿童车有限公司"，"摘要"为"收票后入库"，"物料代码"选择"2.00002"，"物料名称"为"可升降操纵杆"，"数量"为"200"，"单价"为"12"，"交货日期"为"2018-01-14"，"部门"为"采购部"，"业务员"为"吴小玲"，录入完成，检查数据无误后单击【保存】按钮，系统切换到【采购订单-修改-POORD000003】窗口，在工具栏上单击【审核】按钮，在单据右上角出现审核图标，如图4-2-4所示。

路径：供应链→采购管理→采购订单→采购订单-新增。

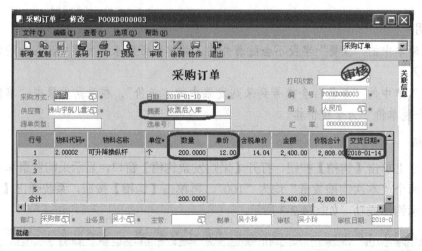

图 4-2-4

◉ 说明：

采购订单中的"单价"是不含税价格，"含税单价"为含税价格。

新增单据时为【XXX-新增-XXX】窗口，保存单据后变为【XXX-修改-XXX】窗口，在后续单据截图中均为最终保存审核后单据，显示为【XXX-修改-XXX】窗口。

2. 采购发票

将系统时间调整为 2018 年 1 月 12 日，以会计许小洁的身份登录系统，据上一学习任务介绍的源单类型方法，制作采购发票（专用）。

根据路径找到采购发票，双击"采购发票-新增"，打开【购货发票（专用）-新增-ZPOFP000003】窗口。"供应商"选择"佛山宇航儿童车有限公司"，"源单类型"为"采购订单"，"选单号"处按 F7 键选中 2018 年 1 月 10 日的采购订单 POORD000003，补充字段"往来科目"为"应付账款"，"摘要"为"收票后入库"，保存并审核单据后，系统切换到【购货发票（专用）-修改-ZPOFP000003】窗口，如图 4-2-5 所示。

路径：供应链→采购管理→采购发票→采购发票-新增。

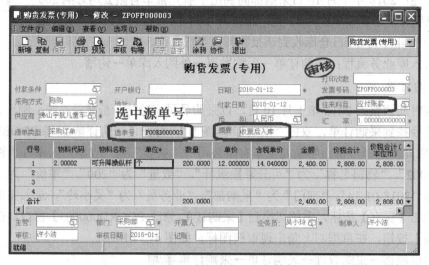

图 4-2-5

⦿ 说明：

通过选取源单的方法，采购订单中的"摘要"字段内容会随着采购订单携带到采购发票中，无须再手动输入。

采购订单中的"单价"与采购发票中的"单价"对应，此时"单价"为不含税单价。

3. 外购入库单

将系统时间调整为 2018 年 1 月 14 日，以仓管员黄书琳的身份登录系统，根据上一学习任务介绍的下推方法，基于 2018 年 1 月 12 日的采购发票制作外购入库单。补充字段"收料仓库"为"半成品仓"，"摘要"为"收票后入库"，"保管"选择"黄书琳"，"验收"为"杨朝强"，录入完成，检查数据无误后保存并审核单据，如图 4-2-6 所示。

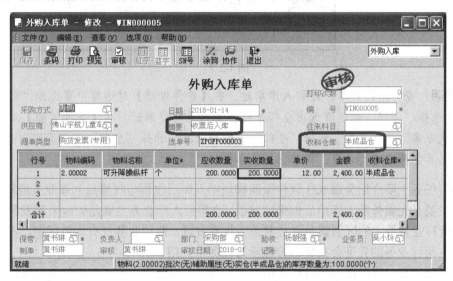

图 4-2-6

⦿ 说明：

采购发票中的"摘要"字段不会随着采购发票携带到外购入库单中，在外购入库单中需要手动录入。

外购入库单中的"单价"与采购发票中的"单价"对应，此时"单价"为不含税单价。外购入库单中的单价作为核算成本的库存成本。

在单据明细行中有"收料仓库"会自动携带物料的默认仓库，若与单据头处的"收料仓库"不一致，明细行中的"收料仓库"会随单据头的"收料仓库"更新。

4. 钩稽

将系统时间调整为 2018 年 1 月 14 日，以会计许小洁的身份登录系统，对采购发票进行钩稽。

根据路径找到采购发票，双击"采购发票-维护"，打开【采购管理（供应链）系统-[采购发票序时簿]】窗口，选中 2018 年 1 月 12 日的采购发票，单击【钩稽】按钮，打开【采购发票钩稽】窗口，确认两个"本次钩稽数量"均为"200"，再单击【钩稽】按钮，完成两单据的钩稽，如图 4-2-7 所示。

路径：供应链→采购管理→采购发票→采购发票-维护。

金蝶 K/3 供应链管理实务

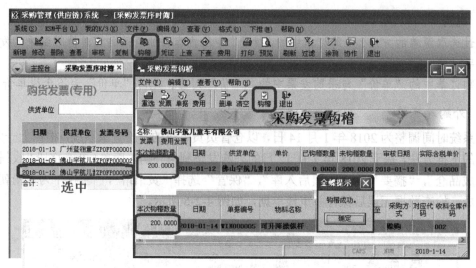

图 4-2-7

◉ **说明**：查询采购订单、外购入库单时，在【条件过滤】对话框中要选择"默认方案"，"红蓝字"选择"全部"才能筛选出全部单据；查询采购发票时，在【条件过滤】对话框中要选择"默认方案"，"红蓝字"选择"全部"，"钩稽状态"选择"全部"才能筛选出全部单据；也可以根据具体需求进行设置，筛选出所要单据。

本学习任务主要介绍金蝶 K/3 软件采购模块中入库后收票与收票后入库业务流程。入库后收票业务主要是先做外购入库单后做采购发票，收票后入库业务主要是先做采购发票后做外购入库单，两种业务最大的区别就是收货前是否收到发票，两种业务没有本质区别，不会影响财务凭证，这两种业务的凭证会在凭证管理学习任务中介绍。

为了方便操作，建议每个学习任务结束后，及时备份账套，下一学习任务可以恢复本学习任务的账套进行操作。

学习任务 4.3　采购退货业务

4.3.1　采购退货业务介绍

采购退货是指因为货品质量、品种、数量等不符合要求等问题造成的本公司向供应商退回货品的业务。在企业实际的采购退货业务中，退货业务又有不同的情况，常见的采购退货业务有以下几种：

（1）按照是否收到采购发票分为收票前退货和收票后退货。
（2）按照退货数量分为采购部分退货和采购全部退货。
（3）按照是否退钱分为采购换货和采购退货退钱。
（4）按有无源单分为采购有源单退货和采购无源单退货。

在金蝶 K/3 系统中，单据分为红字单据和蓝字单据，红字为负，表示冲减业务，蓝字为正，表示正常往来业务，如红字外购入库单用来表示采购退货。

4.3.2 收票前退货与收票后退货业务流程

收票前退货与收票后退货是以收到采购发票为临界点，收到采购发票前退货为收票前退货，不涉及发票；收到采购发票后退货为收票后退货，一定要做发票冲销业务。

1. 收票前退货业务

业务描述：2018年1月5日仓库收到广州蓝翎童车有限公司发来的20辆四轮闪光滑板车，不含税单价为90元，未收到发票。2018年1月6日仓库发现该批货物存在质量问题，全部退货。

准备业务：外购入库单（蓝字）。

收票前退货业务流程：外购入库单（红字）→核销。

将系统时间调整为2018年1月5日，以仓管员黄书琳的身份登录系统，制作外购入库单。打开【外购入库单-修改-WIN000006】窗口，"供应商"选择"广州蓝翎童车有限公司"，"摘要"为"收票前退货"，"物料编码"选择"1.00001"，"物料名称"为"四轮闪光滑板车"，"实收数量"为"20"，"单价"为"90"，"收料仓库"为"成品仓"，"保管"为"黄书琳"，"验收"为"杨朝强"，保存并审核单据，如图4-3-1所示。

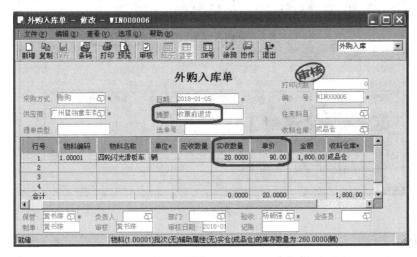

图 4-3-1

1）外购入库单（红字）

若没有收到供应商开具的发票就退货，直接基于蓝字外购入库单做红字冲销单据。将系统时间调整为2018年1月5日，以仓管员黄书琳的身份登录系统，制作外购入库单（红字）。

根据路径找到外购入库，双击"外购入库单-新增"，打开【外购入库单-新增-WIN000007】窗口，单击【红字】按钮，在右上角出现红字图标，"供应商"选择"广州蓝翎童车有限公司"，"源单类型"为"外购入库"，在"选单号"处选择1月5日的外购入库单（蓝字）WIN000006，系统自动携带出源单字段信息，如"摘要"、数据行等，物料行信息为红色，表示退货，如图4-3-2所示。

路径：供应链→采购管理→外购入库→外购入库单-新增。

单击【保存】按钮，系统切换到【外购入库单-修改-WIN000007】窗口，单击【审核】按钮，系统弹出【金蝶提示】对话框,单击【确定】按钮,窗口右上角出现 图标,如图4-3-3所示。

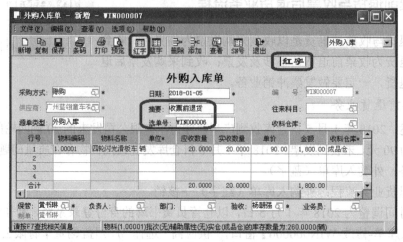

图 4-3-2

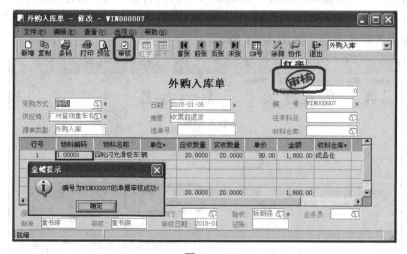

图 4-3-3

◉ 说明:

系统单据分为红字单据和蓝字单据,蓝字表示正向数据,红字表示冲减业务的负向数据。本书中对业务单据的日期和摘要进行了精心设计,每类单据的日期不同,以便快速查找单据,同时"摘要"字段填写业务名称,为区分凭证做准备。

2)外购入库单(蓝字)与外购入库单(红字)核销

核销就是将两张一正一负的单据,在业务上相抵,这样可以使入库单在做财务结算时不再入账。对等核销的前提,要求红蓝字入库单都没有下推发票且是同一供应商相同数量的同种物料或商品。

根据路径找到外购入库,双击"外购入库-维护",在【条件过滤】对话框中选择"默认方案","红蓝字"选择"全部",否则无法过滤出红字单据,如图4-3-4所示。

单击【确定】按钮,打开【采购管理(供应链)系统-[外购入库序时簿]】窗口,按住Shift键,同时选中2018年1月5日外购入库单(蓝字)和2018年1月6日外购入库单(红字),

单击【核销】按钮，系统弹出【金蝶提示】对话框，提示对等核销成功，如图4-3-5所示。

路径：供应链→采购管理→外购入库→外购入库单-维护。

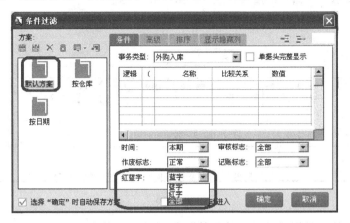

图 4-3-4

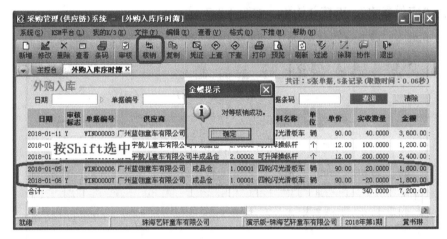

图 4-3-5

◉ 说明：

对等核销的前提，是要求红蓝字入库单都没有下推发票，而且是同一供应商相同数量的同种物料或商品。如果不满足这个前提，系统不能将蓝字单据和红字单据对等核销。

蓝字单据中"金额"为正，红字单据中"金额"为负。

2. 收票后退货业务

业务描述：2018年1月7日仓库收到广州蓝翎童车有限公司发来的30辆四轮闪光滑板车，不含税单价为90元，同日收到该公司开具的发票，2018年1月9日发现该批货物有5辆存在质量问题，将这5辆四轮闪光滑板车退货并冲减发票。

准备业务：外购入库单（蓝字）→采购发票（蓝字）→钩稽。

收票后退货业务流程：外购入库单（红字）→采购发票（红字）→钩稽。

按照业务描述制作准备单据，操作跟前面学习任务介绍的一样，这里只给出单据。

将系统时间调整为2018年1月7日，以仓管员黄书琳的身份登录系统，制作外购入库单，"摘要"为"收票后退货"，如图4-3-6所示。

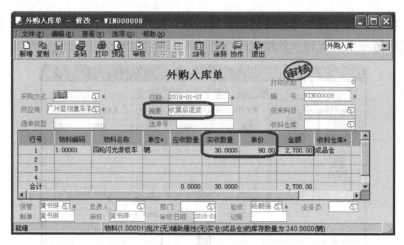

图 4-3-6

以会计许小洁的身份登录系统,基于外购入库做采购发票,"摘要"为"收票后退货","往来科目"为"应付账款",审核并钩稽,如图 4-3-7 所示。

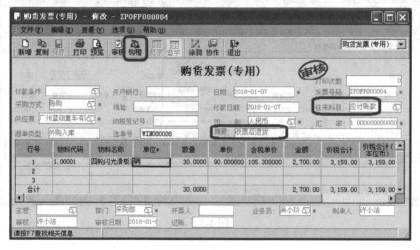

图 4-3-7

● 说明:

建议按照岗位角色登录系统制作单据,同时注意填写时间、摘要、收料仓库和往来科目等关键字段。

采购发票与外购入库单一定要先进行钩稽,否则后续红字单据钩稽过程中会出现单据关联情况。

1)基于外购入库单(蓝字)制作外购入库单(红字)

将系统时间调整为 2018 年 1 月 9 日,以仓管员黄书琳的身份登录系统,制作外购入库单(红字)。

根据路径找到外购入库,双击"外购入库单-维护",打开【采购管理(供应链)系统-[外购入库序时簿]】窗口,选中 2018 年 1 月 7 日的外购入库单,执行【下推】→【生成 外购入库单】命令,打开【外购入库单生成 外购入库单】窗口,单击【生成】按钮,打开【外购入库单-新增-WIN000009】窗口，修改"实收数量"为"5"，保存并审核单据，系统切换到【外购入库单-修改-WIN000009】窗口，如图4-3-8所示。

路径：供应链→采购管理→外购入库→外购入库单-维护。

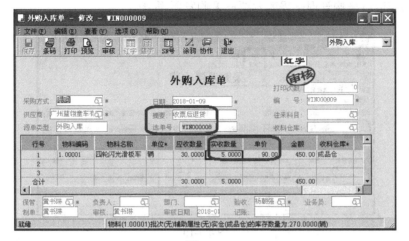

图 4-3-8

⊙ **说明**：蓝字外购入库单下推外购入库单时，系统默认生成红字外购入库单。

2）由外购入库单（红字）生成采购发票（红字）

以会计许小洁的身份登录系统，基于外购入库单（红字）制作采购发票（红字）。

根据路径找到采购发票，双击"采购发票-新增"，打开【购货发票（专用）-新增-ZPOFP000005】窗口，单击【红字】按钮，"供应商"选择"广州蓝翎童车有限公司"，"源单类型"为"外购入库"，在"选单号"处按F7键选择2018年1月9日的外购入库单（红字）WIN000009，补充字段"往来科目"为"应付账款"，"摘要"为"收票后退货"，确认"数量"为"5"，"部门"为"采购部"，"业务员"为"吴小玲"，保存并审核单据，系统切换到【购货发票（专用）-修改-ZPOFP000005】窗口，如图4-3-9所示。

路径：供应链→采购管理→采购发票→采购发票-新增。

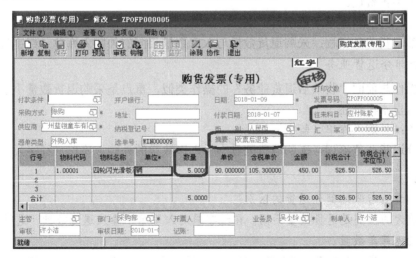

图 4-3-9

3）采购发票（红字）钩稽

在工具栏上单击【钩稽】按钮，打开【采购发票钩稽】窗口，核对两个"本次钩稽数量"均为"-5"，单击【钩稽】按钮，系统提示钩稽成功，如图 4-3-10 所示。

路径：供应链→采购管理→采购发票→采购发票-维护。

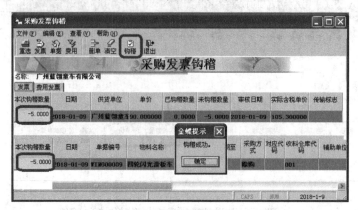

图 4-3-10

- 说明：

收票前退货和收票后退货的区别：

第一，最大的不同是还没有收到发票，不用冲销发票。

第二，收票前退货基于蓝字采购入库单做红字采购入库单，然后红字蓝字核销即可。

4.3.3 采购全部退货与采购部分退货业务流程

采购全部退货与采购部分退货的区别在于退货数量与交货数量不同，在做外购入库单（红字）时一定要修改数量，数量不能超过交货数量。

1. 采购全部退货业务

此业务操作与前面"收票前退货业务"的操作类似，重点是退货数量与入库数量相同，具体操作在这里不再赘述。

准备业务：外购入库单（蓝字）。

采购全部退货业务流程：采购退货数量与入库数量相同的外购入库单（红字）。

2. 采购部分退货业务

此业务操作与前面"收票后退货业务"的操作类似，重点是采购退货数量小于入库数量，具体操作在这里不再赘述。

准备业务：外购入库单（蓝字）。

采购部分退货业务流程：采购退货数量小于入库数量的外购入库单（红字）。

- 说明：

采购全部退货与采购部分退货的区别：

第一，最大的区别是退货数量不同。在红字采购入库单中输入退货数量，退货数量不能超过原蓝字采购入库单数量。

第二，部分退货可以使用金蝶 K/3 供应链系统提供的拆单功能，也可以直接输入退货数量。

4.3.4 采购换货与采购退货退钱业务流程

采购换货是指顾客因商品质量或其他情况要求商家予以更换商品，或商家对顾客购买的有质量问题的商品按国家有关法律只能做换货处理。采购退货退钱是指顾客在购买商品后的一定时间内，对确有质量问题的商品要求商家退商品和退还等价现金。

1. 采购换货业务

金蝶 K/3 供应链系统没有专门的换货流程，不能通过基于外购入库单（红字）生成外购入库单（蓝字），只能根据特定的业务流程设置实现，部分实施顾问会将该流程进行自定义设置，先做红字外购入库单，然后在其他出库单据上添加"退货类型"，制作其他出库单，选择退货类型为换货，以实现采购换货流程。

2. 采购退货退钱业务

业务描述：2018 年 1 月 16 日仓库收到广州蓝翎童车有限公司发来的 50 辆四轮闪光滑板车，不含税单价为 90 元，同时收到发票。2018 年 1 月 20 日向该公司银行转账支付了 5 265 元货款。2018 年 1 月 22 日发现该批货物型号、规格与之前的订购要求不符，进行退货退钱处理。

准备业务：外购入库单（蓝字）→采购发票（蓝字）→钩稽→付款单。

采购退货退钱业务流程：外购入库单（红字）→采购发票（红字）→钩稽→应付退款单。

按照业务描述制作准备业务的相关业务单据，这里只给出单据。

将系统时间调整为 2018 年 1 月 16 日，以仓管员黄书琳的身份登录系统，制作外购入库单，"摘要"为"采购退货退钱"，如图 4-3-11 所示。

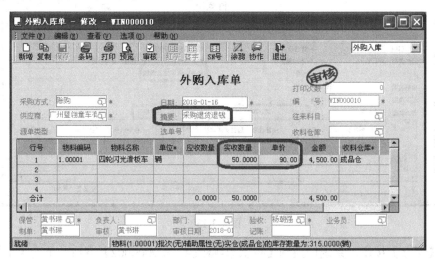

图 4-3-11

以会计许小洁的身份登录系统，制作采购发票，"摘要"为"采购退货退钱"，审核并钩稽，如图 4-3-12 所示。

由于付款单的制作前面的业务没有介绍，这里介绍一下付款单的制作过程。

将系统时间调整为 2018 年 1 月 20 日，以会计许小洁的身份登录系统，制作付款单。

根据路径找到付款，双击"付款单-新增"，打开【付款单-新增-CFKD000002】窗口，"核算项目"选择"广州蓝翎童车有限公司","源单类型"为"采购发票",在"源单编号"处按F7键选择2018年1月16日的采购发票ZPOFP000006,补充字段"现金类科目"为"1002.02银行存款/建设银行",如图4-3-13所示。

路径:财务会计→应付款管理→付款→付款单-新增。

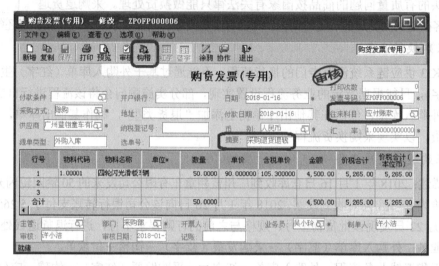

图 4-3-12

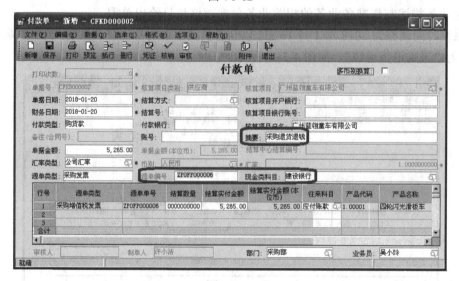

图 4-3-13

单击【保存】按钮,系统切换到【付款单-修改-CFKD000002】窗口,单击【审核】按钮,系统弹出【金蝶提示】对话框,提示审核人不能与制单人为同一人,单击【确定】按钮,如图4-3-14所示。

以财务部经理林晓珍的身份登录系统,审核付款单,根据路径打开【应付系统-[付款单序时簿]】窗口,选中2018年1月20日的付款单,单击【审核】按钮,该单的状态由"未核销"变成"完全核销",如图4-3-15所示。

路径:财务会计→应付款管理→付款→付款单-维护。

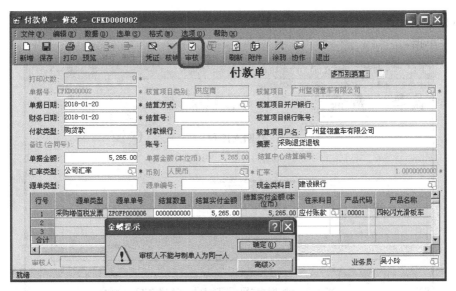

图 4-3-14

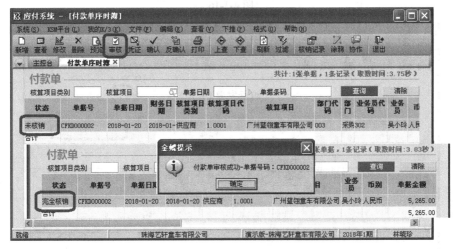

图 4-3-15

1）外购入库单（红字）

将系统时间调整为 2018 年 1 月 22 日，以仓管员黄书琳的身份登录系统，基于外购入库单（蓝字）制作外购入库单（红字）。红字单据的制作过程如"收票前退货业务"所述，这里不再赘述，"摘要"为"采购退货退钱"，如图 4-3-16 所示。

◉ 说明：红字外购入库单中"源单类型"可以选择外购入库单，但蓝字外购入库单中的"源单类型"不能选择外购入库单。

2）采购发票（红字）

以会计许小洁的身份登录系统，基于外购入库单（红字）制作采购发票（红字）。补充字段"往来科目"为"应付账款"，"摘要"为"采购退货退钱"，如图 4-3-17 所示。

3）钩稽

根据上述发票钩稽的方法进行红字发票与红字入库单的钩稽。红字发票的钩稽方法与蓝字发票的钩稽方法一样，但在【条件过滤】对话框中"红蓝字"一定要选择"全部"，否则无法过滤出红字单据。

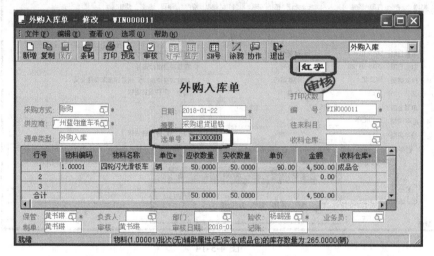

图 4-3-16

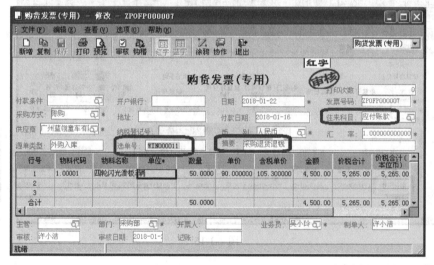

图 4-3-17

4）应付退款单

以会计许小洁的身份登录系统，制作应付退款单。

根据路径找到退款，双击"退款单-新增"，打开【应付退款单-新增-CTKD000002】窗口，"源单类型"为"采购发票"，在"源单编号"处按 F7 键选择 1 月 22 日的采购发票（红字）ZPOFP000007，补充字段"现金类科目"为"1002.02 银行存款/建设银行"，单击【保存】按钮，如图 4-3-18 所示。

路径：财务会计→应付款管理→退款→退款单-新增。

系统预设应付退款单的审核人和制作人不能为同一人，要切换用户。以财务部经理林晓珍的身份登录系统，按照上述方法，对该单据进行审核，审核通过后，退款成功，单据的状态由"未核销"变成"完全核销"。

项目4 采购管理

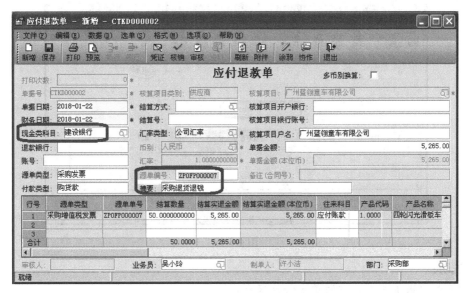

图 4-3-18

● 说明：

采购换货与采购退货退钱的区别：

第一，最大的区别是采购换货不需要退钱，采购退货退钱必须做退款单。

第二，采购换货没有特定流程，需要企业自定义设置。

4.3.5 采购有源单退货与采购无源单退货业务流程

采购有源单退货是指在办理退货业务时，基于蓝字外购入库单做红字外购入库单，从蓝字外购入库单中引用明细数据。采购无源单退货是指在办理退货业务时，系统无采购单据记录，直接制作红字外购入库单。

1. 采购有源单退货业务

采购有源单退货流程：前面介绍的退货流程都是基于源单做的退货，这里不再赘述。

2. 采购无源单退货业务

业务描述：2018年1月18日向广州蓝翎童车有限公司退回1辆2017年购买的四轮闪光滑板车，该车购货信息在系统中无记录。

采购无源单退货业务流程：直接做外购入库单（红字）。

将系统时间调整为2018年1月18日，以仓管员黄书琳的身份登录系统，制作外购入库单。

根据路径找到外购入库，双击"外购入库单-新增"，打开【外购入库单-新增-WIN000012】窗口，单击【红字】按钮，"供应商"选择"广州蓝翎童车有限公司"，"摘要"为"采购无源单退货"，"物料编码"选择"1.00001"，"物料名称"为"四轮闪光滑板车"，"实收数量"为"1"，"单价"为"90"，"保管"为"黄书琳"，"验收"为"杨朝强"，保存并审核单据，系统切换到【外购入库单-修改-WIN000012】窗口，如图4-3-19所示。

路径：供应链→采购管理→外购入库→外购入库单-新增。

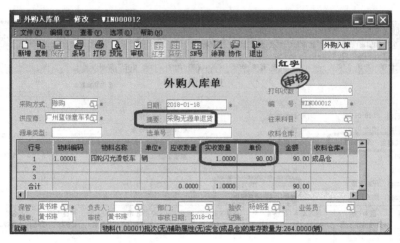

图 4-3-19

◉ 说明：

采购无源单退货与采购有源单退货的区别：

第一，最大的区别是退货单是否基于原始单据。

第二，采购无源单退货在存货核算时需要手动输入商品成本。

本学习任务主要介绍金蝶 K/3 软件采购模块的几种退货业务流程。采购退货包括收票前退货、收票后退货、部分退货、全部退货换货、退货退钱、有源单退货和无源单退货等业务，每种采购退货业务的流程也不一样。本学习任务还详细介绍了不同采购退货业务在金蝶软件中的处理方式。

为了方便操作，建议每个学习任务后备份账套，下一学习任务可以恢复本学习任务的账套进行操作。

学习任务 4.4　现购与赊购业务

4.4.1　现购与赊购业务介绍

现购是指直接现金交易，一手交钱一手交货的采购业务。在这种业务的处理中，现购采购发票默认作为一种付款依据，不需要传递到应付款管理系统形成应付账款。

赊购是一种最常见的采购业务，它是购销双方利用商业信用进行购销交易的一种业务。赊购的采购发票需要传递到应付款管理系统中作为确认应付账款和付款的依据。

4.4.2　现购业务流程

业务描述：公司向上海其米拉玩具制造厂现购 200 套蛙式剪刀尼龙踏板系统，不含税单价为 30 元，2018 年 1 月 20 日仓库收到该批货物，同日收到该厂开具的发票。

现购业务流程：外购入库单（采购方式：现购）→采购发票（现购）→钩稽→在应付款管理中查看采购发票核销状态（完全核销）。

1. 外购入库单（现购）

将系统时间调整为 2018 年 1 月 20 日，以仓管员黄书琳的身份登录系统，制作外购入库单。"采购方式"系统默认为"现购"。"供应商"选择"上海其米拉玩具制造厂"，"摘要"为"现购"，"物料编码"选择"2.00001"，"物料名称"为"蛙式剪刀尼龙踏板系统"，"实收数量"为"200"，"单价"为"30"，"保管"为"黄书琳"，"验收"为"杨朝强"，录入完成，检查数据无误后保存并审核单据，如图 4-4-1 所示。

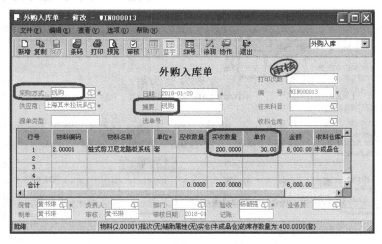

图 4-4-1

⊙ 说明：

"采购方式"有现购、赊购、受托入库方式，系统默认为赊购，根据具体业务类型选择采购方式。

本项目前面三个学习任务均是赊购方式下的业务操作。

2. 采购发票（现购）

将系统时间调整为 2018 年 1 月 20 日，以会计许小洁的身份登录系统，基于外购入库单制作采购发票。"采购方式"为"现购"，"摘要"为"现购"，"部门"为"采购部"，"业务员"为"吴小玲"，保存并审核单据，如图 4-4-2 所示。

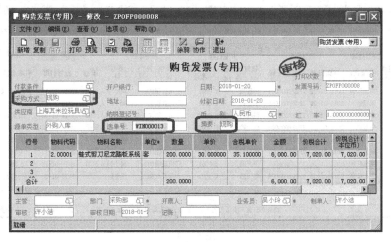

图 4-4-2

◉ **说明**：现购方式下，没有"往来科目"字段，现购入账科目在凭证模板中设置，请留意凭证管理学习任务的内容。

3. 钩稽

在工具栏上单击【钩稽】按钮，打开【采购发票钩稽】窗口，确认两个"本次钩稽数量"均为"200"，再单击【钩稽】按钮，系统弹出【金蝶提示】对话框，提示钩稽成功，如图4-4-3所示。

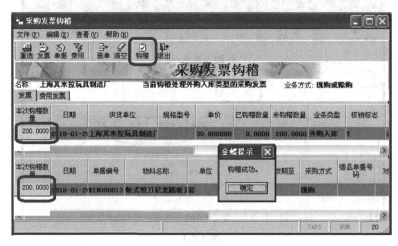

图 4-4-3

4. 查看采购发票核销状态

根据路径找到发票处理，双击"采购发票-维护"，打开【应付系统-[采购增值税发票序时簿]】窗口，查看刚刚钩稽的发票状态，现购业务的采购发票审核钩稽后，"核销状态"为"完全核销"，如图4-4-4所示。

路径：财务会计→应付款管理→发票处理→采购发票-维护。

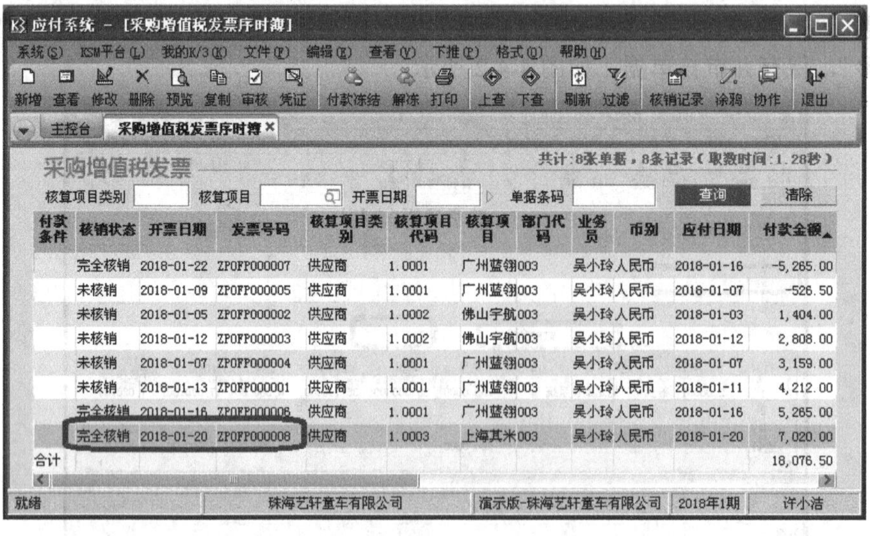

图 4-4-4

● 说明："核销状态"字段：在供应链模块中查看不到核销状态，必须单击应付款管理模块中的"采购发票-维护"，打开【应付系统-[采购增值税发票序时簿]】窗口才能看到核销状态。

4.4.3 赊购业务流程

赊购

赊购业务是企业最常见的采购方式，系统默认的采购方式是赊购，前面几个学习任务介绍的采购流程都是在赊购模式下完成的，这里为了区分赊购和现购业务，着重强调"采购方式"字段。

业务描述：公司向广州蓝翎童车有限公司赊购 150 套蛙式剪刀尼龙踏板系统，不含税单价为 30 元，2018 年 1 月 24 日仓库收到该批货物，同日收到该公司开具的发票，2018 年 1 月 28 日用银行转账支付货款。

赊购业务流程：外购入库单（采购方式：赊购）→采购发票（赊购）→钩稽→在应付款管理中查看采购发票核销状态（未核销）→付款单→付款单审核通过后查看核销状态（完全核销）。

1. 外购入库单（赊购）

将系统时间调整为 2018 年 1 月 24 日，以仓管员黄书琳的身份登录系统，制作外购入库单，"采购方式"为"赊购"，"供应商"选择"广州蓝翎童车有限公司"，"摘要"为"赊购"，"物料编码"选择"2.00001"，"物料名称"为"蛙式剪刀尼龙踏板系统"，"实收数量"为"150"，"单价"为"30"，"保管"为"黄书琳"，"验收"为"杨朝强"，保存并审核单据，如图 4-4-5 所示。

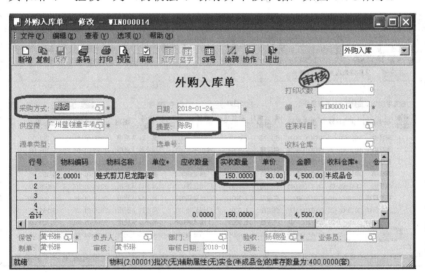

图 4-4-5

2. 采购发票（赊购）

以会计许小洁的身份登录系统，制作采购发票，"采购方式"为"赊购"，"付款日期"为"2018-01-28"，"往来科目"为"应付账款"，"摘要"为"赊购"，"部门"为"采购部"，"业务员"为"吴小玲"，审核并钩稽单据，如图 4-4-6 所示。

● 说明："往来科目"字段：在采购发票中一定要输入，在凭证模板设置中"科目来源"选择条中有一项是单据上的往来科目，系统会自动取单据上的往来科目，否则无法生成凭证。

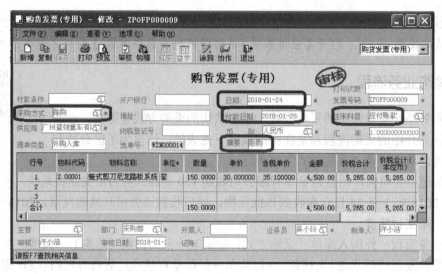

图 4-4-6

3. 查看采购发票核销状态

根据路径找到"采购发票-维护",按照上述操作步骤查看该采购发票的核销状态,此时状态为"未核销",如图 4-4-7 所示。

路径:财务会计→应付款管理→发票处理→采购发票-维护。

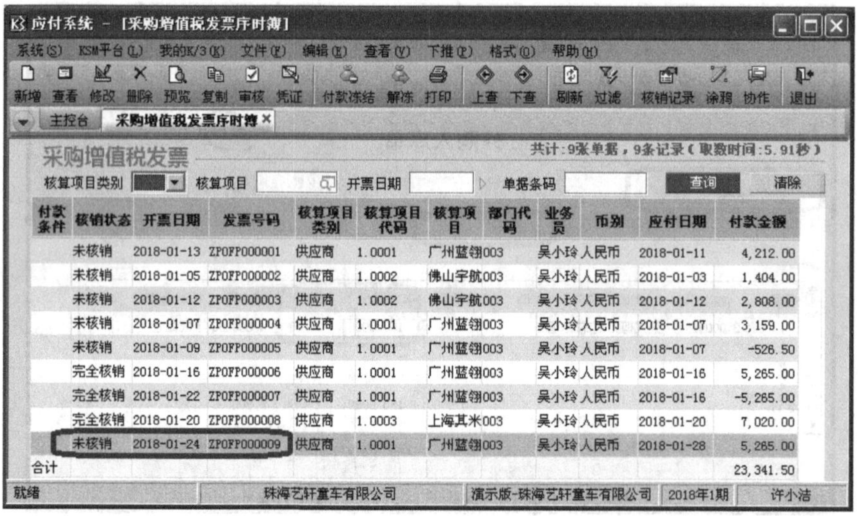

图 4-4-7

4. 付款单

将系统时间调整为 2018 年 1 月 28 日,以会计许小洁的身份登录系统,制作付款单。

根据路径找到付款,双击"付款单-新增",打开【付款单-新增-CFKD000003】窗口。"核算项目"为"广州蓝翎童车有限公司","源单类型"为"采购发票",在"源单编号"处按 F7 键选择 1 月 24 日的采购发票,补充字段"现金类科目"为"1002.02 银行存款/建设银行",如图 4-4-8 所示。

路径:财务会计→应付款管理→付款→付款单-新增。

项目 4　采购管理

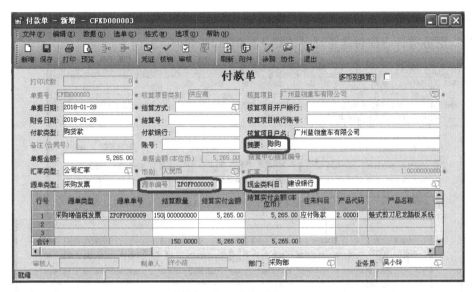

图 4-4-8

单击【保存】按钮，然后以财务部经理林晓珍的身份登录系统，审核付款单。在【应付系统-[付款单序时簿]】窗口，审核后付款单的状态由"未核销"变为"完全核销"，如图 4-4-9 所示。

路径：财务会计→应付款管理→付款→付款单-维护。

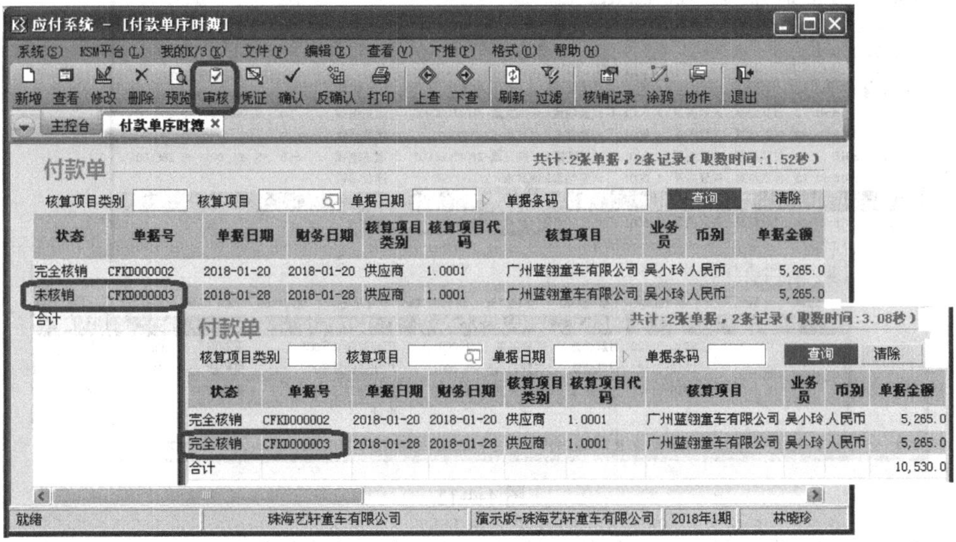

图 4-4-9

根据路径找到"采购发票-维护"，查看采购发票的核销状态。在【应付系统-[采购增值税发票序时簿]】窗口，该采购发票的状态也由"未核销"变为"完全核销"，如图 4-4-10 所示。

路径：财务会计→应付款管理→发票处理→采购发票-维护。

审核后的付款单，若想反审核，必须先在核销日志中反核销。根据路径找到结算，双击"核销日志-维护"，打开【应付款管理-[核销日志（应付）]】窗口，选中采购发票 ZPOFP000009 或者付款单 CFKD000003，双击，"选择"处显示√，然后在工具栏上单击【反核销】按钮，

109

该组核销信息就会消失在核销日志中，如图 4-4-11 所示。

路径：财务会计→应付款管理→结算→核销日志-维护。

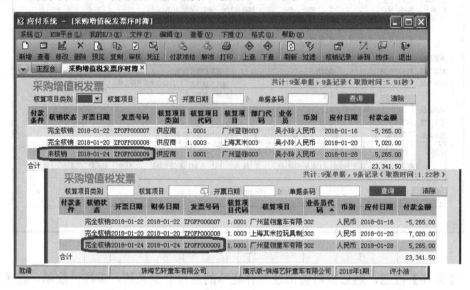

图 4-4-10

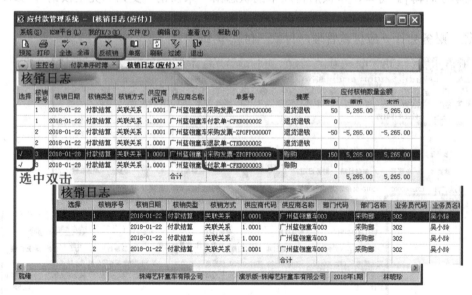

图 4-4-11

反核销后，再次查询付款单，付款单的状态重新变为"未核销"，如图 4-4-12 所示。

对该付款单修改后，单击【审核】按钮，该付款单才会变成"完全核销"。如果没有错误，不需要反核销。

◉ 说明：

现购和赊购的区别：

第一，现购是一手交钱一手交货，不用做付款单。

第二，走账科目不同，赊购在"往来科目"字段设置走账科目，现购业务在凭证模板处设置走账科目。

第三,现购业务的采购发票审核后,采购发票的核销状态为完全核销,赊购业务在做完付款单后,采购发票的核销状态为完全核销。

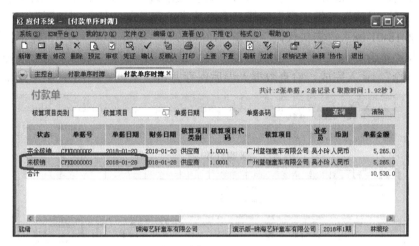

图 4-4-12

本学习任务主要介绍金蝶 K/3 供应链采购模块中现购和赊购业务流程。现购业务主要是外购入库单和采购发票制作完成,流程结束,采购发票的状态为完全核销;赊购业务主要是外购入库单和采购发票制作完成,流程未结束,还要做付款单,付款单制作完成后流程结束,采购发票和付款单的状态才为完全核销,两种采购方式的最大区别在于业务的终点止于哪张单据。另外,本学习任务还介绍了完全核销单据的反核销操作。

为了方便操作,建议每个学习任务结束后,及时备份账套,下一学习任务可以恢复本学习任务的账套进行操作。

学习任务 4.5 直运采购业务

4.5.1 直运采购业务介绍

直运业务是指产品无须入库即可完成购销业务,由供应商直接将商品发给企业的客户,结算时,由购销双方分别与企业结算。直运业务分直运销售和直运采购。

直运采购是根据客户订单,向第三方供应商订货,由第三方供应商直接发货给客户,整个过程不涉及采购入库,通过采购发票结转成本。

4.5.2 直运采购业务流程

业务描述:2018 年 1 月 8 日公司向上海其米拉玩具制造厂采购 40 辆二轮活力滑板,不含税单价为 30 元,让其米拉玩具制造厂于 2018 年 1 月 12 日直接发货给中山尔雅公司,2018 年 1 月 14 日收到上海其米拉玩具制造厂开具的采购发票,2018 年 1 月 15 日支付上海其米拉玩具制造厂直运业务货款。

直运采购业务流程：采购订单（直运采购）→采购发票（直运采购）→付款单。

1. 采购订单（直运采购）

将系统时间调整为 2018 年 1 月 8 日，以采购员吴小玲的身份登录系统，制作采购订单。"采购方式"为"直运采购"，"供应商"选择"上海其米拉玩具制造厂"，"摘要"为"直运采购"，"日期"为"2018-01-08"，"物料代码"选择"1.00009"，"物料名称"为"二轮活力滑板"，"数量"为"40"，"单价"为"30"，"交货日期"为"2018-01-12"，"部门"为"采购部"，"业务员"为"吴小玲"，录入完成，检查数据无误后保存并审核单据，如图 4-5-1 所示。

图 4-5-1

⊙ 说明："日期"字段表示单据制作时间，"交货日期"字段为预计收到货物的时间，"审核日期"为审核单据的时间，这三个日期可以是不同的时间。

2. 采购发票（直运采购）

将系统时间调整为 2018 年 1 月 14 日，以会计许小洁的身份登录系统，制作采购发票（专用），"供应商"选择"上海其米拉玩具制造厂"，源单为 2018 年 1 月 8 日的采购订单，补充字段"采购方式"为"直运采购"，"往来科目"为"应付账款"，"摘要"为"直运采购"，保存并审核单据，如图 4-5-2 所示。

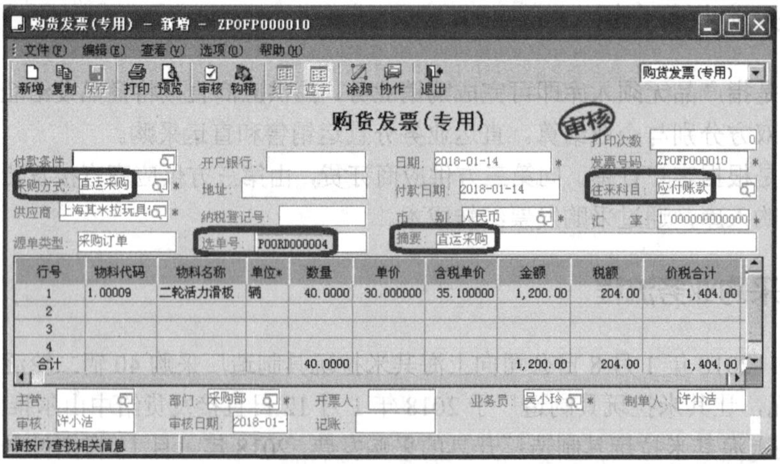

图 4-5-2

● **说明**：直运采购业务的采购发票不需要钩稽，钩稽是外购入库单与采购发票的钩稽，直运采购业务没有外购入库单，不用钩稽。

3. 付款单

将系统时间调整为 2018 年 1 月 15 日，以会计许小洁的身份登录系统，制作付款单。"核算项目"为"上海其米拉玩具制造厂"，"源单类型"为"采购发票"，在"源单编号"处按 F7 键选择 1 月 14 日的采购发票 ZPOFP000010，"摘要"为"直运采购"，"现金类科目"为 "1002.02 银行存款/建设银行"，保存单据，然后以财务部经理林晓珍的身份登录系统对该单据进行审核，如图 4-5-3 所示。

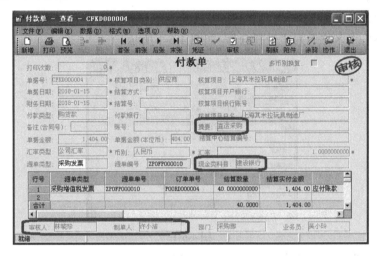

图 4-5-3

● **说明**：

直运采购与现购/赊销的区别：

第一，不做外购入库单，直接由供应商发货给客户，外购入库单"采购方式"字段中没有"直运采购"选项。

第二，直接由采购发票结转成本，无须与外购入库单钩稽，有专门的凭证模板，具体凭证设置在凭证管理学习任务介绍。

本学习任务主要介绍金蝶 K/3 软件采购管理中直运采购业务流程，主要是向供应商下达采购订单后，由供应商直接发货给客户，公司不做收货处理，直接由采购发票结转成本。本学习任务还分析了直运采购与赊购/赊销业务的区别。

为了方便操作，建议每个学习任务结束后，及时备份账套，下一学习任务可以恢复本学习任务的账套进行操作。

学习任务 4.6 受托入库业务

4.6.1 受托入库业务介绍

受托入库一般是指受托代销、受托代管的入库业务，受托入库主要是指外购入库单的采购方式为受托入库，仓库为实仓。

4.6.2 受托入库业务流程

业务描述:2018 年 1 月 7 日采购员通知仓库于 2018 年 1 月 12 日接收成都亚达制造有限公司发来的 50 辆不含税单价为 300 元的双座婴儿小推车。2018 年 1 月 12 日仓库收到该批货物,2018 年 1 月 15 日会计收到成都亚达制造有限公司开具的购货发票。

受托入库业务流程:新建仓库→收货通知单(采购方式:受托入库)→外购入库单(受托入库)→采购发票(受托入库)→钩稽。

1. 新建仓库

将系统时间调整为 2018 年 1 月 1 日,以 Administrator 的身份登录系统,新增一个受托仓,"代码"为"005","名称"为"受托仓",如图 4-6-1 所示。

图 4-6-1

2. 收货通知单(受托入库)

将系统时间调整为 2018 年 1 月 7 日,以采购员吴小玲的身份登录系统,制作收货通知单。

根据路径找到收料通知,双击"收料通知/请检单-新增",打开【收料通知/请检单-新增-DD000002】窗口,"采购方式"为"受托入库","收料仓库"为"受托仓","供应商"选择"成都亚达制造有限公司","摘要"为"受托入库","物料代码"选择"1.00012","物料名称"为"双座婴儿小推车","数量"为"50","单价"为"300","部门"为"采购部","业务员"为"吴小玲",保存并审核单据,系统切换到【收料通知/请检单-修改-DD000002】窗口,如图 4-6-2 所示。

路径:供应链→采购管理→收料通知→收料通知/请检单-新增。

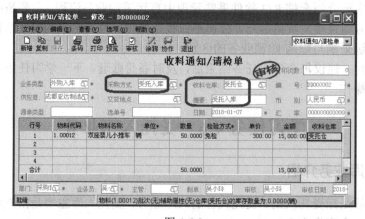

图 4-6-2

3. 外购入库单（受托入库）

将系统时间调整为 2018 年 1 月 12 日，以仓管员黄书琳的身份登录系统，基于收料通知单制作外购入库单。"采购方式"为"受托入库"，"供应商"选择"成都亚达制造有限公司"，"源单类型"为"收料通知/请检单"，在"选单号"处按 F7 键选择 1 月 7 日的收料通知/请检单 DD000002，"保管"为"黄书琳"，"验收"为"杨朝强"，保存并审核单据，如图 4-6-3 所示。

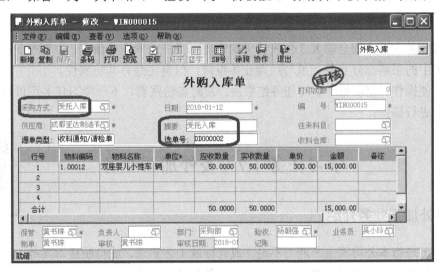

图 4-6-3

4. 采购发票（受托入库）

将系统时间调整为 2018 年 1 月 15 日，以会计许小洁的身份登录系统，基于外购入库单制作采购发票。"采购方式"为"受托入库"，"供应商"选择"成都亚达制造有限公司"，"付款日期"为"2018-01-15"，"往来科目"为"应付账款"，"摘要"为"受托入库"，保存并审核单据，如图 4-6-4 所示。

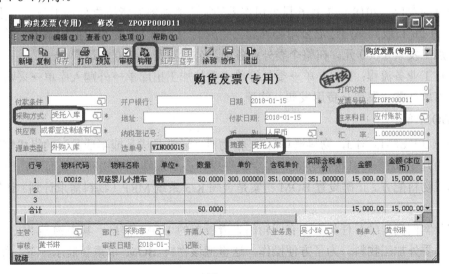

图 4-6-4

5. 钩稽

单据审核后,要对单据进行钩稽,为后续核算做准备。

> **说明:**
> 受托入库业务与赊购业务的区别:
> 第一,业务类型不同,受托入库业务主要用于受托代销、受托代管。
> 第二,使用的仓库不同,受托入库业务使用受托仓。

本学习任务主要介绍金蝶 K/3 供应链采购管理中受托入库业务流程,主要是受托代销、受托代管业务中的采购部分业务,虽与赊购业务很像,但是还是有其特殊性。

为了方便操作,建议每个学习任务结束后,及时备份账套,下一学习任务可以恢复本学习任务的账套进行操作。

学习任务 4.7　委外加工业务

委外加工业务

4.7.1　委外加工业务介绍

委外加工是指本公司因生产能力不足,或有特殊工艺要求,或自制成本高等,将委外件材料提供给委外供应商进行生产的一种代工不带料的外协加工方式。

4.7.2　委外加工业务流程

业务描述:2018 年 1 月 2 日采购部向郑州达尼公司下达委外订单,委外加工 500 套 PU 橡胶轮前轮系统。由于仓库无委外原料,2018 年 1 月 4 日从武汉米多多玩具制造厂购买入库 500 套不含税单价为 10 元的智能防倒转向系统,1 000 个不含税单价为 8 元的 PU 橡胶轮,并收到供应商开具的发票。2018 年 1 月 6 日公司将委外加工原材料发货给委外加工商郑州达尼公司,2018 年 1 月 26 日收到郑州达尼公司委外加工完成的 500 套 PU 橡胶轮前轮系统,并收到该公司开具的加工发票 1 000 元。在整个委外业务中,公司花费了 300 元运费。

委外加工业务流程:BOM 单→委外订单→委外加工出库单→外购入库单→采购发票→委外加工入库单→购货发票→费用发票→钩稽。

1. BOM 单

BOM(Bill of Material,物料清单),是指物料(通常是成品或半成品)的组成情况,如一台计算机由几个 CPU、几根内存条、多少块硬盘、多少颗螺丝等物料组装而成,也叫作产品结构清单或物料配方。正确设置 BOM 档案是金蝶 K/3 系统 MRP(物料需求计划)计算的基本要求。

在企业案例资料学习任务中,有四轮闪光滑板车的 BOM 信息,其中物料"PU 橡胶轮前轮系统"为委外加工物料。为了方便操作,这里把该物料 BOM 单重新展示一下,如图 4-7-1 所示。

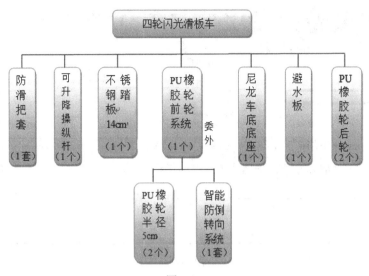

图 4-7-1

1）录入 BOM 单

将系统时间调整为 2018 年 1 月 2 日，以 Administrator 的身份登录系统，制作 BOM 单。

根据路径找到 BOM 维护，双击"BOM 单-新增"，打开【BOM 单-新增-BOM000001】窗口，在"BOM 单组别"处按 F7 键，打开【BOM 组别选择】对话框，单击【新增组】按钮，打开【新增组】对话框，在该对话框中输入"代码"为"01"，"名称"为"PU 橡胶轮前轮系统"，单击【确定】按钮，再单击【退出】按钮，返回【BOM 组别选择】对话框，双击选中该组别，如图 4-7-2 所示。

路径：计划管理→生产数据管理→BOM 维护→BOM 单-新增。

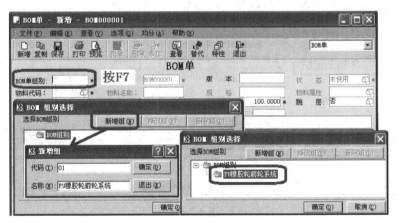

图 4-7-2

单击【确定】按钮，系统返回到【BOM 单-新增-BOM000001】窗口，单据头中的"物料代码"选择"2.00003"，"物料名称"为"PU 橡胶轮前轮系统"；数据行中"物料代码"选择"3.00002"，"物料名称"为"智能防倒转向系统"，"用量"为"1"；"物料代码"选择"3.00003"，"物料名称"为"PU 橡胶轮半径 5cm"，"用量"为"2"，保存并审核单据，系统切换到【BOM 单-修改-BOM000001】窗口，如图 4-7-3 所示。

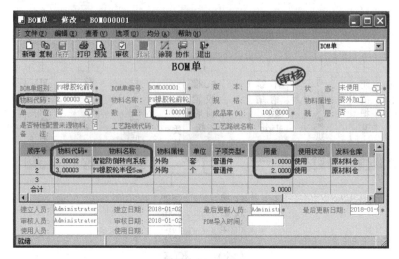

图 4-7-3

2）BOM 单的使用

根据路径找到 BOM 维护，双击"BOM-维护"，打开【生产数据管理系统-[BOM 资料维护]】窗口，在左侧【BOM 组】栏选中"PU 橡胶轮前轮系统"组别，左下出现【普通 BOM】栏，选中"BOM000001"，在右侧会看到详细的 BOM 单信息，BOM 单的状态为"未使用"，然后在工具栏上单击【使用】按钮，系统弹出【金蝶提示】对话框，提示 BOM 使用成功，BOM 单的状态由"未使用"变成"使用"，如图 4-7-4 所示。

路径：计划管理→生产数据管理→BOM 维护→BOM-维护。

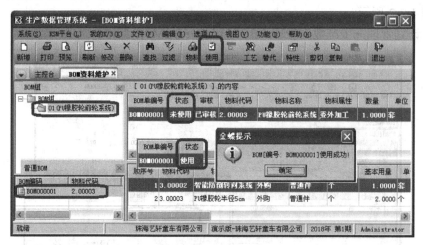

图 4-7-4

只有"使用"状态的 BOM 单才能被后续单据使用。

2. 委外订单

委外订单是企业与加工商双方共同签署的以确认委外加工活动的标志，在 K/3 系统的委外加工管理中处于核心地位，不仅表现为其所反映的业务资料是企业正式确认的，而且是具有经济合法地位的文件。

将系统时间调整为 2018 年 1 月 2 日，以采购员吴小玲的身份登录系统，制作委外订单。

根据路径找到委外订单,双击"委外订单-新增",打开【委外订单-新增-WW001】窗口,"供应商"选择"郑州达尼制造有限公司","部门"为"采购部","业务员"为"吴小玲","摘要"为"委外加工","物料代码"选择"2.00003","物料名称"为"PU橡胶轮前轮系统","数量"为"500","建议发料日期"为"2018-01-06","交货日期"为"2018-01-26",保存单据后系统切换到【委外订单-修改-WW001】窗口,如图4-7-5所示。

路径:供应链→委外加工→委外订单→委外订单-新增。

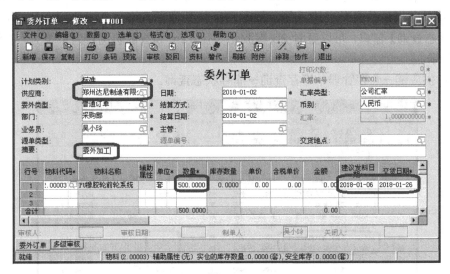

图 4-7-5

系统默认委外订单的审核为多级审核,需赋予采购处处长陈堂审核委外订单的权限。

以 Administrator 的身份登录系统,根据路径找到委外加工管理,双击"审批流管理",打开【委外订单_多级审核工作流】窗口,在左侧栏中选中委外订单,切换到【用户设置】选项卡,将【用户姓名】列表"陈堂"选至右侧【用户姓名】栏,单击🖫图标,完成权限设置,如图4-7-6所示。

路径:系统设置→系统设置→委外加工管理→审批流管理。

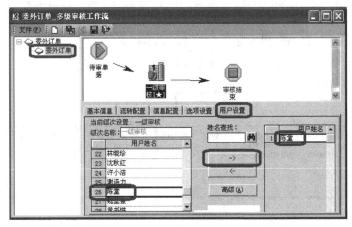

图 4-7-6

以采购处处长陈堂的身份登录系统，审核该委外订单，审核意见为"同意"。

3. 委外加工出库单

委外加工出库单是确认货物出库的书面证明，用于处理委外加工原材料的出库。委外加工出库确认后，也需要继续处理出库成本的计算，从而为正确进行成本核算和结账打下基础。

做委外加工出库前，要先查询仓库是否有库存，如果没有库存，要及时采购，库存充裕后，委外加工出库单才能审核通过。

以仓管员黄书琳的身份登录系统，根据路径找到库存查询，双击"库存状态查询"，打开【库存状态查询】窗口，可以查看PU橡胶轮半径5 cm和智能防倒转向系统的库存情况，如图4-7-7所示。

路径：供应链→仓存管理→库存查询→库存状态查询。

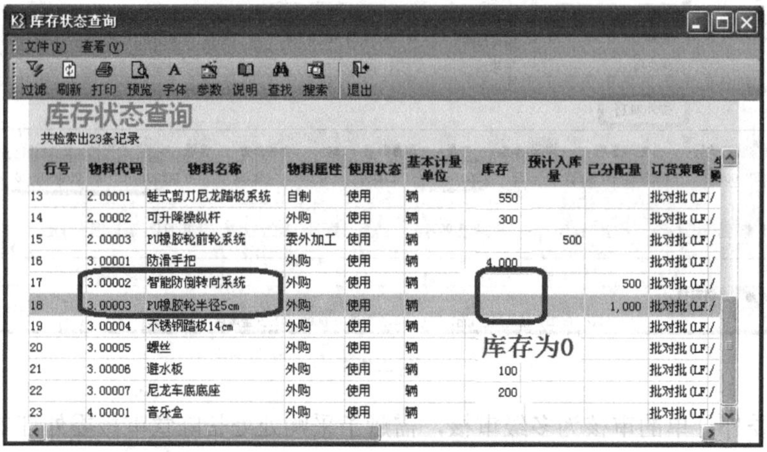

图 4-7-7

两种委外原料的库存均为0，需要进行采购。将系统时间调整为2018年1月4日，以仓管员黄书琳的身份登录系统，制作外购入库单，"摘要"为"委外加工"，这里只给出单据，具体操作不再赘述，如图4-7-8所示。

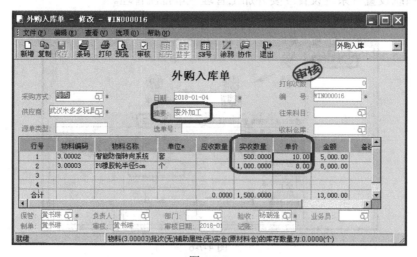

图 4-7-8

以会计许小洁的身份登录系统，制作采购发票，"摘要"为"委外加工"，"往来科目"为"应付账款"，审核并钩稽单据，如图4-7-9所示。

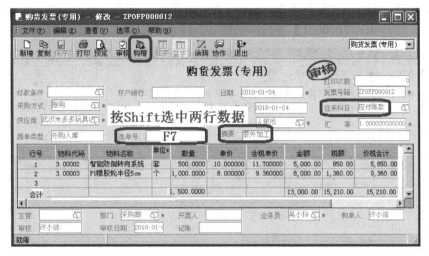

图 4-7-9

⊙ **说明**：在"选单号"处选择单据数据时，如果单据有多行数据，需按住Shift键才能选中全部数据，否则系统默认携带第一行单据数据。

将系统时间调整为2018年1月6日，以仓管员黄书琳的身份登录系统，制作委外加工出库单。

根据路径找到委外发出，双击"委外加工出库-新增"，打开【委外加工出库单-新增-JOUT000001】窗口，"供应商"选择"郑州达尼制造有限公司"，"源单类型"为"委外订单"，在"选单号"处按F7键打开【生产投料单序时簿】窗口，选中2018年1月2日的委外订单WW001，按住Shift键选中该单的两行数据，如图4-7-10所示。

路径：供应链→委外加工→委外发出→委外加工出库-新增。

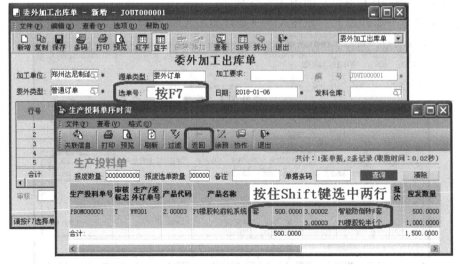

图 4-7-10

单击【返回】按钮,系统自动携带委外订单信息到【委外加工出库单-新增-JOUT000001】窗口,确认发货数量,补充字段"发料仓库"为"原材料仓","单位成本"不用输入,在核算时会回填成本,"领料"为"吴小玲","发料"为"黄书琳",保存并审核单据,系统切换到【委外加工出库单-修改-JOUT000001】窗口,如图4-7-11所示。

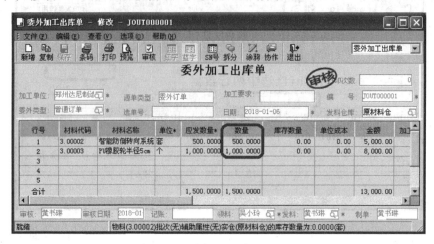

图 4-7-11

4. 委外加工入库单

委外加工入库单是处理委外加工产品入库的单据,也是财务人员据以记账、核算成本的重要原始凭证。

将系统时间调整为2018年1月26日,以仓管员黄书琳的身份登录系统,制作委外加工入库单。

根据路径找到委外入库,双击"委外加工入库-新增",打开【委外加工入库单-新增-JIN000001】窗口,"源单类型"为"委外订单",选择2018年1月2日的委外订单WW001,"收料仓库"为"半成品仓","加工费"为"1000",保存并审核单据,系统切换到【委外加工入库单-修改-JIN000001】窗口,如图4-7-12所示。

路径:供应链→委外加工→委外入库→委外加工入库-新增。

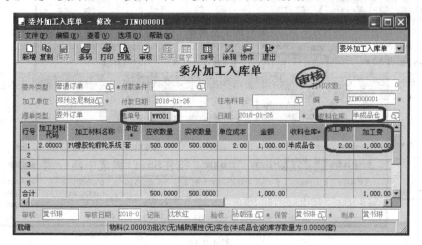

图 4-7-12

5. 采购发票

采购发票相当于支付加工费用的发票，以会计许小洁的身份登录系统，基于委外加工入库单下推生成购货发票（普通），补充字段"往来科目"为"应付账款"，"摘要"为"委外加工"，保存并审核单据，系统切换到【购货发票（普通）-修改-PPOFP000001】窗口，在右上角显示购货发票类型为【购货发票（普通）】，如图4-7-13所示。

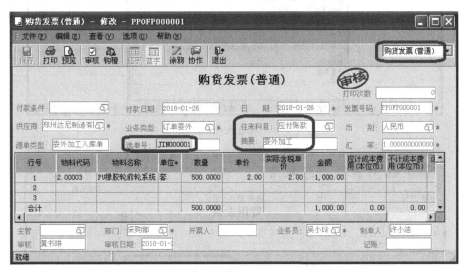

图 4-7-13

◉ 说明：

委外加工采购发票不能通过源单类型的方法新增采购发票，只能通过委外加工入库单下推生成。

"购货发票（普通）"与"购货发票（专用）"的区别在于取得发票的纳税人是否可以依法抵扣购货进项税额，购货发票（普通）单据中的价格是不含税价，而购货发票（专用）单据中的价格一般是价税合计。

6. 费用发票

在委外加工业务过程中如产生了运输费、检验费等，可以使用费用发票。

以会计许小洁的身份登录系统，制作费用发票。

根据路径找到公共资料，双击"费用"，打开【基础平台-[费用]】窗口，单击【新增】按钮，打开【费用-新增】窗口，在该窗口中输入"代码"为"001"，"名称"为"委外加工运费"，"费用类型"为"运费"，单击【保存】按钮，如图4-7-14所示。

路径：系统设置→系统设置→公共资料→费用。

根据路径找到费用发票，双击"费用发票-新增"，打开【费用发票-新增-EXPENSE000001】窗口，"供货单位"选择"郑州达尼制造有限公司"，"委外加工入库单号"选择2018年1月26日的单据JIN000001，在数据行中按F7键选择"费用代码"为"01"，"费用名称"为"委外加工运费"，"数量"为"1"，"单价"为"300"，"往来科目"为"应付账款"，保存并审核单据，系统切换到【费用发票-修改-EXPENSE000001】窗口，如图4-7-15所示。

路径：供应链→采购管理→费用发票→费用发票-新增。

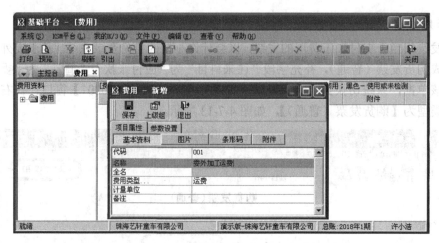

图 4-7-14

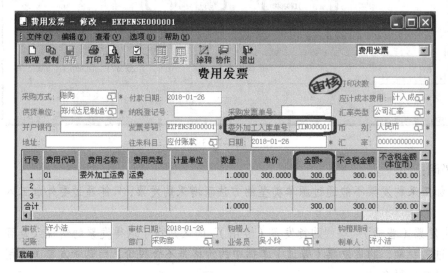

图 4-7-15

◉ 说明：

"采购发票单号"与"委外加工入库单号"都可以与费用发票关联，此处为委外加工业务，建议使用"委外加工入库单号"关联。

"应计成本费用"字段有两种选择：计入成本、不计成本，系统默认为计入成本，计入成本的费用会平摊到每一个物料成本中。

7. 委外加工入库单与采购发票、费用发票钩稽

根据路径找到采购发票，双击"采购发票-维护"，在【条件过滤】对话框，"事务类型"选择"购货发票（普通）"，过滤出 2018 年 1 月 26 日购货发票（普通）PPOFP000001，单击【钩稽】按钮，打开【采购发票钩稽】窗口，委外加工入库单与采购发票、费用发票自动关联显示，确认两个"本次钩稽数量"均为"500"，单击【钩稽】按钮，系统提示钩稽成功，如图 4-7-16 所示。

路径：供应链→采购管理→采购发票→采购发票-维护。

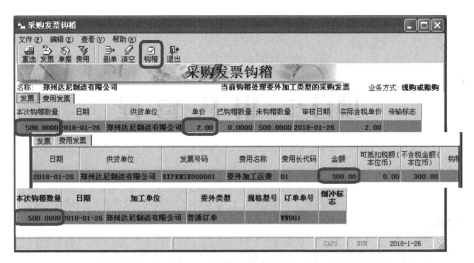

图 4-7-16

发票钩稽之后，为后续的委外存货核算做准备，委外加工入库成本核算的具体操作将在存货核算学习任务中进行介绍。

本学习任务主要介绍金蝶 K/3 软件采购模块中委外加工业务流程，主要是企业部分物料委托委外加工单位进行加工，企业提供原料，加工单位收取加工费及其他费用。本学习任务还介绍了 BOM 单的制作过程。

为了方便操作，建议每个学习任务结束后，及时备份账套，下一学习任务可以恢复本学习任务的账套进行操作。

项目 5 销 售 管 理

学习目标

- 了解金蝶 K/3 销售管理模块的主要功能，熟悉相关单据及业务；
- 掌握金蝶 K/3 销售管理中的销售基本业务流程；
- 掌握金蝶 K/3 销售管理中六种业务类型的处理方法；
- 掌握不同退货业务在金蝶 K/3 销售管理模块的处理方式。

学习任务

- 熟悉销售报价、销售订货、仓库发货、销售退货、销售发票等相关单据；
- 掌握从销售订单-发货-发票操作，区别发货后开票与开票后发货业务；
- 掌握销售票前/后退货、全部/部分退货及无源单退货的业务操作及区别；
- 掌握现销、赊销、直运、委托/受托代销和分期收款的业务操作及区别。

学习任务 5.1 销售基本业务

销售基本流程

5.1.1 销售管理系统介绍

销售管理系统，是通过销售报价、销售订货、仓库发货、销售退货、销售发票处理、客户管理、价格及折扣管理、订单管理、信用管理等功能综合运用的管理系统，对销售全过程进行有效控制和跟踪，实现完善的企业销售信息管理。该系统可以独立执行销售操作，与采购管理系统、仓存管理系统、应收款管理系统、存货核算系统等结合运用，将能提供更完整、全面的企业物流业务流程管理和财务管理信息。

5.1.2 销售基本业务流程

业务描述：2018 年 1 月 1 日深圳宇润百货有限公司准备购买 100 辆四轮闪光滑板车，公司给其报价，含税单价为 240 元，报价有效期为 30 天。2018 年 1 月 5 日公司与深圳宇润百货有限公司签订销售订单，销售 100 辆含税单价为 240 元的四轮闪光滑板车，同日通知仓库于 2018 年 1 月 11 日发货，2018 年 1 月 11 日仓库发货给深圳宇润百货有限公司，2018 年 1 月 13 日会计开具销售发票给该公司。

销售基本业务流程：销售报价单→销售订单→发货通知单→销售出库单→销售发票→钩稽。

1. 销售报价单

销售报价单是销售部门根据企业销售政策、产品成本、目标利润率、以往价格资料等，向客户提供的产品报价。一般情况下，销售部门根据具体的产品价格参数进行报价，经上级业务审核后提供给客户。

将系统时间调整为2018年1月1日，以销售员刘敏瑜的身份登录系统，制作销售报价单。

根据路径找到销售报价，双击"销售报价单-新增"，打开【销售报价单-新增-AQ000001】窗口，"购货单位"选择"深圳宇润百货有限公司"，"报价有效期（天）"为"30"，"物料代码"选择"1.00001"，"物料名称"为"四轮闪光滑板车"，"数量"为"100"，"含税单价"为"240"，"部门"为"内销部"，"业务员"为"刘敏瑜"，录入完成，检查数据无误后保存单据，如图5-1-1所示。

路径：供应链→销售管理→销售报价→销售报价单-新增。

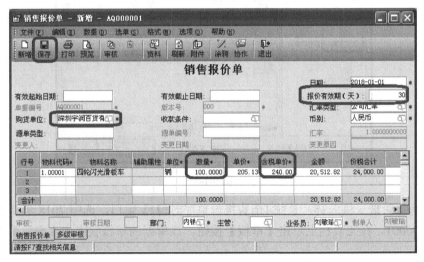

图 5-1-1

在工具栏上单击【审核】按钮，系统提示"没有该级审核权限"，系统默认设置销售报价单为多级审核权限。以Administrator的身份登录系统，对销售报价单进行审核权限设置，赋予销售经理招子龙审核权限。

根据路径找到销售管理，双击"审批流管理"，打开【销售报价单_多级审核工作流】窗口，在左侧栏选中销售报价单，切换到【用户设置】选项卡，选中左侧【用户姓名】栏中的"招子龙"，单击向右的箭头，将"招子龙"加入右侧【用户姓名】栏，单击【保存】按钮，如图5-1-2所示。

路径：系统设置→系统设置→销售管理→审批流管理。

以销售经理招子龙的身份登录系统，对2018年1月1日销售报价单进行审核。

根据路径找到销售报价，双击"销售报价-维护"，在【过滤】窗口，选中【默认方案】，单击【确定】按钮，如图5-1-3所示。

路径：供应链→销售管理→销售报价→销售报价单-维护。

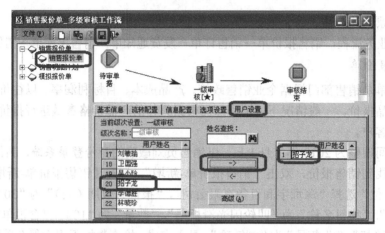

图 5-1-2

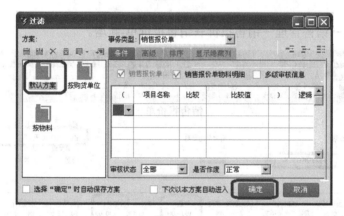

图 5-1-3

打开【销售管理（供应链）系统-[销售报价单序时簿]】窗口，选中 2018 年 1 月 1 日销售报价单 AQ000001，在工具栏上单击【审核】按钮，该单据的审核状态由"空"变为"Y"，如图 5-1-4 所示。

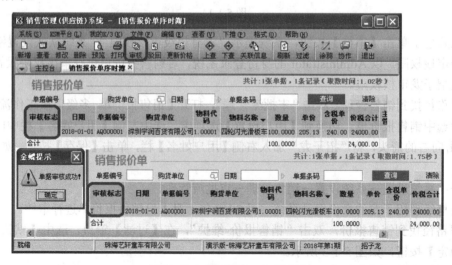

图 5-1-4

2. 销售订单

销售订单是购销双方共同签署的，以此确认销售活动的标志。销售订单不仅是销售管理系统的重要单据，而且在 K/3 供应链系统中处于核心地位。

◉ 说明：单据的生成方法有两种：一种方法是基于源单下推生成；另一种方法是新增单据，在单据中选择源单类型和源单编号。

将系统时间调整为 2018 年 1 月 5 日，以销售员刘敏瑜的身份登录系统，制作销售订单。这里采用源单类型的方法生成销售订单。

根据路径找到销售订单，双击"销售订单-新增"，打开【销售订单-新增-SEORD000001】窗口，"购货单位"选择"深圳宇润百货有限公司"，"源单类型"为"销售报价单"，在"选单号"处按 F7 键打开【销售报价单序时簿】窗口，选择 2018 年 1 月 1 日的销售报价单 AQ000001，如图 5-1-5 所示。

路径：供应链→销售管理→销售订单→销售订单-新增。

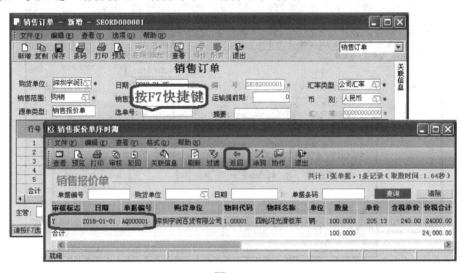

图 5-1-5

单击【返回】按钮后，系统携带源单信息到【销售订单-新增-SEORD000001】窗口，补充字段"摘要"为"销售基本业务"，"交货日期"为"2018-01-11"，保存并审核单据，系统切换到【销售订单-修改-SEORD000001】窗口，如图 5-1-6 所示。

3. 发货通知单

发货通知单是销售部门在确定销售订货成立、向仓库部门发出的发货通知，从而方便物料的跟踪与查询。

以销售员刘敏瑜的身份登录系统，采用下推的方法制作发货通知单。

根据路径找到销售订单，双击"销售订单-维护"，打开【销售管理（供应链）系统-[销售订单序时簿]】窗口，选中 2018 年 1 月 5 日的销售订单 SEORD000001，执行【下推】→【生成 发货通知】命令，打开【销售订单 生成 发货通知】对话框，单击【生成】按钮，如图 5-1-7 所示。

路径：供应链→销售管理→销售订单→销售订单-维护。

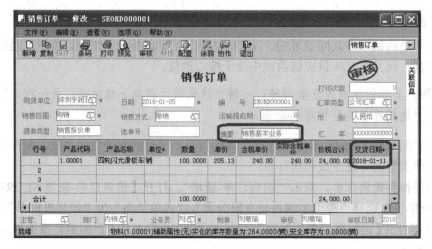

图 5-1-6

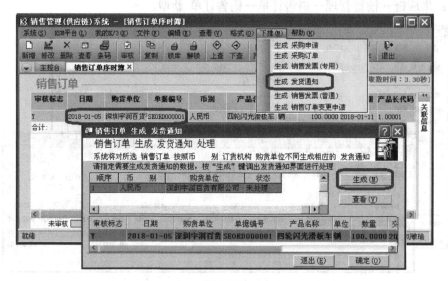

图 5-1-7

打开【发货通知单-新增-SEOUT000001】窗口，补充字段"发货仓库"为"成品仓"，保存并审核单据，系统切换到【发货通知单-修改-SEOUT000001】窗口，如图 5-1-8 所示。

路径：供应链→销售管理→收料通知→收料通知/请检单-维护。

4. 销售出库单

销售出库单又称发货单，是确认产品出库的书面证明，是处理包括日常销售、委托代销、分期收款等各种形式的销售出库业务的单据。

将系统时间调整为 2018 年 1 月 11 日，以仓管员黄书琳的身份登录系统，制作销售出库单。

根据路径找到销售出库，双击"销售出库-新增"，打开【销售出库单-新增-XOUT000001】窗口，"购货单位"为"深圳宇润百货有限公司"，"源单类型"为"发货通知单"，在"选单号"处按 F7 键选择 2018 年 1 月 5 日的发货通知单 SEOUT000001，"实发数量"为"100"，"发货"为"卫国强"，"保管"为"黄书琳"，保存并审核单据，如图 5-1-9 所示。

路径：供应链→销售管理→销售出库→销售出库单-新增。

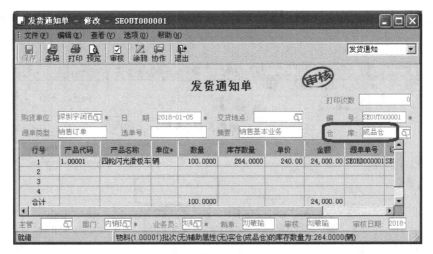

图 5-1-8

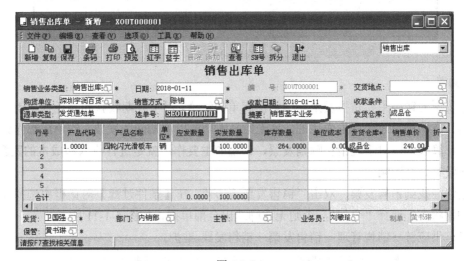

图 5-1-9

◉ **说明**："发货仓库"字段：如果有多行商品数据，可以通过该字段统一设置仓库信息，也可以在各产品行单独设置发货仓库。

5. 销售发票

销售发票是供货单位开给购货单位，据以付款、记账、纳税的依据。销售发票是实现企业目标的基本保障，在 K/3 供应链系统占据核心地位。

销售发票包括销售专用发票和销售普通发票。其中，专用发票是指增值税专用发票，是一般纳税人销售货物或者提供应税劳务所开具的发票，发票上记载了销售货物的售价、税率以及税额等，在专用发票上记载所收取的销项税额抵扣采购增值税专用发票上记载的购入货物已支付的税额，作为报告增值税的依据。普通发票是指除了专用发票之外的发票或其他收购价凭证。所有销售发票上记载的销货收入都是所得税的应纳税所得额的组成部分。

将系统时间调整为 2018 年 1 月 13 日，以会计许小洁的身份登录系统，基于 2018 年 1 月 11 日的销售出库单 XOUT000001 下推生成销售发票（专用）。补充字段"往来科目"为"应收账款","收款日期"为"2018-01-20",确认"含税单价"为"240",保存并审核单据,如图 5-1-10 所示。

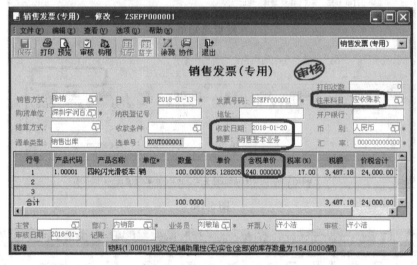

图 5-1-10

6. 钩稽

销售发票的钩稽主要是指发票与销售出库单的钩稽。对于分期收款和委托代销销售方式的销售发票只有钩稽后才允许生成凭证,且无论是本期或以前期间的发票,钩稽后都作为钩稽当期发票来计算收入;对于现销和赊销发票,钩稽的主要作用就是进行收入和成本的匹配确认,对于记账没有什么影响。

根据路径找到销售发票,双击"销售发票-维护",在【条件过滤】对话框中选择【默认方案】,"钩稽状态"选择"全部",否则无法筛选出全部单据,如图 5-1-11 所示。

路径:供应链→销售管理→销售发票→销售发票-维护。

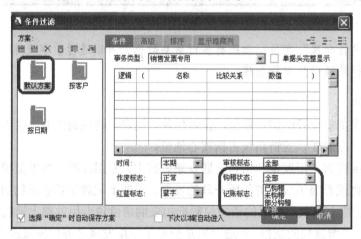

图 5-1-11

单击【确定】按钮,打开【销售管理(供应链)系统-销售发票序时簿】窗口,选中 2018 年 1 月 13 日的销售发票 ZSEFP000001,单击【钩稽】按钮,打开【销售发票钩稽】窗口,显示销售发票和销售出库单关联信息，确认两个"本次钩稽数量"均为"100"，单击【钩稽】按钮，系统弹出【金蝶提示】对话框，提示钩稽成功，如图5-1-12所示。

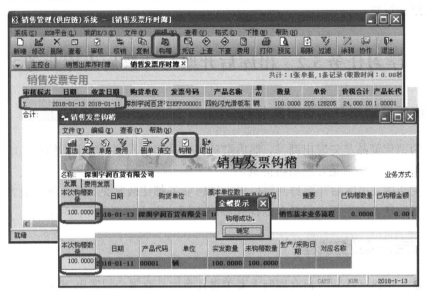

图 5-1-12

◉ 说明：

"本次钩稽数量"字段：系统允许单据多次钩稽，钩稽时要注意确认本次钩稽数量。

如果有多个销售出库单，需找准要钩稽的单据，并将其他无关单据删除，再进行钩稽。

如果钩稽错误，需要反钩稽，执行【编辑】→【反钩稽】命令即可取消钩稽。

钩稽成功的单据可以在钩稽日志界面查看。根据路径找到销售发票，双击"销售发票-钩稽日志"，打开【销售管理（供应链）系统-[钩稽日志]】窗口，查看已钩稽的单据，在工具栏中还有一些工具，如【反钩】、【补钩】、【反补钩】，如图5-1-13所示。

路径：供应链→销售管理→销售发票→销售发票-钩稽日志。

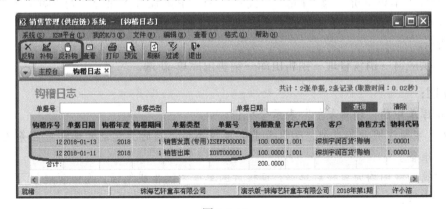

图 5-1-13

本学习任务主要介绍金蝶K/3软件销售模块的基本业务流程，该流程详细介绍了销售报价单、销售订单、发货通知单、销售出库单和销售发票的操作，同时介绍了销售发票钩稽与反钩稽操作。另外，本学习任务还介绍了销售报价单的审核权限设置操作。

为了方便操作，建议每个学习任务结束后，及时备份账套，下一学习任务可以恢复本学习任务的账套进行操作。

学习任务 5.2　出库后开票与开票后出库业务

5.2.1　出库后开票与开票后出库业务介绍

一般认为销售商品是先发出商品，然后财务再开具销售发票。对于紧俏商品或特殊商品如钢铁、水泥销售时，常常是开票后再提货。

在实际生活中，出库后开票与开票后出库销售业务都比较常见，两种业务最大的区别就是发票是否先于发货，在系统中只是单据操作顺序不同，生成凭证并无区别。

5.2.2　出库后开票业务流程

业务描述：2018 年 1 月 3 日仓库向上海美琳儿童用品有限公司发出 20 辆小型过山玩具车，含税单价为 150 元，2018 年 1 月 5 日财务开具销售发票给该公司。

在企业实际业务中，并非要用到销售业务模块的所有单据，操作人员可以根据具体业务情况使用单据。

出库后开票业务流程：销售出库单→销售发票→钩稽。

1. 销售出库单

将系统时间调整为 2018 年 1 月 3 日，以仓管员黄书琳的身份登录系统，制作销售出库单。

根据路径找到销售出库，双击"销售出库单-新增"，打开【销售出库单-新增-XOUT000002】窗口，"购货单位"选择"上海美琳儿童用品有限公司"，"摘要"为"出库后开票"，"发货仓库"为"成品仓"，"产品代码"选择"1.00010"，"产品名称"为"小型过山玩具车"，"实发数量"为"20"，"销售单价"为"150"，"发货"为"卫国强"，"保管"为"黄书琳"，录入完成，检查数据无误后保存并审核单据，系统切换到【销售出库单-修改-XOUT000002】窗口，如图 5-2-1 所示。

路径：供应链→销售管理→销售出库→销售出库单-新增。

⊙ 说明：

销售出库单中的"销售单价"表示含税价。

"摘要"字段注明业务类型，为区分业务单据类型，同时为凭证管理学习任务区分哪类业务的凭证做准备。

后续单据的截图均为审核后单据，审核后的单据才能生成凭证，凭证管理学习任务将介绍凭证的生成方法。

2. 销售发票

将系统时间调整为 2018 年 1 月 5 日，以会计许小洁的身份登录系统，制作销售发票。根据上一学习任务介绍的下推方法制作销售发票（专用），确认"含税单价"为"150"，补充字段"往来科目"为"应收账款","部门"为"内销部","业务员"为"刘敏瑜",保存并审核单据,如图5-2-2所示。

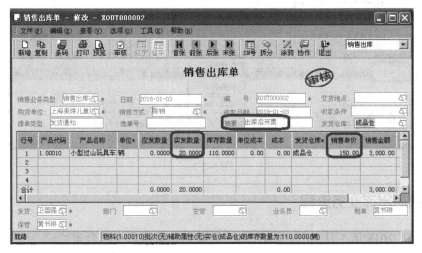

图 5-2-1

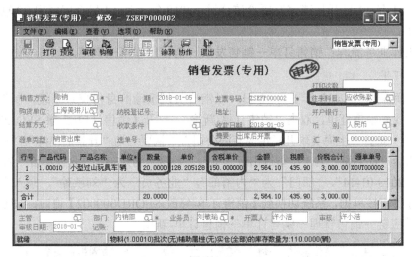

图 5-2-2

◉ 说明:

通过下推的方法销售出库单中的"摘要"字段会随着销售出库单携带到销售发票中,无须再手动输入。

销售出库单中的"销售单价"会携带到销售发票中的"含税单价",在销售发票中"单价"是不含税价格,"含税单价"为含税价格。

3. 销售发票钩稽

在工具栏上单击【钩稽】按钮,打开【销售发票钩稽】窗口,显示销售发票和销售出库单的关联信息,确认两个"本次钩稽数量"均为"20",单击【钩稽】按钮,系统弹出【金蝶提示】对话框,提示钩稽成功,如图5-2-3所示。

路径:供应链→销售管理→销售发票→销售发票-维护。

图 5-2-3

5.2.3 开票后出库业务流程

业务描述：2018年1月10日销售部与上海美琳儿童用品有限公司签订30辆含税单价为150元小型过山玩具车的销售订单，约定2018年1月14日交货，2018年1月12日开具销售发票给该公司，2018年1月14日仓库发出30辆小型过山玩具车到该公司。

开票后出库业务流程：销售订单→销售发票→销售出库单→钩稽。

1. 销售订单

将系统时间调整为2018年1月10日，以销售员刘敏瑜的身份登录系统，制作销售订单。

根据路径找到销售订单，双击"销售订单-新增"，打开【销售订单-新增-SEORD000002】窗口，"购货单位"选择"上海美琳儿童用品有限公司"，"摘要"为"开票后出库"，"产品代码"选择"1.00010"，"产品名称"为"小型过山玩具车"，"数量"为"30"，"含税单价"为"150"，"交货日期"为"2018-01-14"，"部门"为"内销部"，"业务员"为"刘敏瑜"，录入完成，检查数据无误后保存并审核单据，系统切换到【销售订单-修改-SEORD000002】窗口，如图5-2-4所示。

路径：供应链→销售管理→销售订单→销售订单-新增。

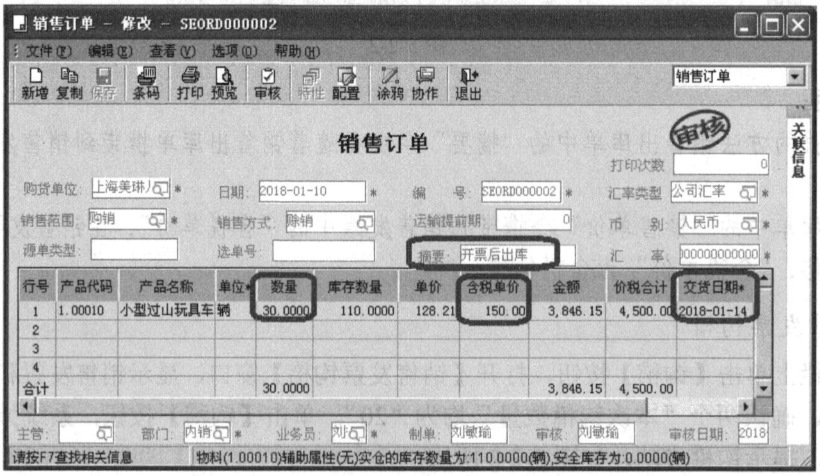

图 5-2-4

⊙ 说明：销售订单中的"单价"为不含税价格，"含税单价"为含税价格。

2. 销售发票

将系统时间调整为 2018 年 1 月 12 日，以会计许小洁的身份登录系统，制作销售发票。

根据路径找到销售发票，双击"销售发票-新增"，打开【销售发票（专用）-新增-ZSEFP000003】窗口。"购货单位"选择"上海美琳儿童用品有限公司"，根据上一学习任务介绍的源单类型方法制作销售发票，源单为 2018 年 1 月 10 日的销售订单 SEORD000002，补充字段"往来科目"为"应收账款"，保存并审核单据，系统切换到【销售发票（专用）-修改-ZSEFP000003】窗口，如图 5-2-5 所示。

路径：供应链→销售管理→销售发票→销售发票-新增。

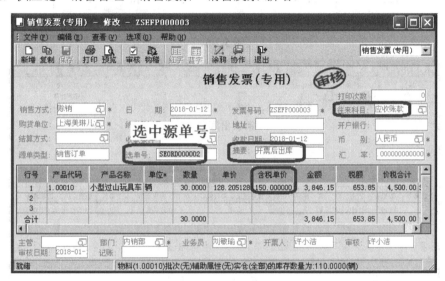

图 5-2-5

⊙ 说明：

通过选择源单的方法，销售订单中的"摘要"字段内容会随着销售订单携带到销售发票中，无须再手动输入。

销售订单中的"含税单价"与销售发票中的"含税单价"对应。

3. 销售出库单

将系统时间调整为 2018 年 1 月 14 日，以仓管员黄书琳的身份登录系统，制作销售出库单。

根据路径找到销售发票，双击"销售发票-维护"，在【条件过滤】对话框中选中【默认方案】，"钩稽状态"选择"全部"，否则无法显示部分单据，如图 5-2-6 所示。

路径：供应链→销售管理→销售发票→销售发票-维护。

单击【确定】按钮，打开【销售管理（供应链）系统-[销售发票序时簿]】窗口，选中 2018 年 1 月 12 日的销售发票下推生成销售出库单，在【销售出库单-新增-XOUT000003】窗口中，补充字段"摘要"为"开票后出库"，"发货"为"卫国强"，"保管"为"黄书琳"，保存并审核单据，系统切换到【销售出库单-修改-XOUT000003】窗口，如图 5-2-7 所示。

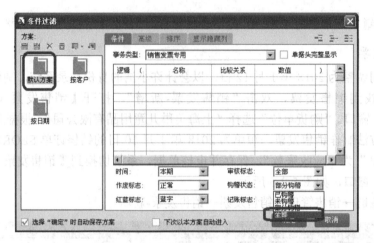

图 5-2-6

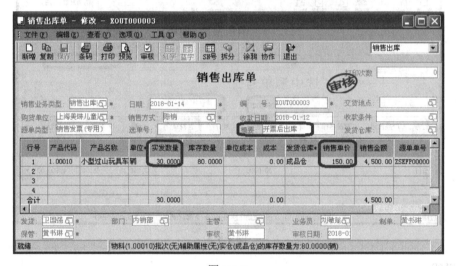

图 5-2-7

◉ **说明：**

无论是源单类型方法还是下推方法，销售发票中的"摘要"字段内容都不会随着销售发票携带到销售出库单中，需再手动输入。

销售发票中的"含税单价"与销售出库单中的"销售单价"对应，"销售单价"是指含税价格。

4. 钩稽

将系统时间调整为 2018 年 1 月 14 日，以会计许小洁的身份登录系统，对销售发票进行钩稽。

根据路径找到销售发票，双击"销售发票-维护"，在【条件过滤】对话框中选择【默认方案】，"钩稽状态"选择"全部"，打开【销售管理（供应链）系统-[销售发票序时簿]】窗口，选中 2018 年 1 月 12 日的销售发票 ZSEFP000003，单击【钩稽】按钮，打开【销售发票钩稽】窗口，显示销售发票和销售出库单关联信息，确认两个"本次钩稽数量"均为"30"，单击【钩稽】按钮，系统弹出【金蝶提示】对话框，提示钩稽成功，如图 5-2-8 所示。

路径：供应链→销售管理→销售发票→销售发票-维护。

项目 5　销售管理

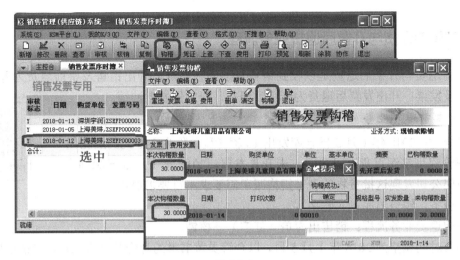

图 5-2-8

● 说明：

在查询销售发票的【条件过滤】对话框，"钩稽状态"字段如果采用默认设置部分钩稽，则查不到部分单据，建议设置为"全部"，可以将所有单据查出。

【销售管理（供应链）系统-[销售出库序时簿]】窗口没有钩稽功能，【销售管理（供应链）系统-[销售发票序时簿]】窗口工具栏中有钩稽功能。

本学习任务主要介绍金蝶 K/3 软件销售模块中出库后开票与开票后出库业务流程。出库后开票业务主要是先做销售出库单后做销售发票，开票后出库业务主要是先做销售发票后做销售出库单，两种业务最大的区别就是发票是否先于发货，两种业务没有本质区别，不会影响财务凭证，关于这两种业务的凭证会在凭证管理学习任务中进行具体介绍。

为了方便操作，建议每个学习任务结束后，及时备份账套，下一学习任务可以恢复本学习任务的账套进行操作。

学习任务 5.3　销售退货业务

5.3.1　销售退货业务介绍

销售退货是指产品正常销售给客户之后，客户当初或事后因货物质量、品种、数量等不符合客户要求，而将已购货物退回企业的业务，包括客户提出退货需求、销售员与客户协商、退货接受、检验、仓库退货需求、开具销售发票的财务冲减应收账款以及退货产品的后续处理等一系列环节。销售退货业务涉及的部门有销售部、仓管部、质管部和财务部。

常见的销售退货业务有以下几种：

(1) 按照是否开发票分为开票前退货和开票后退货。

(2) 按照退货数量分为销售部分退货和销售全部退货。

(3) 按照是否退钱分为销售换货和销售退货退钱。

(4) 按有无源单分为销售有源单退货和销售无源单退货。

5.3.2 开票前退货与开票后退货业务流程

开票前退货与开票后退货是以收到销售发票为临界点,开出销售发票前退货为开票前退货,不涉及发票;开出发票后退货为开票后退货,一定做发票冲销。

1. 开票前退货业务

业务描述:2018年1月5日仓库发出10辆含税单价为240元的四轮闪光滑板车给深圳宇润百货有限公司,未开具发票,2018年1月6日深圳宇润百货有限公司发现这批货物的型号规格跟所需要求不符要求退货。

准备业务:销售出库单(蓝字)。

开票前退货业务流程:销售出库单(红字)→核销。

将系统时间调整为2018年1月5日,以仓管员黄书琳的身份登录系统,制作销售出库单。"购货单位"选择"深圳宇润百货有限公司","摘要"为"开票前退货","发货仓库"为"成品仓","产品代码"选择"1.00001","产品名称"为"四轮闪光滑板车","实发数量"为"10","销售单价"为"240","发货"为"卫国强","保管"为"黄书琳",录入完成,检查数据无误后,保存并审核单据,如图5-3-1所示。

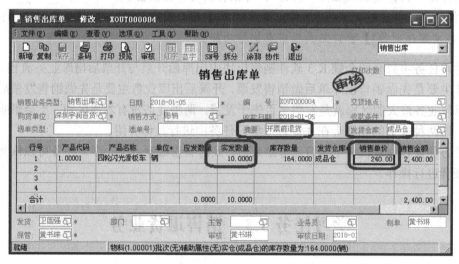

图 5-3-1

1) 销售出库单(红字)

将系统时间调整为2018年1月6日,以仓管员黄书琳的身份登录系统,制作销售出库单(红字)。

根据路径找到销售出库,双击"销售出库单-新增",打开【销售出库单-新增-XOUT000005】窗口,单击【红字】按钮,切换到红字单据界面,"购货单位"选择"深圳宇润百货有限公司","源单类型"为"销售出库",在"选单号"处按F7键选择1月5日的销售出库单(蓝字)XOUT000004,确认"实发数量"为"10","摘要"为"开票前退货",录入完成,检查数据无误后保存并审核单据,系统切换到【销售出库单-修改-XOUT000005】窗口,如图5-3-2所示。

路径:供应链→销售管理→销售出库→销售出库单-新增。

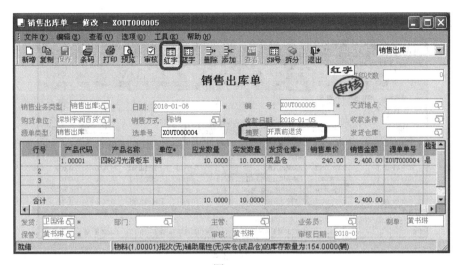

图 5-3-2

◉ 说明：

系统单据分红字和蓝字，蓝字表示正向数据，红字表示冲减业务的负向数据。

销售出库单（蓝字）中的摘要信息会携带到销售出库单（红字）中"摘要"字段。

本书中对业务单据的日期和摘要进行了设计，每类单据的日期不同，便于查找单据，同时通过"摘要"字段对业务进行区分。

2）蓝字销售出库单与红字销售出库单核销

核销就是将两张一正一负的单据，在业务上相抵，这样销售出库单在做财务结算时不再入账，被核销的单据状态变成钩稽状态。

根据路径找到销售出库，双击"销售出库单-维护"，在【条件过滤】对话框中选择【默认方案】，"红蓝字"选择"全部"，否则无法过滤出来红字单据，如图 5-3-3 所示。

路径：供应链→销售管理→销售出库→销售出库单-维护。

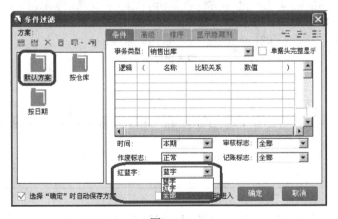

图 5-3-3

单击【确定】按钮，打开【销售管理（供应链）系统-[销售出库序时簿]】窗口，按住 Shift 键，同时选中 2018 年 1 月 5 日的销售出库单（蓝字）XOUT000004 和 2018 年 1 月 6 日的销售出库单（红字）XOUT000005，单击【核销】按钮，系统弹出【金蝶提示】对话框，提示对等核销成功，如图 5-3-4 所示。

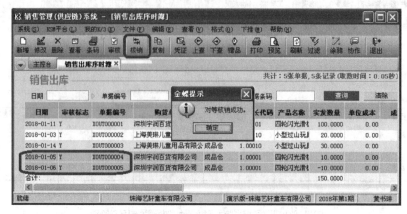

图 5-3-4

⊙ **说明**：对等核销的前提，要求红蓝字销售出库单都没有下推发票，且是同一客户，相同数量的同种物料或商品。如果不满足该前提，系统不能将蓝字单据和红字单据对等核销。

2. 开票后退货业务

业务描述：2018 年 1 月 7 日仓库发出 20 辆四轮闪光滑板车给深圳宇润百货有限公司，并且开具销售发票，含税单价为 240 元。2018 年 1 月 9 日仓库发现有 5 辆跟以前订购的款式不同，将其退回。

开票后退货业务

准备业务：销售出库单（蓝字）→销售发票（蓝字）→钩稽。

开票后退货业务流程：销售出库单（红字）→销售发票（红字）→钩稽。

按照业务描述制作准备单据，操作跟前面的学习任务一样，这里只给出单据。

将系统时间调整为 2018 年 1 月 7 日，以仓管员黄书琳的身份登录系统，制作销售出库单，"摘要"为"开票后退货"，如图 5-3-5 所示。

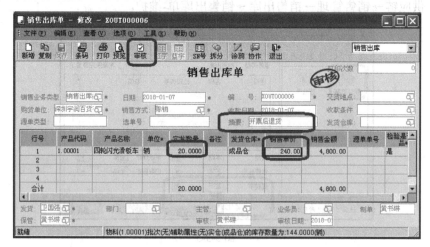

图 5-3-5

将系统时间调整为 2018 年 1 月 7 日，以会计许小洁的身份登录系统，制作销售发票，"摘要"为"开票后退货"，审核并钩稽单据，如图 5-3-6 所示。

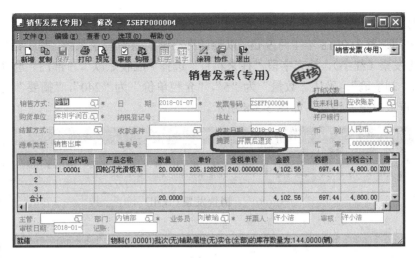

图 5-3-6

◉ **说明**：若此处不钩稽，则在做红字发票钩稽时会出现两张外购入库单（红字和蓝字），需要进行删单操作。

1）销售出库单（红字）

将系统时间调整为 2018 年 1 月 9 日，以仓管员黄书琳的身份登录系统，制作销售出库单（红字）。

根据路径找到销售出库，双击"销售出库单-新增"，打开【销售出库单-新增-XOUT000007】窗口，单击【红字】按钮，切换到红字单据界面，"购货单位"选择"深圳宇润百货有限公司"，基于销售出库单（蓝字）制作销售出库单（红字）。"源单类型"为"销售出库"，在"选单号"处，找到 2018 年 1 月 7 日的销售出库单（蓝字）XOUT000006，确认"实发数量"为"5"，"摘要"为"开票后退货"，保存并审核单据，系统切换到【销售出库单-修改-XOUT000007】窗口，如图 5-3-7 所示。

路径：供应链→销售管理→销售出库→销售出库单-新增。

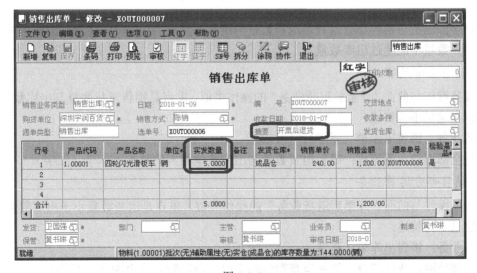

图 5-3-7

2）销售发票（红字）

将系统时间调整为 2018 年 1 月 9 日，以会计许小洁的身份登录系统，基于销售出库单（红字）制作销售发票（红字），补充字段"往来科目"选择"应收账款"，"部门"选择"内销部"，"业务员"为"刘敏瑜"，确认"数量"为"5"，"含税单价"为"240"，"摘要"为"开票后退货"，保存、审核单据并钩稽，如图 5-3-8 所示。

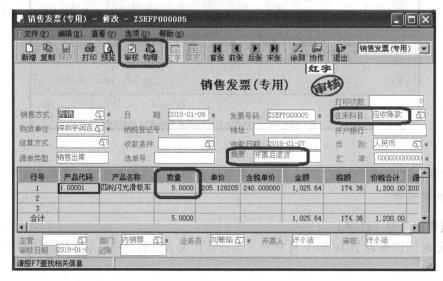

图 5-3-8

● 说明：

销售退货业务开票前退货和开票后退货的区别：

第一，最大的不同就是没有开具发票，这样就不用冲销发票。

第二，开票前退货基于蓝字销售出库单做红字销售出库单，然后红字蓝字核销即可。

5.3.3 销售全部退货与销售部分退货业务流程

销售全部退货与销售部分退货是退货数量与出库数量不同，在做红字销售出库单时一定要修改数量，数量不能超过出库数量。

1. 销售全部退货业务

此业务操作与前面"开票前退货业务"的操作类似，重点是销售退货数量与出库数量相同，具体操作在这里不再赘述。

准备业务：销售出库单（蓝字）。

销售全部退货业务流程：销售退货数量与出库数量相同的外购入库单（红字）。

2. 销售部分退货业务

此业务操作与前面"开票后退货业务"的操作类似，重点是退货数量小于出库数量，具体操作在这里不再赘述。

准备业务：销售出库单（蓝字）。

销售部分退货业务流程：销售退货数量小于出库数量的销售出库单（红字）。

⊙ 说明：

销售全部退货与销售部分退货的区别：

第一，最大的区别是退货数量不同，在红字销售出库单中输入退货数量，退货数量不能超过原蓝字销售出库单数量。

第二，销售部分退货可以使用金蝶 K/3 系统提供的拆单功能，也可以直接数据退货数量。

5.3.4 销售换货与销售退货退钱业务流程

销售换货是指顾客因某种情况要求商家予以更换商品，或商家对顾客购买的有质量问题的商品按国家有关法律只能做换货处理。销售退货退钱是指顾客在购买商品后的一定时间内，对确有质量问题的商品要求商家给予退商品和退还等价现金。

1. 销售换货业务

业务描述：在送货过程中，由于运输不当造成货物包装破损或货物本身损坏，客户要求换货。

金蝶 K/3 系统没有专门的销售换货流程，不能通过基于销售出库单（红字）生成销售出库单（蓝字），只能根据特定的业务流程设置实现，部分实施顾问会将该流程进行自定义设置，先做红字销售出库单，然后在其他出库单据上添加"退货类型"自定义字段，制作其他出库单，选择退货类型为换货，来实现销售换货流程。

2. 销售退货退钱业务

业务描述：2018 年 1 月 16 日公司销售给深圳宇润百货有限公司 15 辆含税单价为 240 元的四轮闪光滑板车，同时开具了发票，2018 年 1 月 20 日财务收到货款。2018 年 1 月 22 日深圳宇润百货有限公司发现货物型号与订购要求不符，要求退货退钱。

准备业务：销售出库单（蓝字）→销售发票（蓝字）→钩稽→收款单。

销售退货退钱业务流程：销售出库单（红字）→销售发票（红字）→钩稽→应收退款单。

按照业务描述制作准备单据，操作跟前面的学习任务一样，这里只给出单据。

将系统时间调整为 2018 年 1 月 16 日，以仓管员黄书琳的身份登录系统，制作销售出库单，"摘要"为"销售退货退钱"，如图 5-3-9 所示。

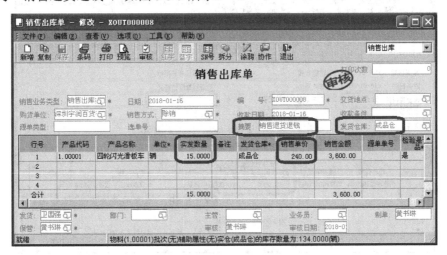

图 5-3-9

将系统时间调整为 2018 年 1 月 16 日，以会计许小洁的身份登录系统，制作销售发票，"摘要"为"销售退货退钱"，如图 5-3-10 所示。

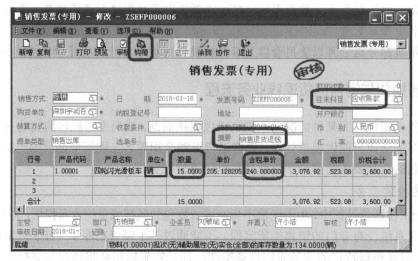

图 5-3-10

审核后的销售发票要进行钩稽，确认与销售出库单钩稽数量进行等数量钩稽。

由于收款单的制作在前面的业务中没有介绍，这里具体介绍一下收款单的制作过程。

将系统时间调整为 2018 年 1 月 20 日，以会计许小洁的身份登录系统，制作收款单。

根据路径找到收款，双击"收款单-新增"，打开【收款单-新增-XSKD000002】窗口，"源单类型"选择"销售发票"，在"源单编号"处按 F7 键选择 2018 年 1 月 16 日的销售发票 ZSEFP000006，"摘要"为"销售退货退钱"，录入完成，检查数据无误后，单击【保存】按钮，系统切换到【收款单-修改-XSKD000002】窗口，再单击【审核】按钮，系统弹出【金蝶提示】对话框，提示"审核人不能与制单人为同一人"，如图 5-3-11 所示。

路径：财务会计→应收款管理→收款→收款单-新增。

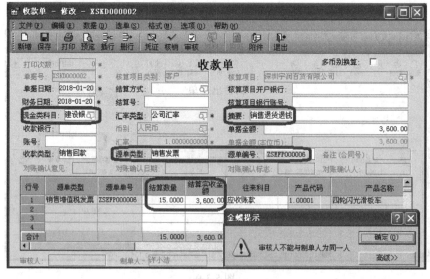

图 5-3-11

以财务部经理林晓珍的身份登录系统,审核 2018 年 1 月 20 日的收款单 XSKD000002,该单的状态由"未核销"变成"完全核销",如图 5-3-12 所示。

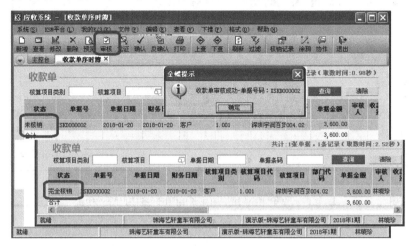

图 5-3-12

1)销售出库单(红字)

将系统时间调整为 2018 年 1 月 22 日,以仓管员黄书琳的身份登录系统,制作销售出库单(红字)。红字单据的制作过程这里不赘述,"购货单位"选择"深圳宇润百货有限公司",在"选单号"处按 F7 键选择 2018 年 1 月 16 日的销售出库单(蓝字)XOUT000008,"发货仓库"选择"成品仓",确认"摘要"为"销售退货退钱","实发数量"为"15",如图 5-3-13 所示。

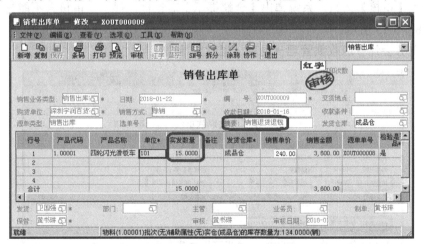

图 5-3-13

◉ **说明**:单据头中的"发货仓库"字段数据,在单据保存后,自动更新到单据体中的数据行中的"发货仓库"字段,而不再在单据头中的"发货仓库"字段显示。

2)由销售入库单(红字)制作销售发票(红字)

将系统时间调整为 2018 年 1 月 22 日,以会计许小洁的身份登录系统,制作销售发票(红字)。补充字段"往来科目"为"应收账款",确认"含税单价"为"240","摘要"为"销售退货退钱",审核并钩稽,如图 5-3-14 所示。

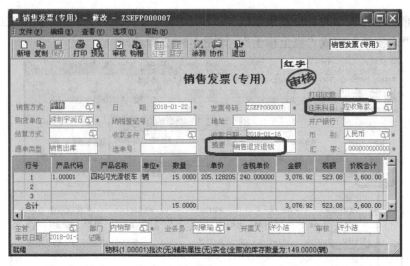

图 5-3-14

3）录入应收退款单

将系统时间调整为 2018 年 1 月 22 日，以会计许小洁的身份登录系统，制作应收退款单。

根据路径找到退款，双击"退款单-新增"，打开【应收退款单-新增-XTKD000002】窗口，"购货单位"选择"深圳宇润百货有限公司"，"源单类型"为"销售发票"，在"源单编号"处按 F7 键选择 2018 年 1 月 22 日的销售发票（红字）ZSEFP000007，"摘要"为"销售退货退钱"，录入完成，检查数据无误后，单击【保存】按钮，系统切换到【应收退款单-修改-XTKD000002】窗口，再单击【审核】按钮，系统弹出【金蝶提示】对话框，提示"审核人不能与制单人为同一人"，如图 5-3-15 所示。

路径：财务会计→应收款管理→退款→退款单-新增。

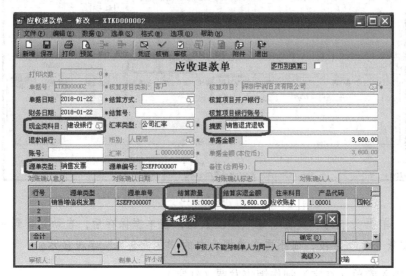

图 5-3-15

切换用户，以财务部经理林晓珍的身份登录系统，对该单据进行审核。

○ 说明：

销售换货与销售退货退钱的区别：

第一，最大的区别是销售换货不需要退钱，在金蝶 K/3 系统中不需要做退款单。

第二，销售换货是退货后，再基于退货单做蓝字销售出库单。

销售退货退钱业务

5.3.5 销售有源单退货与销售无源单退货业务流程

销售有源单退货是指在办理退货业务时，基于蓝字销售出库单做红字销售出库单，从蓝字销售出库单中引用明细数据。销售无源单退货指在办理退货业务时，系统无销售单据记录，直接制作红字销售出库单。

1. 销售有源单退货业务

销售有源单退货流程：前面讲的退货流程都是基于源单做的退货，这里不再赘述。

2. 销售无源单退货业务

业务描述：2018 年 1 月 29 日，深圳宇润百货有限公司退回 2017 年购买的 1 辆四轮闪光滑板车，暂无价格，该销售信息在系统中无记录。

销售无源单退货业务流程：销售出库单（红字）。

将系统时间调整为 2018 年 1 月 29 日，以仓管员黄书琳的身份登录系统，制作销售出库单（红字）。

根据路径找到销售出库，双击"销售出库单-新增"，打开【销售出库单-新增-XOUT000010】窗口，单击【红字】，"购货单位"选择"深圳宇润百货有限公司"，"摘要"为"无源单退货"，"发货仓库"为"成品仓"，"产品代码"选择"1.00001"，"产品名称"为"四轮闪光滑板车"，"实发数量"为"1"，暂时不输入"销售单价"，"保管"为"黄书琳"，"发货"为"卫国强"，录入完成，检查数据无误后保存并审核单据，系统切换到【销售出库单-修改-XOUT000010】窗口，如图 5-3-16 所示。

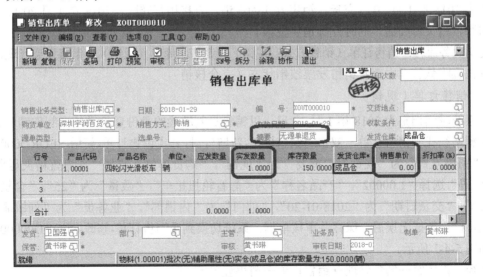

图 5-3-16

⊙ 说明：

销售有源单退货与销售无源单退货的区别：

第一，最大的区别是退货单不基于任何单据。

第二，无源单退货在存货核算时需要手动输入商品成本。

销售无源单退货业务

本学习任务主要介绍金蝶 K/3 软件销售管理中销售退货业务流程，销售退货包括开票前退货、开票后退货、部分退货、全部退货、换货、退货退钱、有源单退货和无源单退货。另外，本学习任务还分析了不同销售退货的区别。

为了方便操作，建议每个学习任务结束后，及时备份账套，下一学习任务可以恢复本学习任务的账套进行操作。

学习任务 5.4　现销与赊销业务

5.4.1　现销与赊销业务介绍

现销是指直接钱/货交易的销售业务，在销售商品的同时收取货款，钱货两清。在这种业务的处理中，现销销售发票默认作为一种收款依据，不需要传递到应收系统形成应收账款。

赊销是一种最常见的销售业务，它是购销双方利用商业信用进行购销交易的一种业务。销售业务是销售商品在先，收取货款在后，销货与收款在时间上是分离的。

5.4.2　现销业务流程

现销是指客户一手交钱，一手交货的销售业务。在这种业务的处理中，现销销售发票作为一种收款依据，不需要传递到应收系统，但其状态为"完全核销"状态。

业务描述：2018 年 1 月 18 日珠海蓝精灵母婴店订购 25 辆含税单价为 100 元的静音轮扭扭车，要求 2018 年 1 月 20 日交货，销售方式为现销，直接银行转账，2018 年 1 月 20 日仓库发货给珠海蓝精灵母婴店，同时开具销售发票。

现销业务流程：销售订单（销售方式：现销）→销售出库单（现销）→销售发票（现销）→钩稽→在应收款管理中查看销售发票核销状态（完全核销）。

1. 销售订单（现销）

将系统时间调整为 2018 年 1 月 18 日，以销售员刘敏瑜的身份登录系统，制作销售订单。

根据路径找到销售订单，双击"销售订单-新增"，打开【销售订单-新增-SEORD000003】窗口，"销售方式"为"现销"，"摘要"为"现销"，"购货单位"选择"珠海蓝精灵母婴店"，"产品代码"选择"1.00002"，"产品名称"为"静音轮扭扭车"，"数量"为"25"，"含税单价"为"100"，"交货日期"为"2018-01-20"，"部门"为"内销部"，"业务员"为"刘敏瑜"，录入完成，检查数据无误后，保存并审核单据，系统切换到【销售订单-修改-SEORD000003】窗口，如图 5-4-1 所示。

路径：供应链→销售管理→销售订单→销售订单-新增。

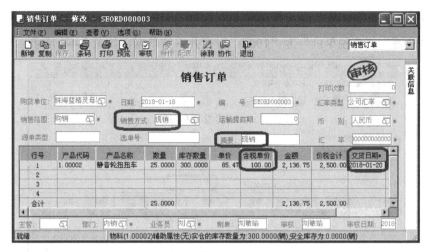

图 5-4-1

◉ 说明：

"销售方式"有现销、赊销、直运销售、委托代销、受托代销和分期收款，系统默认为赊购，根据具体业务类型选择销售方式。

前面三个学习任务均是赊销方式下的业务操作。

2．销售出库单（现销）

将系统时间调整为 2018 年 1 月 20 日，以仓管员黄书琳的身份登录系统，制作销售出库单。基于 2018 年 1 月 18 日的销售订单做销售出库单，确认"销售方式"选择"现销"，"摘要"为"现销"，"实发数量"为"25"，保存并审核单据，如图 5-4-2 所示。

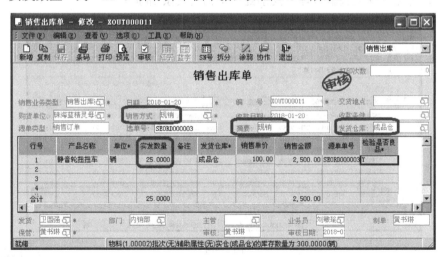

图 5-4-2

◉ 说明：销售出库单一般不关注价格，只确认实发数量；销售发票要关注价格，该价格是进行存货核算的依据。

3．销售发票（现销）

将系统时间调整为 2018 年 1 月 20 日，以会计许小洁的身份登录系统，制作销售发票。基于 2018 年 1 月 20 日的销售出库单 XOUT000011 做销售发票，确认"销售方式"为"现销"，"摘要"为"现销"，"含税单价"为"100"，保存并审核单据，如图 5-4-3 所示。

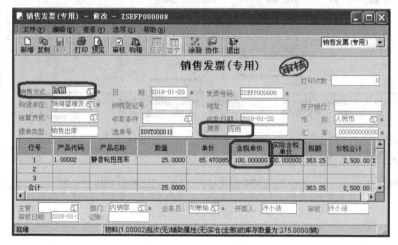

图 5-4-3

◉ **说明**：现销方式下，销售发票中无"往来科目"。

4. 查看销售发票核销状态

根据路径找到发票处理，双击"销售发票-维护"，在【条件过滤】对话框中，"事务类型"选择"销售增值税发票"，单击【确定】按钮，打开【应收系统-[销售增值税发票序时簿]】窗口，刚刚审核的销售发票的"核销状态"为"完全核销"，如图 5-4-4 所示。

路径：财务会计→应收款管理→发票处理→销售发票-维护。

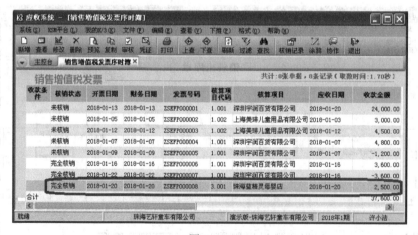

图 5-4-4

5.4.3 赊销业务流程

赊销是销售业务中常见的业务类型，也是金蝶系统默认的销售方式，前面的业务操作都是这种赊销类型的销售业务，这里再重新讲一遍，着重强调销售方式字段。

业务描述：2018 年 1 月 24 日仓库发货给深圳宇润百货有限公司 35 辆销售含税单价为 100

元的静音轮扭扭车，同日财务开具了销售发票，2018年1月28日收到该批货款。

赊销业务流程：销售出库单（销售方式：赊销）→销售发票（赊销）→钩稽→在应收款管理中查看销售发票核销状态（未核销）→收款单（现金科目）→收款单审核通过后状态为完全核销。

1. 销售出库单（赊销）

将系统时间调整为2018年1月24日，以仓管员黄书琳的身份登录系统，基于销售出库单。"购货单位"选择"深圳宇润百货有限公司"，"销售方式"为"赊销"，"摘要"为"赊销"，"发货仓库"为"成品仓"，"产品代码"选择"1.00002"，"产品名称"为"静音轮扭扭车"，"实发数量"为"35"，"销售单价"为"100"，"发货"为"卫国强"，"保管"为"黄书琳"，录入完成，检查数据无误后保存并审核单据，如图5-4-5所示。

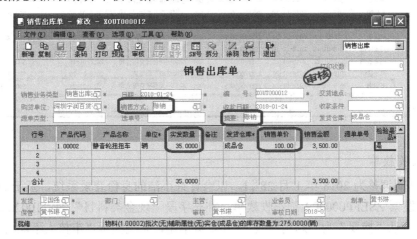

图 5-4-5

2. 销售发票（赊销）

将系统时间调整为2018年1月24日，以会计许小洁的身份登录系统，基于2018年1月24日的销售出库单XOUT000012做销售发票，补充字段"往来科目"为"应收账款"，"摘要"为"赊销"，"含税单价"为"100"，保存、审核并钩稽，如图5-4-6所示。

图 5-4-6

3. 查看销售发票核销状态

根据路径找到发票处理，按照上述操作步骤查看该销售发票的核销状态，此时的核销状态为"未核销"，如图 5-4-7 所示。

路径：财务会计→应收款管理→发票处理→销售发票-维护。

图 5-4-7

4. 录入收款单

将系统时间调整为 2018 年 1 月 28 日，以会计许小洁的身份登录系统，基于 2018 年 1 月 24 日的销售发票 ZSEFP000009 制作收款单。补充字段"现金类科目"为"1002.02 银行存款/建设银行"，确认"摘要"为"赊销"，保存并审核单据，系统提示"审核人不能与制单人为同一人"，如图 5-4-8 所示。

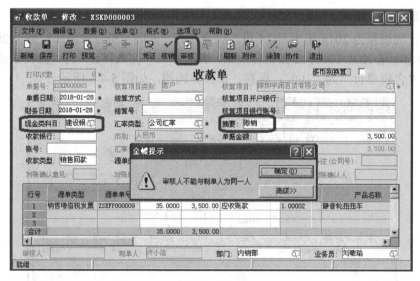

图 5-4-8

以财务部经理林晓珍的身份登录系统，审核 2018 年 1 月 28 日的收款单，该单的状态由"未核销"变成"完全核销"，如图 5-4-9 所示。

项目 5　销售管理

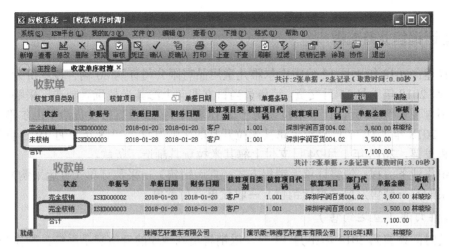

图 5-4-9

> 说明：

现销和赊销业务处理的区别：

第一，最大的不同点是现销不用做收款单。

第二，销售发票上的走账字段不同。现销业务时无"往来科目"字段，可在"现金类科目"或"结算方式"字段设置走账科目，也可在凭证模板中直接设置走账科目；赊销业务时为"往来科目"字段。

第三，销售发票核销状态不同，现销业务时销售发票审核后，在"应收账款"模块中查看销售发票的核销状态为完全核销；赊销业务时销售发票审核后，在"应收账款"模块中查看销售发票的核销状态为未核销，若对该销售发票进行收款后，该销售发票的核销状态才为完全核销。

本学习任务主要介绍金蝶 K/3 软件销售管理中现销和赊销业务流程，现销业务主要介绍销售出库单和销售发票制作完成，不用钩稽，流程结束。销售发票的状态为完全核销；赊销业务主要介绍销售出库单和销售发票制作完成，需要钩稽，流程未结束，还要做收款单，收款单制作完成后流程结束，销售发票和收款单的状态才为完全核销。两种销售方式的最大区别在于业务的终点止于哪张单据。

为了方便操作，建议每个学习任务结束后，及时备份账套，下一学习任务可以恢复本学习任务的账套进行操作。

学习任务 5.5　直运销售业务

5.5.1　直运销售业务介绍

直运销售

直运业务是指产品无须入库即可完成购销业务，由供应商直接将商品发给企业的客户，结算时，由购销双方分别与企业结算。直运业务分直运销售和直运采购，在实际业务中，直运销售一般与直运采购连用。

5.5.2 直运销售业务流程

业务描述：2018年1月12日中山尔雅儿童用品有限公司订购80辆含税单价为80元的二轮活力滑板，2018年1月15日交货，销售员当日立即向上海其米拉玩具制造厂采购该批货物，采购价为不含税单价30元，让其米拉公司于2018年1月15日直接发货给中山尔雅儿童用品有限公司，2018年1月17日收到上海其米拉开具的采购发票，2018年1月19日收到货款，并开具销售发票，2018年1月24日支付上海其米拉玩具制造厂货款。

直运销售业务流程：销售订单（销售方式：直运销售）→采购订单（直运采购）→采购发票（直运采购）→销售发票（直运销售）→收款单→付款单。

1. 销售订单（直运销售）

将系统时间调整为2018年1月12日，以销售员刘敏瑜的身份登录系统，制作销售订单。"购货单位"选择"中山尔雅儿童用品有限公司"，"销售方式"为"直运销售"，"摘要"为"直运销售"，"产品代码"选择"1.00009"，"产品名称"为"二轮活力滑板"，"数量"为"80"，"含税单价"为"80"，"交货日期"为"2018-01-15"，"部门"为"内销部"，"业务员"为"刘敏瑜"，录入完成，检查数据无误后保存并审核单据，如图5-5-1所示。

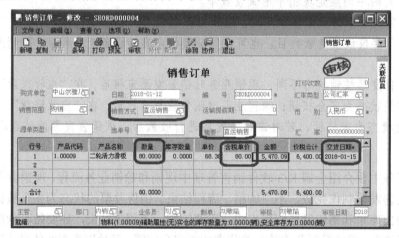

图 5-5-1

2. 采购订单（直运采购）

由于采购员没有被赋予查看销售订单的权限，这里无法基于销售订单做采购订单，将系统时间调整为2018年1月12日，以Administrator的身份登录系统，赋予吴小玲查看销售订单的权限。

根据路径找到用户管理，双击"用户管理"，打开【基础平台-[用户管理]】窗口，"用户名"选中"吴小玲"，然后在工具栏上单击【功能权限管理】按钮，系统弹出【用户管理_权限管理[吴小玲]】对话框，单击【高级】按钮，如图5-5-2所示。

路径：系统设置→用户管理→用户管理→用户管理。

系统弹出【用户权限】窗口，在左侧找到【供应链物流单据（不包含库存单据）】，单击"+"标志，选中销售订单，在右侧权限处选中"查看"，单击【授权】按钮，完成高级权限授权，如图5-5-3所示。

将系统时间调整为2018年1月12日，以采购员吴小玲的身份登录系统，基于销售订单做采购订单。修改"采购方式"为"直运采购"，确认"摘要"为"直运销售"，"交货日期"为

"2018-01-15",保存并审核单据,如图 5-5-4 所示。

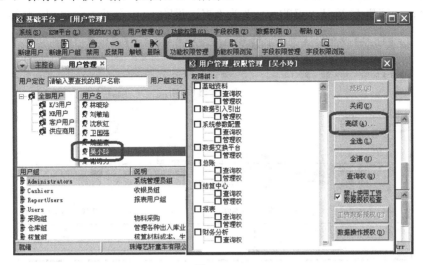

图 5-5-2

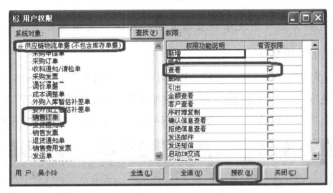

图 5-5-3

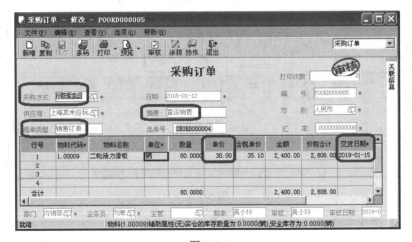

图 5-5-4

3. 采购发票(直运采购)

将系统时间调整为 2018 年 1 月 17 日,以会计许小洁的身份登录系统,基于 2018 年 1 月

12 日的采购订单 POORD000005 做采购发票（专用），补充字段"往来科目"为"应付账款"，"摘要"为"直运销售"，确认"采购方式"为"直运采购"，保存并审核单据，如图 5-5-5 所示。

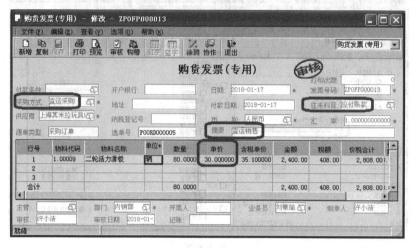

图 5-5-5

⊙ 说明：购货发票分为专用发票和普通发票，在购货发票的右上角可以切换。

4. 销售发票（直运销售）

将系统时间调整为 2018 年 1 月 19 日，以会计许小洁的身份登录系统，基于销售订单做销售发票（专用），补充字段"往来科目"为"应收账款"，确认"销售方式"为"直运销售"，"摘要"为"直运销售"，"含税单价"为"80"，保存并审核单据，如图 5-5-6 所示。

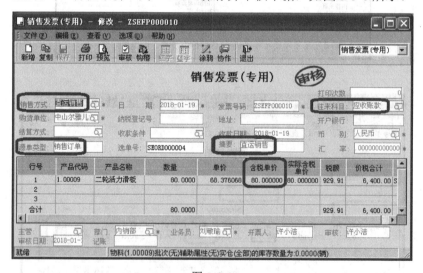

图 5-5-6

⊙ 说明：直运业务没有出入库，销售发票不需要进行钩稽。

5. 收款单

将系统时间调整为 2018 年 1 月 19 日，以会计许小洁的身份登录系统，制作收款单。"现金类科目"为"1002.02 银行存款/建设银行"，"摘要"为"直运销售"，保存单据，然后以财务部经理林晓珍的身份登录系统审核该收款单，如图 5-5-7 所示。

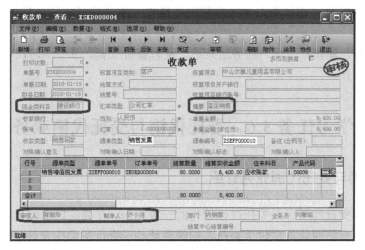

图 5-5-7

6. 付款单

将系统时间调整为 2018 年 1 月 24 日，以会计许小洁的身份登录系统，制作付款单。"摘要"为"直运销售"，"现金类科目"为"1002.02 银行存款/建设银行"，以财务部经理林晓珍的身份登录系统审核该付款单，如图 5-5-8 所示。

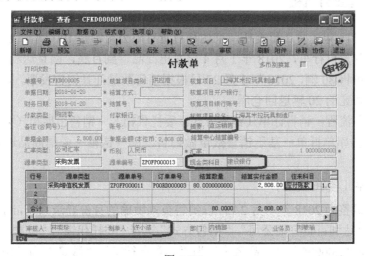

图 5-5-8

◉ 说明：

直运业务处理与赊购/赊销业务的区别：

第一，直运最大的区别是没有入库单和出库单。直接由供应商发货给客户，所以在外购入库单的"采购方式"字段中没有"直运采购"选项。

第二，直运业务的采购发票、销售发票不需要进行钩稽。

第三，直运业务一般开始于销售，有了销售才去采购。

第四，生成采购发票后生成销售发票。

第五，先收款再付款。收到客户的钱款后将应付款转给供应商，自己获得差价。

本学习任务主要介绍金蝶 K/3 软件销售管理中直运销售业务流程，该流程主要客户订购的商品直接由供应商发货，公司不进行入库和出库操作。本学习任务还分析了直运业务与赊购/赊销业务的区别。

为了方便操作，建议每个学习任务结束后，及时备份账套，下一学习任务可以恢复本学习任务的账套进行操作。

学习任务 5.6　委托代销与受托代销业务

5.6.1　委托代销与受托代销业务介绍

委托代销是指受货物所有人委托进行销售的一种行为。在商议好销售代理费的情况下，当产品销售回款后自行将商议货款付至委托人的经营活动。特点是受托方只是一个代理商，委托方将商品发出后，所有权并未转移给受托方，因此商品所有权上的主要风险和报酬仍在委托方。

受托代销是一种先销售后结算的模式，指其他企业委托本企业代销其商品，代销商品的所有权仍归委托方；代销商品销售后，本企业与委托方进行结算，开具正式的销售发票，商品所有权转移，受托代销分为两种类型：买断式受托代销和非买断式（收取手续费）受托代销。

5.6.2　委托代销业务流程

业务描述：2018 年 1 月 2 日委托南京达利百货有限公司销售 100 辆含税单价为 180 元的儿童自行车，2018 年 1 月 4 日发出商品，到月底，南京达利百货有限公司共销售 80 辆，2018 年 1 月 27 日根据销售数量开具销售发票，同日南京达利百货有限公司把未销售完的 20 辆退回仓库。

委托代销业务流程：销售订单（销售方式：委托代销）→销售出库单（委托代销）→根据销售数量对销售出库单拆单→基于销售数量做销售发票→钩稽→未销商品退回做销售出库单（红字）。

1. 销售订单（委托代销）

将系统时间调整为 2018 年 1 月 2 日，以销售员刘敏瑜的身份登录系统，制作销售订单，"购货单位"为"南京达利百货有限公司"，"销售方式"选择"委托代销"，"摘要"为"委托代销"，"产品代码"选择"1.00005"，"产品名称"为"儿童自行车"，"数量"为"100"，"含税单价"为"180"，"交货日期"为"2018-01-04"，保存并审核单据，如图 5-6-1 所示。

2. 销售出库单（委托代销）

将系统时间调整为 2018 年 1 月 4 日，以仓管员黄书琳的身份登录系统，制作销售出库单，确认"销售方式"为"委托代销"，"摘要"为"委托代销"，"实发数量"为"100"，补充字段"发货"为"卫国强"，"保管"为"黄书琳"，保存并审核单据，如图 5-6-2 所示。

3. 拆单

将系统时间调整为 2018 年 1 月 27 日，以仓管员黄书琳的身份登录系统，对销售出库单进行拆单。

项目 5 销售管理

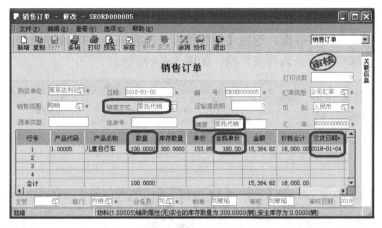

图 5-6-1

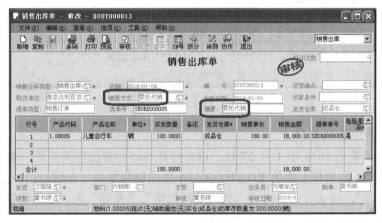

图 5-6-2

根据路径找到销售出库，双击"销售出库单-维护"，打开【销售管理（供应链）系统-[销售出库序时簿]】窗口，选中 2018 年 1 月 4 日的销售出库单 XOUT000013，在菜单栏中执行【编辑】→【拆分单据】命令，如图 5-6-3 所示。

路径：供应链→销售管理→销售出库→销售出库单-维护。

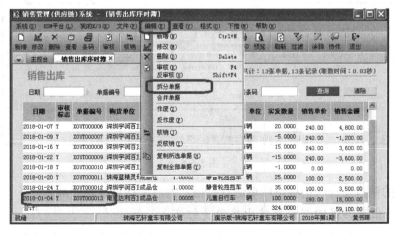

图 5-6-3

打开【销售出库单-修改-XOUT000013】窗口,在数据行中"拆分数量"输入"80",然后单击【保存】按钮,关闭该界面,返回【销售管理(供应链)系统-[销售出库序时簿]】窗口,可以看到该销售出库单被拆分为两张单据,如图 5-6-4 所示。

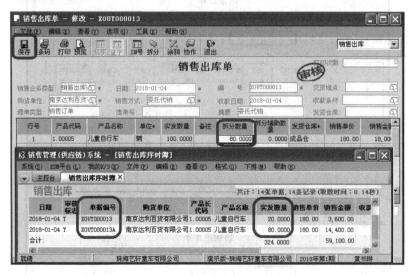

图 5-6-4

4. 销售发票(委托代销)

将系统时间调整为 2018 年 1 月 27 日,以会计许小洁的身份登录系统,基于 2018 年 1 月 27 日拆分数量为 80 的销售出库单 XOUT000013A 生成销售发票(专用),补充字段"往来科目"为"应收账款",确认"销售方式"为"委托代销","摘要"为"委托代销","含税单价"为"180",保存并审核单据,如图 5-6-5 所示。

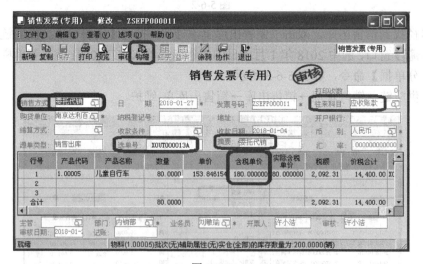

图 5-6-5

将审核后的销售发票与销售出库单进行钩稽,为后续存货核算做准备。

5. 未销售出商品退回制作销售出库单(红字)

将系统时间调整为 2018 年 1 月 27 日,以仓管员黄书琳的身份登录系统,基于 2018 年 1

月 27 日拆分数量为 20 的销售出库单 XOUT000013 制作销售出库单（红字）。确认"销售方式"为"委托代销"，"摘要"为"委托代销"，保存并审核单据，如图 5-6-6 所示。

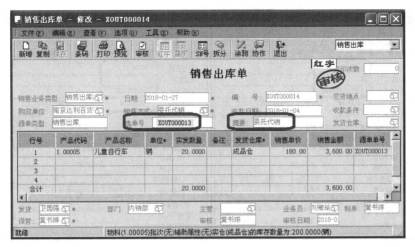

图 5-6-6

5.6.3 受托代销业务流程

受托代销业务又分为两种情况：一种是买断式受托代销，企业将该商品买回来，自负盈亏地销售商品；另一种情况是非买断式（收取手续费）受托代销，企业根据销售数量获得佣金，卖不出的商品可以退货。

1. 买断式受托代销

业务描述：2018 年 1 月 6 日公司受成都亚达制造有限公司委托销售 100 辆不含税单价为 300 元的双座婴儿小推车，约定采用买断式受托代销方式，同日与该公司签订了采购订单，2018 年 1 月 10 日仓库收到该批货物，2018 年 1 月 28 日销售给佛山敏微百货有限公司 30 辆双座婴儿小推车，并开具了销售发票，含税单价为 600 元。2018 年 1 月 29 日收到成都亚达制造有限公司开具的 30 辆双座婴儿小推车采购发票。

买断式受托代销业务流程：采购订单（采购方式：受托入库）→外购入库单（受托入库）→销售商品时销售出库单（受托出库）→销售发票（受托代销）→开具销售数量的采购发票。

1）新建科目和仓库

买断式受托代销业务需要新增两个科目："受托代销商品"科目和"代销商品款"科目，将系统时间调整为 2018 年 1 月 6 日，以 Administrator 的身份登录系统，如图 5-6-7 所示。

⊙ **说明：** 新增科目时建议使用复制同类同级科目的方法，可以省去相关属性设置，如 1412 科目可以复制 1411 科目。

买断式受托代销业务需要新增一个仓库受托代销仓，如图 5-6-8（a）所示。修改双座婴儿小推车的物料属性，存货科目为受托代销商品，如图 5-6-8（b）所示。

2）采购订单（受托入库）

将系统时间调整为 2018 年 1 月 6 日，以采购员吴小玲的身份登录系统，制作采购订单（受托入库）。"采购方式"为"受托入库"，"供应商"为"成都亚达制造有限公司"，"摘要"为"买断式受托代销","物料代码"选择"1.00012","物料名称"为"双座婴儿小推车","数量"为"100","单价"为"300","交货日期"为"2018-01-10",保存并审核单据,如图5-6-9所示。

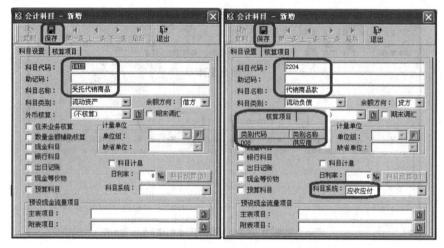

图 5-6-7

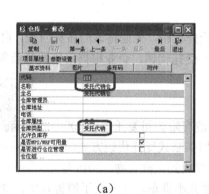

(a)

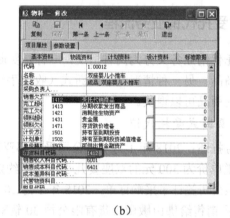

(b)

图 5-6-8

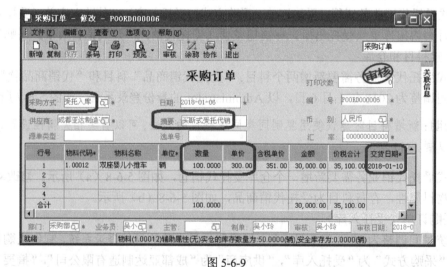

图 5-6-9

3）外购入库单（受托入库）

将系统时间调整为 2018 年 1 月 10 日，以仓管员黄书琳的身份登录系统，基于 2018 年 1 月 6 日的采购订单 POORD000006 制作外购入库单。补充字段"收料仓库"为"受托代销仓"，"保管"为"黄书琳"，"验收"为"杨朝强"，确认"采购方式"为"受托入库"，"摘要"为"买断式受托代销"，保存并审核单据，如图 5-6-10 所示。

图 5-6-10

4）销售出库单（受托代销）

将系统时间调整为 2018 年 1 月 28 日，以仓管员黄书琳的身份登录系统，基于 2018 年 1 月 10 日的外购入库单 WIN000017 做销售出库单。"购货单位"为"佛山敏微百货有限公司"，"销售方式"为"受托代销"，"发货仓库"为"受托代销仓"，修改"实发数量"为"30"，"销售单价"为"600"，"发货"为"卫国强"，"保管"为"黄书琳"，确认"摘要"为"买断式受托代销"，保存并审核单据，如图 5-6-11 所示。

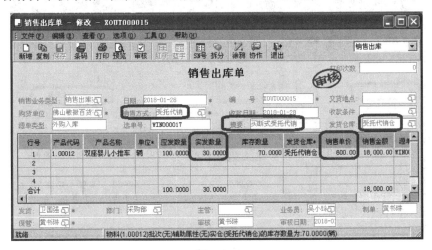

图 5-6-11

5）销售发票（受托代销）

将系统时间调整为 2018 年 1 月 28 日，以会计许小洁的身份登录系统，基于 2018 年 1 月

28日的销售出库单XOUT000015做销售发票。补充字段"往来科目"为"应收账款",确认"销售方式"为"受托代销","摘要"为"买断式受托代销","含税单价"为"600",保存并审核单据,如图5-6-12所示。

图 5-6-12

审核后的销售发票要进行钩稽。

6)采购发票(受托入库)

将系统时间调整为2018年1月29日,以会计许小洁的身份登录系统,基于2018年1月10日的外购入库WIN000017生成制作采购发票(专用)。"采购方式"为"受托入库",补充字段"往来科目"为"应付账款","摘要"为"买断式受托代销",修改"数量"为"30",确认"单价"为"300",保存并审核单据,如图5-6-13所示。

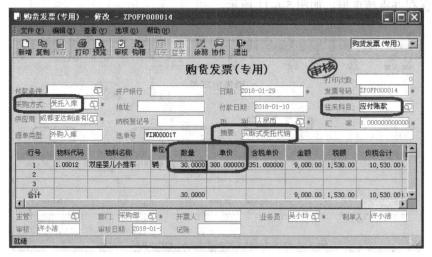

图 5-6-13

审核后的采购发票要进行钩稽,修改钩稽数量为"30",然后在工具栏上单击【钩稽】按钮,如图5-6-14所示。

图 5-6-14

2. 非买断式（收取手续费）受托代销

业务描述：2018 年 1 月 10 日成都亚达制造有限公司委托珠海艺轩童车有限公司销售 80 辆双座婴儿小推车，珠海艺轩童车有限公司采用非买断式受托代销方式，同日收到货物并存入代管仓，2018 年 1 月 25 日将该批货物全部销售给佛山敏微百货有限公司，含税单价为 180 元，该批货物已经销售出库，2018 年 1 月 28 日结算销售货款，每台收取 50 元费用。

非买断式受托代销业务

非买断式（收取手续费）受托代销流程：虚仓入库单（代管仓）→虚仓出库单（代管仓）→销售发票。

1）新增仓库

非买断式（收取手续费）受托代销业务需要使用代管仓，将系统时间调整为 2018 年 1 月 10 日，以 Administrator 的身份登录系统，新增一个仓库，如图 5-6-15 所示。

2）虚仓入库单

将系统时间调整为 2018 年 1 月 10 日，以仓管员黄书琳的身份登录系统，制作虚仓入库单。

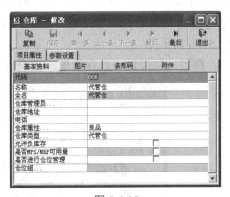

图 5-6-15

根据路径找到虚仓管理，双击"虚仓入库"，打开【仓存管理（供应链）系统-[虚仓入库序时簿]】窗口，在工具栏上单击【新增】按钮，打开【虚仓入库单-新增-ZIN000001】窗口，"单据类型"为"代管类型"，"供应商"选择"成都亚达制造有限公司"，"摘要"为"非买断式受托代销"，"仓库"选择"代管仓"，"物料代码"选择"1.00012"，"物料名称"为"双座婴儿小推车"，"数量"为"80"，"验收"为"杨朝强"，"保管"为"黄书琳"，录入完成，检查数据无误后保存并审核单据，系统切换到【虚仓入库单-修改-ZIN000001】窗口，如图 5-6-16 所示。

路径：供应链→仓存管理→虚仓管理→虚仓入库。

3）虚仓出库单

将系统时间调整为 2018 年 1 月 25 日，以仓管员黄书琳的身份登录系统，制作虚仓出库单。

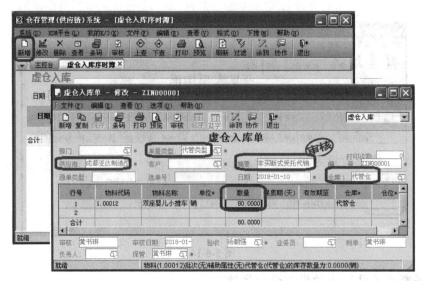

图 5-6-16

根据路径找到虚仓管理,双击"虚仓出库",打开【仓存管理(供应链)系统-[虚仓出库序时簿]】窗口,在工具栏上单击【新增】按钮,打开【虚仓出库单-新增-ZOUT000001】窗口,"客户"选择"佛山微敏百货公司","单据类型"为"代管类型","摘要"为"非买断式受托代销","源单类型"为"虚仓入库",在"选单号"处按 F7 键选择 2018 年 1 月 10 日的虚仓入库单 ZIN000001,"仓库"为"代管仓","领料"为"刘敏瑜","数量"为"80",录入完成,检查数据无误后保存并审核单据,系统切换到【虚仓出库单-修改-ZOUT000001】窗口,如图 5-6-17 所示。

路径:供应链→仓存管理→虚仓管理→虚仓出库。

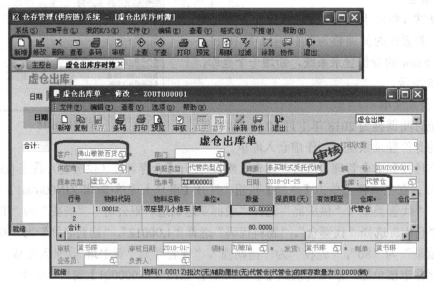

图 5-6-17

4)销售发票

将系统时间调整为 2018 年 1 月 28 日,以会计许小洁的身份登录系统,制作销售发票(普通)。

根据路径打开【销售发票（普通）-新增-PSEFP000001】窗口，在右上角选择【销售发票（普通）】，"购货单位"为"佛山敏微百货有限公司"，"销售方式"选择"受托代销"，"往来科目"选择"应收账款"，"摘要"为"非买断式受托代销"，"产品代码"为"1.00012"，"产品名称"为"双座婴儿小推车"，"数量"为"80"，"单价"为"50"，如图5-6-18所示。

路径：供应链→销售管理→销售发票→销售发票-新增。

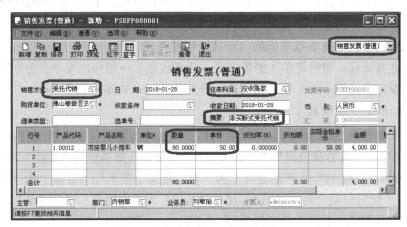

图 5-6-18

录入完成，检查数据无误后保存并审核单据。

◉ 说明：

委托代销与受托代销的区别：

第一，委托代销与受托代销是一个相对应的过程，委托代销表示企业委托别的公司，受托代销表示别的公司托付企业销售。

第二，委托代销对应销售出库单，一次性出库；受托代销对应外购入库单，一次性入库。

第三，委托代销根据销售情况制作销售发票确认收入，受托代销根据销售情况制作采购发票确认成本。

本学习任务主要介绍金蝶K/3软件销售管理中委托代销和受托代销业务流程,委托代销业务主要介绍了销售出商品的拆单与未销售出的退货流程,受托代销业务介绍了买断式受托代销流程和非买断式（收取手续费）受托代销流程。本学习任务还分析了委托代销与受托代销的区别。

为了方便操作，建议每个学习任务结束后，及时备份账套，下一学习任务中可以恢复本学习任务的账套进行操作。

学习任务 5.7　分期收款业务

5.7.1　分期收款业务介绍

分期收款业务类似于委托代销业务，货物提前发给客户，分期收回货款，收入与成本按照收款情况分期确认。分期收款业务有两个特点，分别是发货时，销售商品不计入销售成本，是将库存商品转入"分期收款发出商品"科目中进行核算;分期收到款项后,确认符合收入的条件,再开具发票来确定收入,与此同时结转相应的销售成本。

5.7.2 分期收款业务流程

业务描述:2018年1月6日与广州万家百货公司签订销售订单,订购50辆含税单价为580元的婴儿敞篷小推车,约定分期收款。2018年1月10日发货给广州万家百货公司,2018年1月21日支付20辆婴儿敞篷小推车货款,开具销售发票。

分期收款业务流程:销售订单(销售方式:分期收款)→销售出库单(分期收款,中转科目:分期收款发出商品)→第一期销售发票(分期收款)→钩稽→收款单。

1. 销售订单(分期收款)

将系统时间调整为2018年1月6日,以销售员刘敏瑜的身份登录系统,制作销售订单。"购货单位"选择"广州万家百货公司","销售方式"为"分期收款销售","摘要"为"分期收款","产品代码"选择"1.00011","产品名称"为"婴儿敞篷小推车","数量"为"50","含税单价"为"580","交货日期"为"2018-01-10","部门"为"内销部","业务员"为"刘敏瑜",录入完成,检查数据无误后保存并审核单据,如图5-7-1所示。

图 5-7-1

2. 销售出库单(分期收款)

将系统时间调整为2018年1月10日,以仓管员黄书琳的身份登录系统,基于2018年1月6日的销售订单SEORD000006制作销售出库单。"购货单位"选择"广州万家百货公司",补充字段"发货"为"卫国强","保管"为"黄书琳",确认"摘要"为"分期收款",保存并审核单据,如图5-7-2所示。

分期收款业务与委托销售业务相似,在销售出库时不结转销售成本,在开具销售发票时再结转销售成本,系统需要一个中转科目"分期收款发出商品",在凭证模板设置中需要使用该科目进行成本中转。以Administrator的身份登录系统,新增科目,如图5-7-3所示。

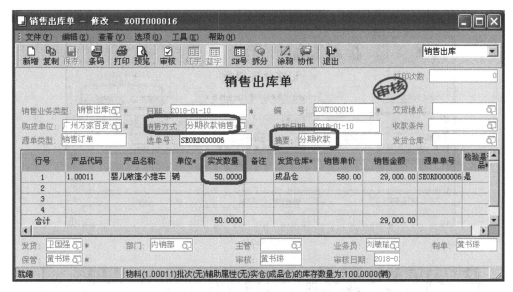

图 5-7-2

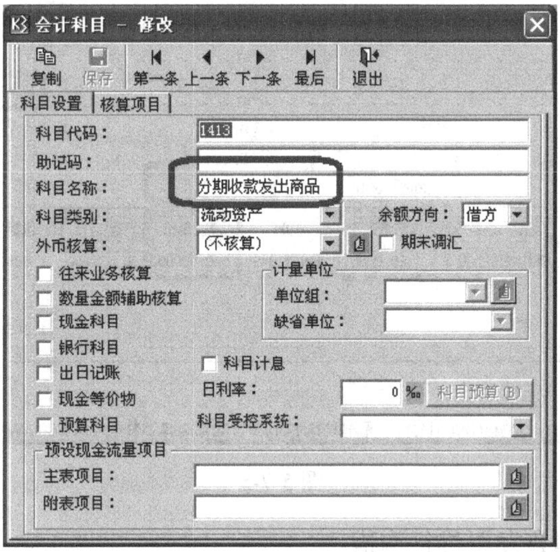

图 5-7-3

销售出库单的会计分录：

借：分期收款发出商品

　　贷：库存商品

在存货核算学习任务将会介绍所有业务凭证模板的制作，这里先简单介绍一下分期收款销售出库的凭证模板，如图 5-7-4 所示。

3. 第一期销售发票（分期收款）

将系统时间调整为 2018 年 1 月 21 日，以会计许小洁的身份登录系统，基于 2018 年 1 月 10 日的销售出库单 XOUT000016 制作销售发票（专用）。"购货单位"选择"广州万家百货公司"，"往来科目"为"应收账款"，修改"数量"为"20"，确认"含税单价"为"580"，"销售方式"为"分期收款销售"，"摘要"为"分期收款"，保存并审核单据，如图 5-7-5 所示。

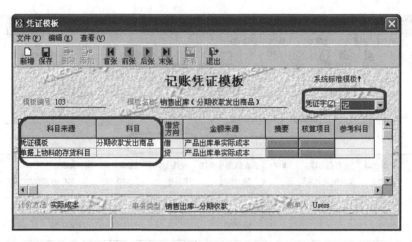

图 5-7-4

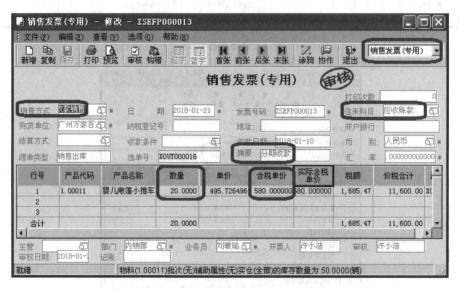

图 5-7-5

修改钩稽数量，将销售发票进行钩稽。

销售发票的会计分录为：

借：应收账款
　　贷：销项税
　　　　主营业务收入
借：分期收款发出商品
　　贷：库存商品

分期收款销售出库的凭证模板，如图 5-7-6 所示。

4. 第一期收款单（分期收款）

将系统时间调整为 2018 年 1 月 21 日，以会计许小洁的身份登录系统，基于 2018 年 1 月 21 日的销售发票 ZSEFP000013 制作收款单。"核算项目"为"广州万家百货公司"，"现金类科目"为"1002.02 银行存款/建设银行"，"摘要"为"分期收款"，保存单据，如图 5-7-7 所示。

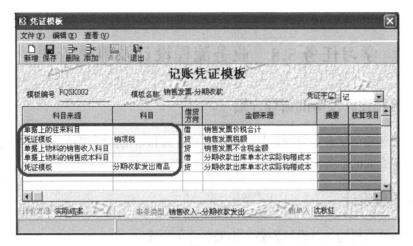

图 5-7-6

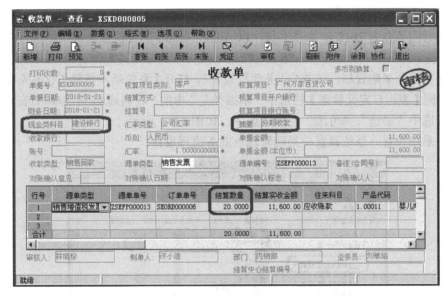

图 5-7-7

以财务部经理林晓珍的身份登录系统,审核该收款单。

⊙ 说明:

分期收款与委外代销的区别:

第一,分期收款发货时不确认成本,转入中转科目;委外代销发货时结转成本。

第二,分期收款分期确认收入,通过收入结转成本;委外代销根据销售量确认收入。

本学习任务主要介绍金蝶 K/3 软件销售模块的分期收款业务流程,该流程类似于委外代销业务,一次性发货给客户或代理商,但是分期收款是通过一个中转科目"分期收款发出商品"分批结转成本。

为了方便操作,建议每个学习任务结束后,及时备份账套,下一学习任务可以恢复本学习任务的账套进行操作。

学习任务 5.8 业务流程设计及审批管理

5.8.1 业务流程设计及审批管理介绍

金蝶 K/3 系统提供了业务流程设计、多级审核管理和审批流管理功能，这些功能结合起来使用就可以实现企业的业务流程控制。

5.8.2 业务流程设计

业务描述：将收料通知单设置为必须由采购订单生成。

业务流程设计流程：业务流程设计→收料通知单。

1. 系统设置

将系统时间调整为 2018 年 1 月 1 日，以 Administrator 的身份登录系统，进行业务流程设计的设置。

根据路径找到采购管理，双击"业务流程设计"，打开【系统基本资料（业务流程自定义）】窗口，在左侧【流程自定义管理】栏选中"单据类型"中的"收料通知/请检单"，在右侧栏"采购订单"行选中"必选"，"可选"也默认选中，如图 5-8-1 所示。

路径：系统设置→系统设置→采购管理→业务流程设计。

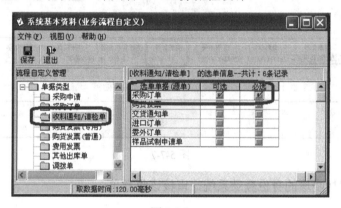

图 5-8-1

2. 业务操作

将系统时间调整为 2018 年 1 月 1 日，以采购员吴小玲的身份登录系统，根据路径制作收料通知单。"供应商"选择"广州蓝翎童车有限公司"，"摘要"为"业务流程设计"，"物料代码"选择"1.00001"，"物料名称"为"四轮闪光滑板车"，"数量"为"10"，"单价"为"90"，"部门"为"采购部"，"业务员"为"吴小玲"，保存单据，系统提示"单据中所有分录的源单类型必须为[采购订单]，请修改！"，如图 5-8-2 所示。

路径：供应链→采购管理→收料通知→收料通知/请检单-新增。

单击【确定】按钮，关闭收料通知/请检单，不保存单据。

项目 5 销售管理

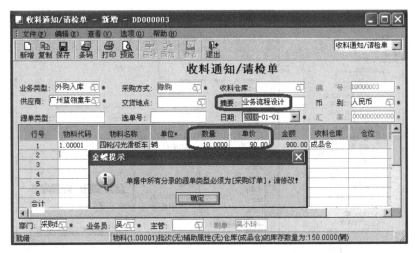

图 5-8-2

5.8.3 多级审核管理

多级审核人设置

1. 多级审核人设置

业务描述：2018 年 1 月 11 日采购部提出采购申请，申请采购 200 个避水板，建议 2018 年 1 月 15 日采购，将采购申请单设置为二级审核管理，一级审核人为采购处处长陈堂，二级审核人为总经理李德胜。

多级审核人设置流程：多级审核管理→采购申请单。

1）系统设置

将系统时间调整为 2018 年 1 月 1 日，以 Administrator 的身份登录系统，设置多级审核。

根据路径找到采购管理，双击"多级审核管理"，打开【系统基本资料（多级审核管理）】窗口，在左侧【多级审核管理】栏选中"采购申请"，在工具栏上单击【管理】按钮，打开【采购申请多级审核设置】对话框，选中"进行多级审核控制"复选框，先设置"业务审核级次"为"第 2 级审核"，再设置"多级审核级次设定"为"2"，一级"审批人名称"为采购处处长"陈堂"，二级"审批人名称"为总经理"李德胜"，单击【确定】按钮，如图 5-8-3 所示。

路径：系统设置→系统设置→采购管理→多级审核管理。

⊙ 说明："业务审核级次"与"多级审核级次设定"的级次要相同。

2）业务操作

将系统时间调整为 2018 年 1 月 11 日，以采购员吴小玲的身份登录系统，制作采购申请单。"使用部门"为"采购部"，"物料代码"选择"3.00006"，"物料名称"为"避水板"，"数量"为"200"，"备注"为"多级审核"，"建议采购日期"为"2018-01-15"，"申请人"为"吴小玲"，录入完成，检查数据无误后保存并审核单据，系统弹出【金蝶提示】对话框，提示该用户无权审核，如图 5-8-4 所示。

以采购处处长陈堂的身份登录系统，对该单据进行审核，系统弹出【金蝶提示】对话框，提示已审核当前单据的第[1]级，在采购申请单窗口左下角可以看到"一审"和"一审日期"字段系统自动回填信息，如图 5-8-5 所示。

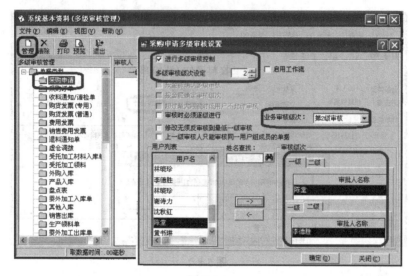

图 5-8-3

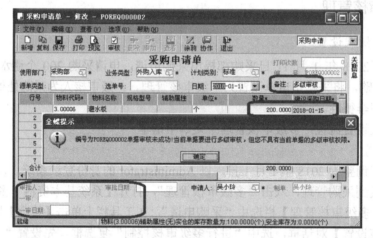

图 5-8-4

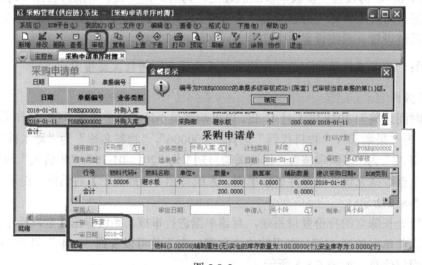

图 5-8-5

以总经理李德胜的身份登录系统，对该单据进行审核，审核前，在【采购管理（供应链）系统-[采购申请单序时簿]】窗口，该采购单信息行中显示"二级审核人"为空，审核后，在采购申请单左下角可以看到"审批人"和"审批日期"字段系统自动回填审核信息，如图 5-8-6 所示。

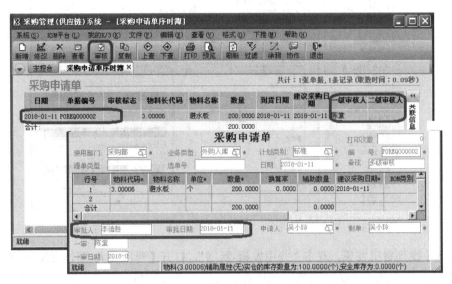

图 5-8-6

2. 按金额确定多级审核级次

业务描述：费用发票设置为三级审核，一级审核人会计许小洁最大审核金额为 500 元，二级审核人采购部经理陈堂最大审核金额为 2 000 元，三级审核人总经理李德胜最大审核金额为 5 000 元，由金额确定审核人。2018 年 1 月 16 日测试支付珠海飞航零配件有限公司技术费用 300 元、1 500 元、3 500 元、7 000 元时系统审核流程。

按金额确定审核级次

按金额确定多级审核级次流程：多级审核管理（按金额设定级次）→费用发票。

1）多级审核管理

将系统时间调整为 2018 年 1 月 16 日，以 Administrator 的身份登录系统，设置费用发票多级审核级次。

根据路径找到采购管理，双击"多级审核管理"，打开【系统基本资料（多级审核管理）】窗口，选中左侧【多级审核管理】栏的"费用发票"，在工具栏上单击【管理】按钮，打开【费用发票多级审核设置】对话框，选中"进行多级审核控制"和"按金额确认多级审核"复选框，系统会弹出"最低限额（本位币）"文本框；选中"按金额确定审核级次"和"超过最大限额时该用户不允许审核"复选框，设置"多级审核级次设定"为"3"。

"一级"审批人为会计"许小洁"，"本级审批最大限额（本位币）"为"500"；"二级"审批人为采购部经理"陈堂"，"本级审批最大限额（本位币）"为"2000"；"三级"审批人为总经理"李德胜"，"本级审批最大限额（本位币）"为"5000"，如图 5-8-7 所示。

路径：系统设置→系统设置→采购管理→多级审核管理。

2）业务操作

将系统时间调整为 2018 年 1 月 16 日，以会计许小洁的身份登录系统，制作费用发票。

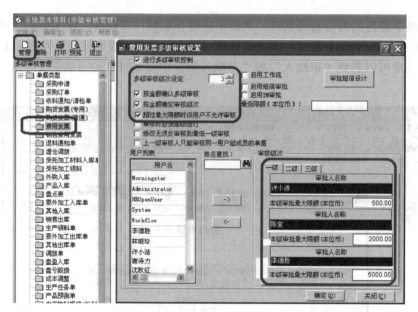

图 5-8-7

根据路径找到费用发票,双击"费用发票-新增",打开【费用发票-新增-EXPENSE000002】窗口,"供货单位"选择"珠海飞航零配件有限公司","往来科目"为"应付账款",在"费用代码"处按 F7 键,打开【核算项目-费用】窗口,在该窗口单击【新增】按钮,打开【费用-新增】窗口,"代码"输入"002","名称"为"技术支持","费用类型"选择"其他",如图 5-8-8 所示。

路径:供应链→采购管理→费用发票→费用发票-新增。

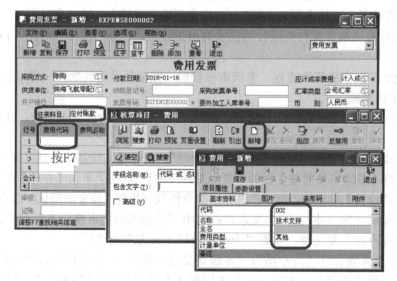

图 5-8-8

单击【保存】按钮,关闭【费用-新增】窗口,返回【核算项目-费用】窗口,单击【浏览】按钮,在【费用项目-费用资料】栏选中"核算项目-费用",在右侧双击 002 技术支持费用,系统返回【费用发票-新增-EXPENSE000002】窗口,"数量"输入"1","单价"为"300","部门"为"采购部","业务员"为"吴小玲",保存单据,如图 5-8-9 所示。

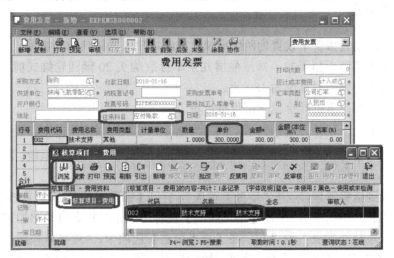

图 5-8-9

以会计许小洁的身份登录系统,审核该费用发票,系统提示单据审核成功。

在菜单栏执行【查看】→【反审核】命令,对该单据反审核,将"金额"修改为"1500",以会计许小洁的身份登录系统,审核该费用发票,系统提示许小洁不能审核该单据,以采购部经理陈堂的身份登录系统,审核该费用发票,系统提示单据审核成功。

再以陈堂身份反审核单据,以许小洁身份修改"金额"为"3500",以采购部经理陈堂的身份登录系统,审核该费用发票,系统提示陈堂不能审核该单据,以总经理李德胜的身份登录系统,审核该费用发票,系统提示单据审核成功。

再以总经理李德胜的身份反审核单据,以许小洁身份修改"金额"为"7000",以总经理李德胜的身份登录系统,审核该费用发票,系统提示李德胜不能审核该单据,关闭此单据,如图 5-8-10 所示。

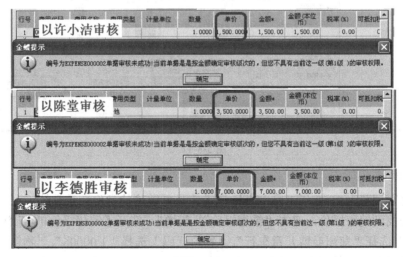

图 5-8-10

◉ **说明**:系统默认设置,只有制单人才可以修改自己的单据。

5.8.4 审批流管理

审批流管理

业务描述：将销售报价单设置为两级审核，一级审核人为销售员刘敏瑜，二级审核人为销售部经理招子龙。郑州曼博儿童车行欲购买 20 辆四轮蛙式剪刀摇摆车，公司报价为含税单价为 180 元。

审批流管理流程：审批流管理→销售报价单。

1. 系统设置

将系统时间调整为 2018 年 1 月 18 日，以 Administrator 的身份登录系统，对销售报价单进行审批流设置。

根据路径找到销售管理，双击"审批流管理"，打开【销售报价单_多级审核工作流】窗口，在左侧栏选中"销售报价单"，单击【增加级次】图标，系统将会自动增加审核级次为"二级审核"，"多级审核级次变"为"2"，在【基本信息】选项卡，"业务审核级次"选择"一级审核"，切换到【用户设置】选项卡，将"刘敏瑜"添加到右侧"用户姓名"栏，再切换回【基本信息】选项卡，"业务审核级次"选择"二级审核"，切换到【用户设置】选项卡，将"招子龙"添加到右侧"用户姓名"栏，保存设置，如图 5-8-11 所示。

路径：系统设置→系统设置→销售管理→审批流管理。

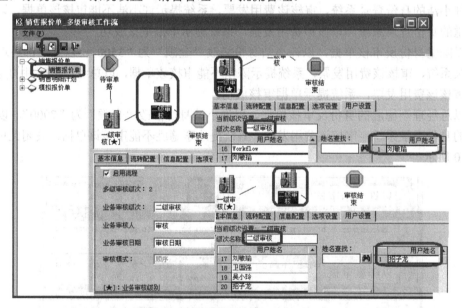

图 5-8-11

2. 业务操作

将系统时间调整为 2018 年 1 月 18 日，以销售员刘敏瑜的身份登录系统，制作销售报价单。

根据路径找到销售报价，双击"销售报价单-新增"，打开【销售报价单-新增-AQ000002】窗口，"客户"选择"郑州曼博儿童车行"，"物料代码"选择"1.00006"，"物料名称"为"四轮蛙式剪刀摇摆车"，"数量"为"20"，"含税单价"为"180"，"部门"为"内销部"，"业务员"为"刘敏瑜"。执行【编辑】→【启动多级审核】命令，按照前面所介绍的方法，先由一级审核人销售员刘敏瑜登录系统审核单据,再由二级审核人销售部经理招子龙登录系统审核单据,在审核后单据底部切换到【多级审核】选项卡中可以看到审核信息,如图 5-8-12 所示。

路径:供应链→销售管理→销售报价→销售报价单-新增。

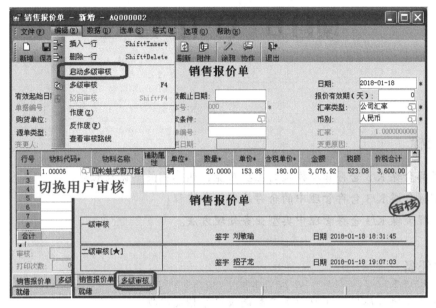

图 5-8-12

本学习任务主要介绍金蝶 K/3 软件中的业务流程设计及审批管理,主要包括业务流程设计、多级审核管理和审批流管理功能。本学习任务不仅介绍了这三类功能的系统参数设置,还进行了业务验证。

为了方便操作,建议每个学习任务结束后备份账套,下一学习任务中可以恢复本学习任务的账套进行操作。

项目 6 仓存管理

学习目标

- ◇ 了解金蝶 K/3 仓存管理模块的主要功能,熟悉相关单据及业务;
- ◇ 掌握金蝶 K/3 仓存管理中的仓存基本业务流程;
- ◇ 掌握金蝶 K/3 仓存管理中典型业务处理方法。

学习任务

- ◇ 熟悉其他入库单、其他出库单和调拨单等相关单据;
- ◇ 掌握价格管理、批次与序列号管理的业务操作;
- ◇ 掌握赠品业务、暂估入库、组装销售、盘点业务的业务操作。

学习任务 6.1 其他出入库业务

6.1.1 仓存管理系统介绍

仓库管理系统,是通过入库业务(包括外购入库、产品入库、委外加工入库、其他入库)、出库业务(包括销售出库、生产领料、委外加工出库、其他出库、受托加工领料)、仓库调拨、库存调整、虚仓单据等功能,结合批次、库存盘点、质检、即时库存管理等功能综合运用的管理系统。该系统可以独立执行库存操作,也可以将采购、销售、存货核算、成本管理操作结合使用,全面管理企业物流业务与财务业务。

6.1.2 其他出入库业务介绍

其他出入库业务是指非采购销售业务类型的出入库单据,如获赠商品入库、获赔商品入库、以货抵债等不参与采购管理的入库类业务管理;内部领用福利品、赔偿发出、以货抵债等不参与销售管理的出库类业务管理。

其他入库确认后,需要手工确定成本单价;其他出库确认后,系统自动携带出当前商品的库存成本单价,不可修改。

6.1.3 其他出入库业务流程

业务描述：2018 年 1 月 5 日收到深圳凡特科技有限公司赠送的 100 个 PU 橡胶轮半径 5 cm，单价为 8 元，放入广州仓。2018 年 1 月 8 日将 10 个 PU 橡胶轮半径 5cm 调拨到珠海仓，2018 年 1 月 10 日从珠海仓发货给珠海益佰家生活超市两个单价为 25 元的 PU 橡胶轮半径 5 cm。

其他出入库业务流程：其他入库单→调拨单→其他出库单。

1. 其他入库单

将系统时间调整为 2018 年 1 月 5 日，以仓管员黄书琳的身份登录系统，制作其他入库单。

在制作其他入库单前先新增两个仓库，具体操作参考基础资料录入学习任务的介绍，这里只给出图，如图 6-1-1 所示。

图 6-1-1

根据路径找到验收入库，双击"其他入库单-新增"，打开【其他入库单-新增-QIN000001】窗口，"供应商"选择"深圳凡特科技有限公司"，"部门"为"采购部"，"摘要"为"其他入库"，"物料代码"选择"3.00003"，"物料名称"为"PU 橡胶轮半径 5cm"，"实收数量"为"100"，"单价"为"8"，"保管"为"黄书琳"，"验收"为"杨朝强"，录入完成，检查数据无误后保存并审核单据，系统切换到【其他入库单-修改-QIN000001】窗口，如图 6-1-2 所示。

路径：供应链→仓存管理→验收入库→其他入库-新增。

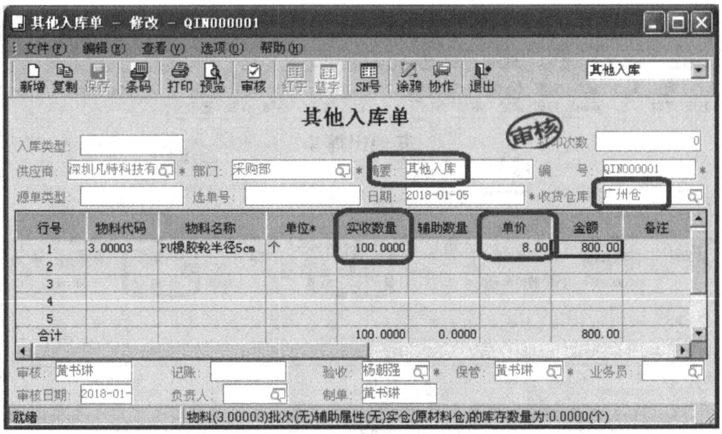

图 6-1-2

2. 调拨单

将系统时间调整为 2018 年 1 月 8 日，以仓管员黄书琳的身份登录系统，制作调拨单。

根据路径找到仓库调拨，双击"调拨单-新增"，打开【调拨单-新增-CHG000001】窗口，"调出仓库"选择"广州仓"，"调入仓库"选择"珠海仓"，"物料代码"选择"3.00003"，"物料名称"为"PU 橡胶轮半径 5cm"，"数量"为"10"，"保管"为"黄书琳"，"验收"为"杨朝强"，系统切换到【调拨单-修改-CHG000001】窗口，如图 6-1-3 所示。

路径：供应链→仓存管理→仓库调拨→调拨单-新增。

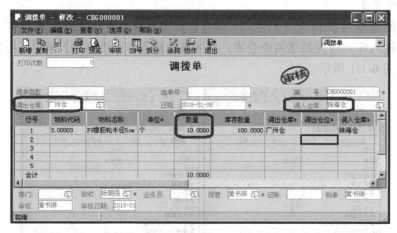

图 6-1-3

3. 其他出库单

将系统时间调整为 2018 年 1 月 10 日，以仓管员黄书琳的身份登录系统，制作其他出库单。

根据路径找到领料发货，双击"其他出库单-新增"，打开【其他出库单-新增-QOUT000001】窗口，"客户"选择"珠海益佰家生活超市"，"用途"为"更换轮子"，"物料代码"选择"3.00003"，"物料名称"为"PU 橡胶轮半径 5cm"，"数量"为"2"，"单价"为"25"，"发货仓库"为"珠海仓"，"发货"为"卫国强"，"领料"为"刘敏瑜"，保存并审核单据，系统切换到【其他出库单-修改-QOUT000001】窗口，如图 6-1-4 所示。

路径：供应链→仓存管理→领料发货→其他出库单-新增。

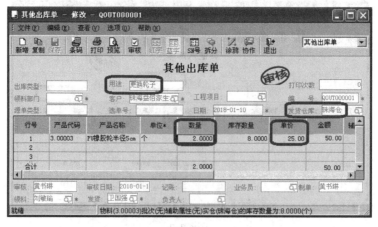

图 6-1-4

本学习任务主要介绍金蝶 K/3 软件仓库模块的其他出入库业务流程，其他出入库单据主要用于赠与、赔付、抵债等不参与购销业务的出入库类业务管理。本学习任务还介绍了金蝶 K/3 软件仓库模块中的调拨业务。

为了方便操作，建议每一学习任务结束后，及时备份账套，下一学习任务中可以恢复本学习任务的账套进行操作。

学习任务 6.2　批号与序列号管理

6.2.1　批号与序列号介绍

批号和序列号都是物料库存管理的一种手段，对于某些行业的某些物料，单件物料价值不高，不需要逐一识别单件物料，但是在追踪管理、保质期管理、质量管理等方面需要跟踪该批物料，此类物料采用批号管理。对于某些行业某些物料，单件料物价值高，要求逐一识别每一个单品，能够对该单件物料的流动全过程跟踪，此类物料采用序列号管理。

6.2.2　批号管理

1. 按规则生成批号管理

业务描述：2018 年 1 月 15 日从河北捷克车业有限公司采购入库 30 台不含税单价为 35 元的婴儿学步车，自动生成批号为 YR20180115，2018 年 1 月 17 日销售给杭州沃尔玛百货公司 10 台该批号的婴儿学步车，含税单价为 90 元。

按规则生成批号管理流程：启用批次管理→批号编码设置→批号规则设置（根据规则生成）→外购入库单（自动生成批号）→销售出库单（选择批号）。

1）启用批次管理

将系统时间调整为 2018 年 1 月 15 日，以 Administrator 的身份登录系统，设置启用批次管理参数。根据路径找到物料，在物料管理中找到"代码"为"1.00007"，"名称"为"婴儿学步车"的物料，在【项目属性】选项卡的【物流资料】标签中选中"是否采用业务批次管理"复选框，单击【保存】按钮，如图 6-2-1 所示。

路径：系统设置→基础资料→公共资料→物料。

2）批号编码设置

根据路径找到仓库管理，双击"批号管理维护"，打开【批号管理】窗口，在左侧选中"成品"，在右侧选中"1.00007 婴儿学步车"或者在工具栏上单击【管理】按钮，打开【批号管

图 6-2-1

理----编码设置】对话框,选择【编码设置】选项卡,设置"编码级次"为"2","级次"为"1"行的"属性"选择"自定义","格式"为"YR";"级次"为"2"行的"属性"选择"日期","格式"选择"yyyymmdd",选中"流水号依据"复选框,单击【确定】按钮,如图 6-2-2 所示。

路径:系统设置→基础资料→仓库管理→批号管理维护。

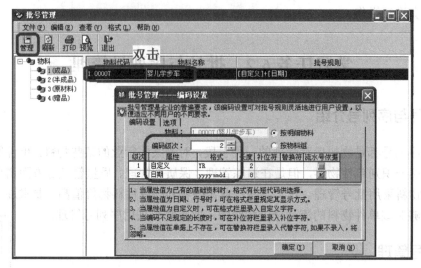

图 6-2-2

3)批号规则设置

在【批号管理----编码设置】窗口,选择【选项】选项卡,不选中"在单据上可手工改变批号"复选框,选中"蓝字入库单批次号根据规则直接产生"复选框,检查数据无误后,单击【确定】按钮,如图 6-2-3 所示。

4)外购入库单

将系统时间调整为 2018 年 1 月 15 日,以仓管员黄书琳的身份登录系统,制作外购入库单。"供应商"选择"河北捷克车业有限公司","摘要"为"按规则生成批号","物料编码"选择"1.0007","物料名称"为"婴儿学步车","批号"字段自动根据规

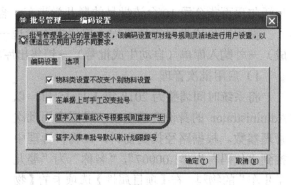

图 6-2-3

则生成,该字段不能修改,"实收数量"为"30","单价"为"35",保存并审核单据,如图 6-2-4 所示。

5)销售出库单

将系统时间调整为 2018 年 1 月 17 日,以仓管员黄书琳的身份登录系统,制作销售出库单。"购货单位"选择"杭州沃尔玛百货公司","摘要"为"按规则生成批号","产品代码"选择"1.00007","产品名称"为"婴儿学步车",在"批号"处按 F7 键选择已有的批号 YR20180117 物料,"实发数量"为"10","销售单价"为"90","发货"为"卫国强","保管"为"黄书琳",保存并审核单据,如图 6-2-5 所示。

图 6-2-4

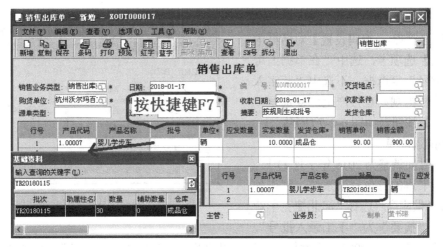

图 6-2-5

2. 手工录入批号管理

业务描述：2018 年 1 月 17 日从河北捷克车业有限公司采购入库 20 台婴儿学步车，不含税单价为 35 元，手工输入批号为 20180117，2018 年 1 月 8 日销售给杭州沃尔玛百货公司该批号 10 台婴儿学步车，含税单价为 90 元。

手工录入批号管理

手工录入批号流程：批号编码设置→批号规则设置（手工改变批号）→外购入库单（手工录入批号）→销售出库单（选择批号）。

1）批号编码设置

根据路径找到仓库管理，双击"批号管理维护"，打开【批号管理】窗口，在左侧选中"成品"，在右侧选中"1.00007 婴儿学步车"或者在工具栏上单击【管理】按钮，打开【批号管理----编码设置】对话框，选择【编码设置】选项卡，设置"编码级次"为"1"，"级次"为"1"行的"属性"选择"自定义"，"格式"为"00000000"，"长度"为"8"，单击【确定】按钮，如图 6-2-6 所示。

路径：系统设置→基础资料→仓库管理→批号管理维护。

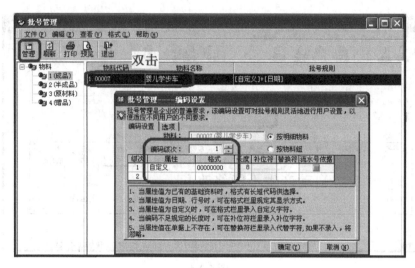

图 6-2-6

2）批号规则设置

在【批号管理----编码设置】对话框中选择【选项】选项卡，选中"在单据上可手工改变批号"复选框，不选中"蓝字入库单批次号根据规则直接产生"复选框，单击【确定】按钮，如图 6-2-7 所示。

3）外购入库单

将系统时间调整为 2018 年 1 月 17 日，以仓管员黄书琳的身份登录系统，制作外购入库单。"供应商"选择"河北捷克车业有限公司"，"摘要"为"手工录入批号"，

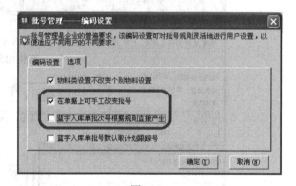

图 6-2-7

"物料编码"选择"1.00007"，"物料名称"为"婴儿学步车"，"实收数量"为"20"，"单价"为"35"，"保管"为"黄书琳"，"验收"为"杨朝强"，单击【保存】按钮，系统会提示"批号不能为空"，"批号"录入"20180117"，保存并审核单据，如图 6-2-8 所示。

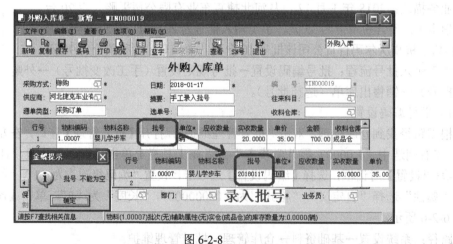

图 6-2-8

4）销售出库单

将系统时间调整为 2018 年 1 月 18 日，以仓管员黄书琳的身份登录系统，制作销售出库单。"购货单位"选择"杭州沃尔玛百货公司"，"摘要"为"手工录入批号"，"产品代码"选择"1.00007"，"产品名称"为"婴儿学步车"，在"批号"处按 F7 键，选择已有的批号 20180117 物料，"实发数量"为"10"，"单价"为"90"，"发货"为"卫国强"，"保管"为"黄书琳"，保存并审核单据，如图 6-2-9 所示。

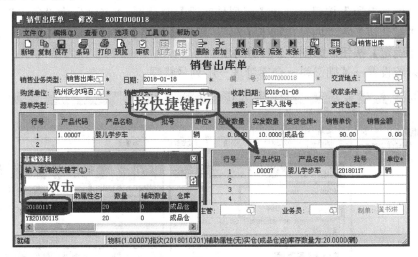

图 6-2-9

6.2.3 序列号管理

业务描述：2018 年 1 月 19 日，从天津桐泽童车有限公司采购入库 20 台四轮电动卡丁车，不含税单价为 150 元，自动生成序列号为 SQ00011-SQ00030，2018 年 1 月 21 日销售给广州联华超市股份有限公司 2 台四轮电动卡丁车，序列号分别为 SQ00013、SQ00015，含税单价为 450 元。

序列号管理流程：启动序列号管理→序列号参数设置→外购入库单（设置序列号）→存货序列号查询→销售出库单（选择序列号）。

1. 启动序列号管理

将系统时间调整为 2018 年 1 月 19 日，以 Administrator 的身份登录系统，设置序列号管理参数。

根据路径找到物料，选中物料 1.00003 四轮电动卡丁车，打开【物料-修改】窗口，设置序列号管理属性，切换到【项目属性】选项卡【物流资料】标签，选中"是否进行序列号管理"复选框，单击【保存】按钮，如图 6-2-10 所示。

路径：系统设置→基础资料→公共资料→物料。

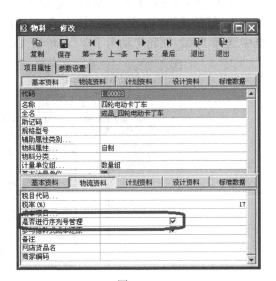

图 6-2-10

2. 序列号参数设置

1) 序列号规则设置

根据路径找到仓库管理,双击"序列号管理",打开【序列号管理】窗口,在左侧栏选中"序列号规则",在工具栏上单击【新增】按钮,打开【序列号规则】对话框,"规则代码"为"002","规则名称"为"四轮电动卡丁车",单击【修改字段】按钮,打开【序列号字段】对话框,"修改"为"序列号","类型"为"文本",单击【确定】按钮,返回【序列号规则】对话框,单击【增加字段】按钮,打开【序列号字段】对话框,"名称"为"备注","类型"选择"文本","默认值"为"四轮电动卡丁车",单击【确定】按钮,返回【序列号规则】对话框,再单击【确定】按钮,如图6-2-11所示。

路径:系统设置→基础资料→仓库管理→序列号管理。

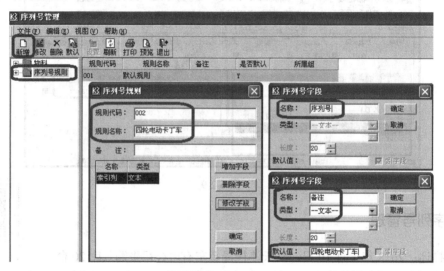

图 6-2-11

2) 为物料设置序列号规则

在【序列号管理】窗口左侧栏选中"物料"的"成品",在右侧双击"1.00003 四轮电动卡丁车",打开【物料序列号规则设置】对话框,在【设置】选项卡的"序列号规则"下拉列表框中选择"002_四轮电动卡丁车",单击【确定】按钮,如图6-2-12所示。

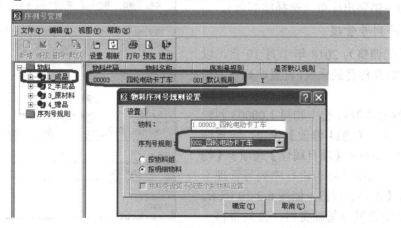

图 6-2-12

3. 外购入库单

将系统时间调整为 2018 年 1 月 19 日，以仓管员黄书琳的身份登录系统，制作外购入库单。在【外购入库单-新增-WIN00020】窗口，"供应商"选择"天津桐泽童车有限公司"，"摘要"为"序列号管理"，"物料编码"选择"1.00003"，"物料名称"为"四轮电动卡丁车"，"实收数量"为"20"，"单价"为"150"，单击【保存】按钮，系统弹出【金蝶提示】对话框，提示"第1行的序列号数量与物料基本单位数量不一致，请重新录入序列号！"，如图 6-2-13 所示。

图 6-2-13

单击【确定】按钮，返回【外购入库单-新增-WIN000020】窗口，在工具栏上单击【SN 号】按钮，打开【序列号管理】窗口，选中"序列号"列第一行，在工具栏上单击【批量生成】按钮，打开【序列号自动生成】对话框，"前缀"为"SQ"，"起始"为"11"，"结束"为"30"，"长度"为"6"，单击【确定】按钮，返回【序列号管理】窗口；然后选中"备注"列，在工具栏上单击【提取默认值】按钮，再单击【列填充】按钮，所有序列行都填充了备注信息，如图 6-2-14 所示。

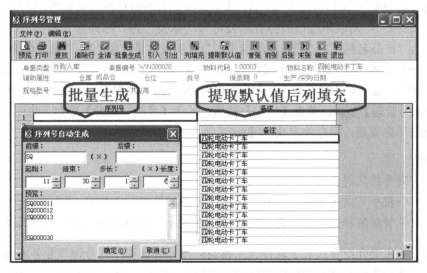

图 6-2-14

⊙ **说明**：若"备注"列无法进行列填充，请检查【序列号规则】对话框"备注"中"默认值"是否设置为"四轮电动卡丁车"。

规则设置完成后，保存并审核单据。

4. 存货序列号查询

根据路径找到库存查询，双击"即时库存查询"，打开【库存查询】窗口，在左侧【仓库信息】栏选中"001（成品仓）"，可以查询到成品仓的所有物料库存信息，选中"1.00003 四轮电动卡丁车"，在工具栏上单击【SN号】按钮，打开【序列号查询】窗口，可以查看每一个序列号的四轮电动卡丁车的库存信息，如图6-2-15所示。

路径：供应链→采购管理→库存查询→即时库存查询。

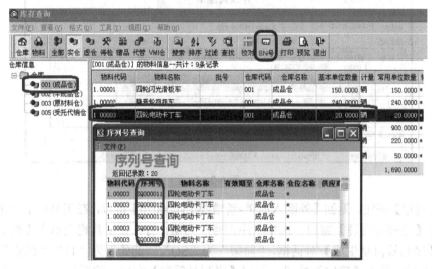

图 6-2-15

5. 销售出库单

将系统时间调整为2018年1月21日，以仓管员黄书琳的身份登录系统，制作销售出库单。"购货单位"选择"广州联华超市股份有限公司"，"摘要"为"序列号管理"，"产品代码"选择"1.00003"，"产品名称"为"四轮电动卡丁车"，"实发数量"为"2"，"销售单价"为"450"，在工具栏上单击【SN号】按钮，打开【序列号管理】窗口，在"序列号"列按F7键，打开【查看序列号】窗口，按住Ctrl键选中SQ000013和SQ000015两个序列号，单击【返回】按钮，系统返回【序列号管理】窗口，单击【确定】按钮，关闭【序列号管理】窗口，如图6-2-16所示。

序列号选择完成后，保存并审核单据。

⊙ **说明**：

批号和序列号的区别：

第一，一个批号可以标识一批物品，一个序列号只标识一个物品。

第二，批号管理的物品不能识别到某一个，序列号管理的物品可以识别到具体的某一个。

本学习任务主要介绍金蝶K/3软件仓库模块的批号管理和序列号管理业务流程。批号业务流程主要介绍批号规则设置及批号的生成与选择操作。序列号流程主要介绍序列号规则设置及序列号的生成与选择操作，本学习任务还介绍了两种物料管理方法的区别。

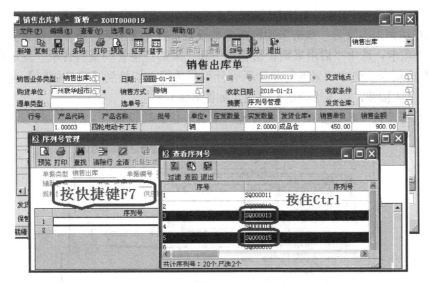

图 6-2-16

为了方便操作，建议每一学习任务后备份账套，下一学习任务中可以恢复本学习任务的账套进行操作。

学习任务 6.3　价　格　管　理

6.3.1　价格管理介绍

价格管理在企业日常业务中占重要地位，控制采购价格可以有效控制成本，控制销售价格可以有效地保护企业利润。金蝶 K/3 系统提供了完善的价格管理功能，包括采购价格管理和销售价格管理。

采购价格管理可以进行采购价格维护和采购价格参数设置。采购价格维护可按物料或用供应商方式设置；采购价格参数设置可设置限价控制、强度控制、单据控制等参数。

销售价格管理可以进行销售价格维护、销售价格参数设置和折扣管理。销售价格维护可按物料和客户组合方式设置；销售价格参数设置可设置限价控制、强度控制、单据控制等参数；折扣管理可以根据数量、时间设置折扣。

6.3.2　采购价格管理

业务描述：武汉米多多玩具制造厂的供货信息设置，物料为 1.00011 婴儿敞篷小推车，当数量在 0~100 辆时单价为 320 元，最高限价为 350 元，对采购订单进行限价控制，2018 年 1 月 14 日计划从该公司采购订购 20 辆婴儿敞篷小推车，含税单价为 360 元，超过公司采购现价，修改价格分别为 350 元、320 元。

采购价格管理流程：采购价格参数设置→供应商供货信息设置→限价设置→采购订单。

1. 采购价格参数设置

将系统时间调整为 2018 年 1 月 1 日，以 Administrator 的身份登录系统，设置采购价格参数。

根据路径找到采购管理，双击采购价格参数设置，打开【采购价格参数设置】对话框，选择【其他】选项卡，选中"启用采购价格管理"和"采购价格管理资料含税"复选框；切换到【应用场景】选项卡，选中"采购订单的所有行"复选框；切换到【限价控制】选项卡，选中"取消交易"单选按钮，单击【确定】按钮，如图 6-3-1 所示。

路径：系统设置→基础资料→采购管理→采购价格参数设置。

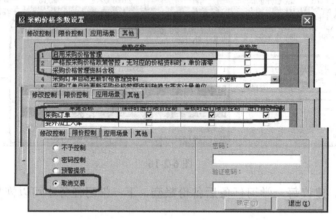

图 6-3-1

2. 供应商供货信息设置

根据路径找到采购管理，双击"采购价格管理"，打开【系统基本资料（采购价格管理）】窗口，在工具栏上单击【物料】按钮，在左侧栏选中"物料"→"成品"下的"1.00011 婴儿敞篷小推车"，然后单击【新增】按钮，或者执行【编辑】→【增加采购价格】命令，打开【供应商供货信息】窗口，在【供货信息】选项卡中，"供应商代码"选择"2.0001"，"供应商名称"为"武汉米多多玩具制造厂"，"订货量（从）"为"0"，"订货量（到）"为"100"，"报价"为"320"，保存并审核单据，如图 6-3-2 所示。

路径：系统设置→基础资料→采购管理→采购价格管理。

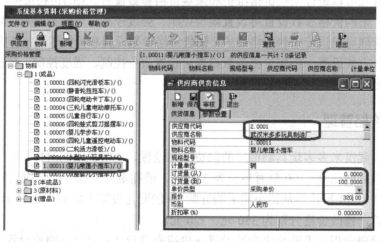

图 6-3-2

3. 限价设置

选中新增的 1.00011 婴儿敞篷小推车的供货信息,在工具栏上单击【限价】按钮,打开【供应商供货最高限价:】对话框,"最高限价"输入"350",单击【确定】按钮,完成最高限价设置,如图 6-3-3 所示。

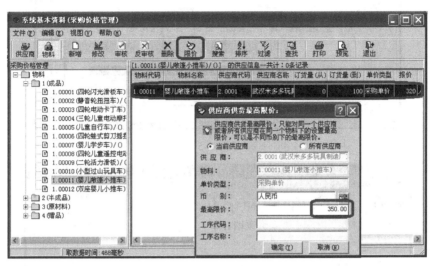

图 6-3-3

4. 采购订单

将系统时间调整为 2018 年 1 月 14 日,以采购员吴小玲的身份登录系统,制作采购订单。"供应商"选择"武汉米多多玩具制造厂","摘要"为"采购价格管理","物料代码"选择"1.00011","物料名称"为"婴儿敞篷小推车","数量"为"20","含税单价"为"360",保存时系统弹出【采购最高限价报警和控制】对话框,如图 6-3-4 所示。

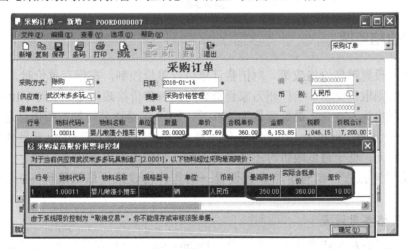

图 6-3-4

由于该单据操作最高限价,不能保存,修改含税单价为 350 元,保存单据,系统提示"含税价不等于价格政策的价格",如图 6-3-5 所示。

再修改含税单价为 320 元,保存并审核单据,如图 6-3-6 所示。

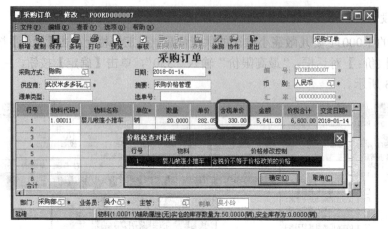

图 6-3-5

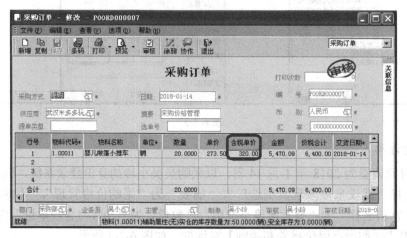

图 6-3-6

6.3.3 销售价格管理

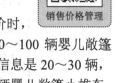

业务描述：设置销售价格政策，对销售订单进行限价控制，在保存单价时，低于最低限价时则取消交易。给广州万家百货公司的销售价格政策是购买 0~100 辆婴儿敞篷小推车，销售报价为 600 元，最低限价为 500 元，2018 年给该公司的折扣信息是 20~30 辆，折扣为 5%；31~50 辆，折扣为 10%。2018 年 1 月 24 日该公司准备订购 40 辆婴儿敞篷小推车，含税单价为 500 元，低于最低限价时不能享受折扣，销售价格为 600 元。

销售价格管理流程：销售价格参数设置→销售价格政策→最低限价→折扣管理→销售订单。

1. 销售价格参数设置

将系统时间调整为 2018 年 1 月 1 日，以 Administrator 的身份登录系统，设置销售价格参数。

根据路径找到价格管理，双击"价格参数设置"，打开【价格管理选项】对话框，在【其他】选项卡中，选中"启用价格折扣管理"和"价格管理资料是否含税"复选框；切换到【应用场景】选项卡，选中"销售订单行的所有"复选框；切换到【折扣取数】和【价格取数】选项卡，均选择"客户+物料"；切换到【限价控制】选项卡，选中"取消交易"单选按钮，"最低限价控制时点"栏中选中"保存时"单选按钮，单击【确定】按钮，如图 6-3-7 所示。

路径：供应链→销售管理→价格管理→价格参数设置。

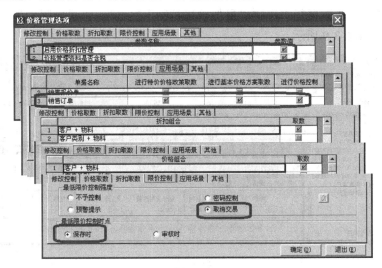

图 6-3-7

2. 销售价格政策

根据路径找到销售管理，双击"价格政策维护"，打开【销售管理（供应链）系统-[价格方案序时簿]】窗口，在工具栏上单击【新增】按钮，打开【价格方案维护】窗口，"价格政策编号"为"0001"，"价格政策名称"为"2018价格政策"，"优先级"为"0"，单击【保存】按钮，然后在左侧导航栏选中"客户"下"2.001（广州万家百货公司）"，在工具栏上单击【新增】按钮，打开【价格明细维护-新增】窗口，"物料代码"选择"1.00011"，"物料名称"为"婴儿敞篷小推车"，"销货量"从 0 到 100，"报价"为"600"，"生效日期"为"2018-01-01"，单击【保存】按钮，如图 6-3-8 所示。

路径：系统设置→基础资料→销售管理→价格政策维护。

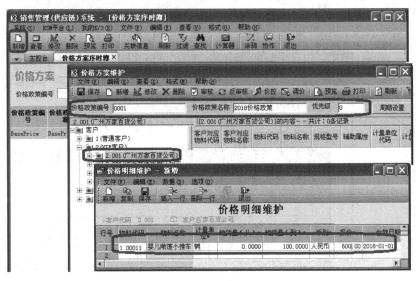

图 6-3-8

3. 最低限价

在【价格方案维护】窗口，选中新建的价格明细，在工具栏上单击【价控】按钮，打开【价格控制设置】窗口，在数据行中选中"最低价格控制"复选框，"最低限价"为"500"，单击【保存】按钮，如图6-3-9所示。

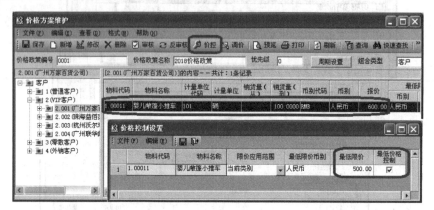

图6-3-9

4. 折扣管理

根据路径找到折扣管理，双击"价格政策维护"，打开【销售管理（供应链）系统-[折扣方案序时簿]】窗口，在工具栏上单击【新增】按钮，打开【折扣方案维护】窗口，"折扣政策编号"输入"0001"，"折扣政策名称"为"2018折扣信息"，单击【保存】按钮，然后在左侧导航栏选中"2.001 广州万家百货公司"，在工具栏上单击【新增】按钮，打开【折扣明细维护-新增】窗口，在第一行"物料代码"选择"1.00011"，"物料名称"为"婴儿敞篷小推车"，"数量段"从20到30，"折扣"为5%，在第二行录入"数量段"从31到50，"折扣"为10%，"生效日期"为"2018-01-01"，单击【保存】按钮，如图6-3-10所示。

路径：供应链→销售管理→折扣管理→折扣政策维护。

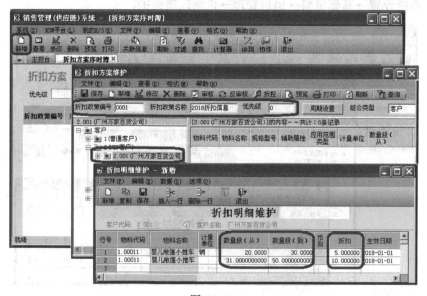

图6-3-10

5. 销售订单

将系统时间调整为 2018 年 1 月 24 日,以销售员刘敏瑜的身份登录系统,制作销售订单。"购货单位"为"广州万家百货公司","物料代码"选择"1.00011","物料名称"为"婴儿敞篷小推车","摘要"为"销售价格管理","数量"为"40",系统出现 10%的折扣,然后修改"含税单价"为"500","部门"为"内销部","业务员"为"刘敏瑜",单击【保存】按钮,系统弹出【销售最低限价报警和控制】对话框,提示销售价格低于最低限价,如图 6-3-11 所示。

路径:供应链→销售管理→销售订单→销售订单-新增。

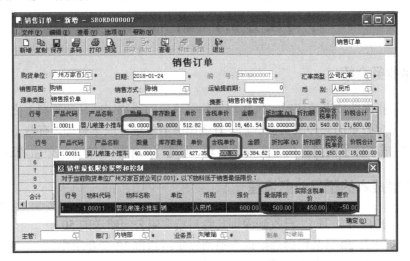

图 6-3-11

修改价格为 600 后保存并审核单据,如图 6-3-12 所示。

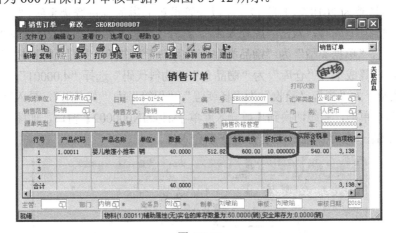

图 6-3-12

◎ 说明:

采购价格管理与销售价格管理的区别:

第一,设置参数位置不同,采购管理只能在【系统设置】→【基础资料】下,而销售价格管理设置在【供应链】→【销售管理】下操作。

第二,功能不同,在这两者中都可以对物料进行价格控制、限价控制、业务单据控制,销售价格管理还可以进行折扣管理。

本学习任务主要介绍金蝶 K/3 软件价格管理中采购价格管理和销售价格管理功能。采购价格管理流程介绍了采购价格参数设置、采购价格维护和单据业务的操作。销售价格管理介绍了销售价格参数设置、销售价格维护、折扣管理和单据业务的操作。此外，本学习任务还介绍了采购价格管理与销售价格管理的区别。

为了方便操作，建议每个学习任务后备份账套，下一学习任务可以恢复本学习任务的账套进行操作。

学习任务 6.4 赠品业务

6.4.1 赠品业务介绍

所谓赠品，指采购或者销售时，供需双方除了议定的货物（产品或物料）之外，供货方无偿赠送给客户一定数量的同种或其他货物。有些赠品需要进行成本管理，有些不需要进行成本管理，需要进行成本核算的商品采用实仓来管理，不进行成本核算的物料必须通过虚仓来管理。

6.4.2 不核算成本的赠品业务流程

业务描述：2018 年 1 月 12 日收到深圳凡特科技有限公司赠送的 50 个音乐盒；2018 年 1 月 20 日公司赠送给珠海益佰家生活超市 10 个音乐盒。

不核算成本的赠品业务流程：虚仓入库→虚仓出库。

1. 虚仓入库

将系统时间调整为 2018 年 1 月 12 日，以仓管员黄书琳的身份登录系统，制作虚仓入库单。

根据路径找到虚仓管理，双击"虚仓入库"，打开【虚仓入库单-新增-ZIN000002】窗口，"部门"为"采购部"，"单据类型"为"赠品类型"，"供应商"选择"深圳凡特科技有限公司"，"摘要"为"赠品不核算成本"，"仓库"为"赠品仓"，"物料代码"选择"4.00001"，"物料名称"为"音乐盒"，"数量"为"50"，"验收"为"杨朝强"，"保管"为"黄书琳"，录入完成，检查数据无误后保存并审核单据，系统切换到【虚仓入库单-修改-ZIN000002】窗口，如图 6-4-1 所示。

路径：供应链→仓存管理→虚仓管理→虚仓入库。

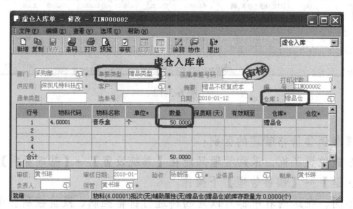

图 6-4-1

2. 虚仓出库

将系统时间调整为 2018 年 1 月 20 日，以仓管员黄书琳的身份登录系统，制作虚仓出库单。

根据路径找到虚仓管理，双击"虚仓出库"，打开【仓存管理（供应链）系统-[虚仓出库序时簿]】窗口，在工具栏上单击【新增】按钮，打开【虚仓出库单-新增-ZOUT000002】窗口，"客户"选择"珠海益佰家生活超市"，"部门"为"仓管部"，"摘要"为"赠品不核算成本"，"仓库"为"赠品仓"，"物料代码"选择"4.00001"，"物料名称"为"音乐盒"，"数量"为"10"，"领料"为"刘敏瑜"，"发货"为"卫国强"，保存并审核单据，系统切换到【虚仓出库单-修改-ZOUT000002】窗口，如图 6-4-2 所示。

路径：供应链→仓存管理→虚仓管理→虚仓出库。

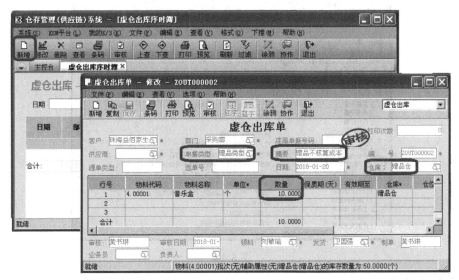

图 6-4-2

6.4.3 核算成本的赠品业务流程

核算成本的赠品业务

业务描述：从深圳凡特科技有限公司采购 2 000 副防滑手把，不含税单价为 1.1 元，2018 年 1 月 13 日验收入库，多收到赠送的 200 副防滑手把，同时收到采购发票。2018 年 1 月 25 日销售给珠海益佰家生活超市 18 副防滑手把，含税单价为 5 元，同时收到销售发票，为维系客户关系，公司赠予 2 副防滑手把。

核算成本的赠品业务流程：系统参数设置→外购入库单→采购发票→不等数量的钩稽→销售出库单→销售发票→不等数量的钩稽。

1. 系统参数设置

将系统时间调整为 2018 年 1 月 1 日，以 Administrator 的身份登录系统，设置系统参数。

根据路径找到采购管理，双击"系统设置"，打开【系统参数维护】窗口，选中"采购系统选项"，确认不选中"采购发票与入库单钩稽数量不一致不允许钩稽"复选框，如图 6-4-3 所示。

路径：系统设置→系统设置→采购管理→系统设置。

选中"销售系统选项"，确认不选中"销售发票与出库单钩稽数量不一致不允许钩稽"复选框，如图 6-4-4 所示。

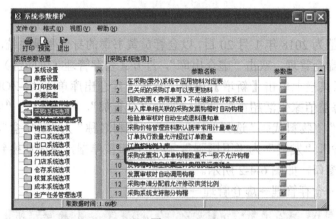

图 6-4-3

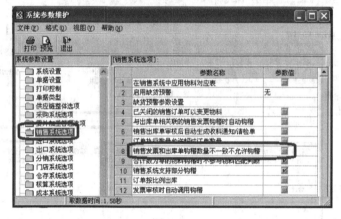

图 6-4-4

2. 外购入库单

将系统时间调整为 2018 年 1 月 13 日,以仓管员黄书琳的身份登录系统,制作外购入库单。"供应商"选择"深圳凡特科技有限公司","摘要"为"赠品核算成本","物料编码"选择"3.00001","物料名称"为"防滑手把","实收数量"为"2200","单价"为"1.1",保存并审核单据,如图 6-4-5 所示。

路径:供应链→采购管理→外购入库→外购入库单-新增。

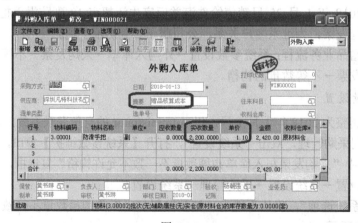

图 6-4-5

3. 采购发票

将系统时间调整为 2018 年 1 月 13 日，以会计许小洁的身份登录系统，基于外购入库单 WIN000021 制作购货发票（专用）。"往来科目"为"应付账款"，"摘要"为"赠品核算成本"，"数量"为"2000"，"单价"为"1.1"，采购发票中的"数量"=外购入库单中的"数量"-赠送数量，"部门"为"采购部"，"业务员"为"吴小玲"，保存并审核单据，如图 6-4-6 所示。

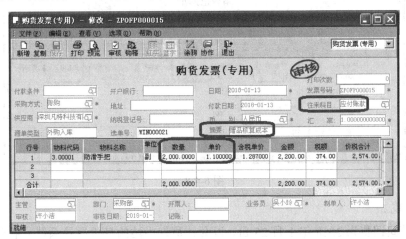

图 6-4-6

4. 不对等数量的采购发票钩稽

外购入库单中数量为 2 200 副（4 400 个），采购发票中数量为 2 000 副（400 个），单击【钩稽】按钮，系统会提示"数量不一致，请确认是否钩稽？"，单击【是】按钮，系统提示钩稽成功，如图 6-4-7 所示。

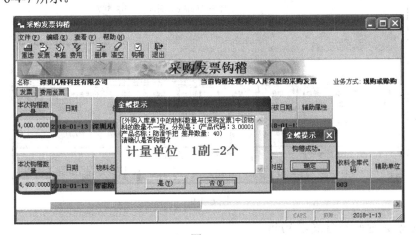

图 6-4-7

外购入库单的数量与采购发票的数量不一致，会导致库存成本变化，在存货核算学习任务会有所体现出实际库存成本与采购发票价格不同。

5. 销售出库单

将系统时间调整为 2018 年 1 月 25 日，以仓管员黄书琳的身份登录系统，制作销售出库单。"购货单位"选择"珠海益佰家生活超市"，"摘要"为"赠品核算成本"，"产品代码"选择

"3.00001","产品名称"为"防滑手把","实发数量"为"20","销售单价"为"5","发货"为"卫国强","保管"为"黄书琳",保存并审核单据,如图6-4-8所示。

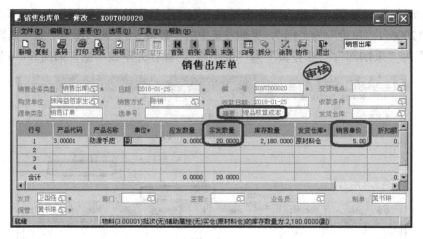

图 6-4-8

6. 销售发票

将系统时间调整为 2018 年 1 月 25 日,以会计员许小洁的身份登录系统,基于销售出库单 XOUT000020 制作销售发票(专用)。"往来科目"为"应收账款","摘要"为"赠品核算成本","数量"为"18","含税单价"为"5",保存并审核单据,如图 6-4-9 所示。

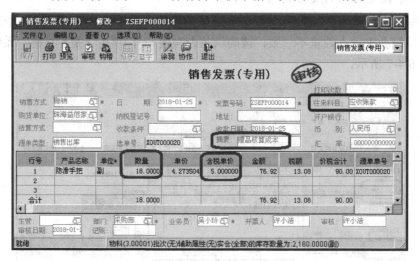

图 6-4-9

7. 不对等数量的销售发票钩稽

销售出库单的数量为 20 副(40 个),销售发票的数量为 18 副(36 个),单击【钩稽】按钮,系统会提示"数量不一致,请确认是否钩稽?"单击【是】按钮,系统提示钩稽成功,如图 6-4-10 所示。

本学习任务主要介绍金蝶 K/3 软件仓库管理模块的赠品业务流程,主要包括不核算成本的赠品业务和核算成本的赠品业务,不核算成本的赠品业务主要使用虚仓入库、虚仓出库的方式;核算成本的赠品业务主要是外购入库单与采购发票的不对等钩稽、销售出库单与销售发票的不对等钩稽的方式，钩稽后，在存货核算模块系统会核算出新的库存成本。

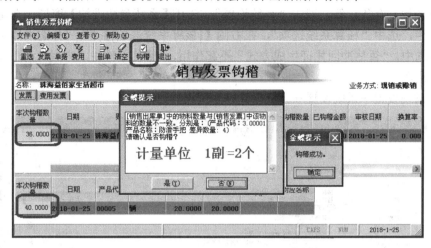

图 6-4-10

为了方便操作，建议每个学习任务结束后，及时备份账套，下一学习任务可以恢复本学习任务中的账套进行操作。

学习任务 6.5 暂估入库业务

暂估入库业务

6.5.1 暂估入库业务介绍

根据企业会计制度的规定，对于已验收入库但发票尚未收到的购进商品，企业应当在月末合理估计入库成本暂估入账。

暂估入库业务主要包括三部分：期初暂估入库、本期暂估入库处理及本期暂估入库业务、下一期间暂估入库处理。本期暂估入库处理及本期暂估入库业务包括：本期收到期初暂估入库货物的采购发票业务处理、退回期初暂估入库货物业务处理、本期暂估入库业务。

6.5.2 暂估入库系统参数设置

在金蝶 K/3 系统中有三个参数（即外购入库生成暂估冲回凭证、暂估冲回凭证生成方式、暂估差额生成方式）与暂估入库密切相关。

这三个参数存在逻辑关联，如果选中参数"外购入库生成暂估冲回凭证"，表示账套为工业模式，则"暂估差额生成方式"只能选择"差额调整"，而且这个参数在暂估处理中不起作用，起作用的参数是"暂估冲回凭证生成方式"，也就是外购入库暂估的处理采用"单到冲回"方式或者是"月初一次冲回"方式。

如果不选中"外购入库生成暂估冲回凭证"复选框，表示账套为商业模式，则"暂估冲回凭证生成方式"不起作用，起作用的参数是"暂估差额生成方式"，也就是采用"差额调整"方式或者是"单到冲回"方式。

将系统时间调整为 2018 年 1 月 2 日，以 Administrator 的身份登录系统，查看暂估入库参数设置。

根据路径找到存货核算，双击"系统设置"，打开【系统参数维护】窗口，在左侧【系统参数设置】栏，选中"核算系统选项"，在右侧【[核算系统选项]】栏，"外购入库生成暂估冲回凭证"不选中，"暂估冲回凭证生成方式"不起作用，"暂估差额生成方式"为"差额调整"，如图 6-5-1 所示。

路径：系统设置→系统设置→存货核算→系统设置。

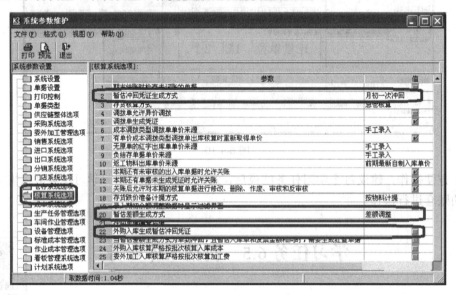

图 6-5-1

期初存货核算参数设置说明该账套业务采用商业模式，暂估入库业务采用差额调整方式。

6.5.3 暂估入库业务流程

业务描述：2018 年 1 月 2 日收到珠海飞航零配件有限公司 2017 年 12 月 03 日暂估入库货物的采购发票，不含税单价为 3.2 元；2018 年 1 月 8 日因为特殊原因将 2017 年 12 月 28 日期初暂估入库单货物退回；2018 年 1 月 28 日，仓库收到珠海飞航零配件有限公司发来的 200 个避水板，单价为 3.2 元，本期未收到采购发票。

本期收到期初暂估业务采购发票业务流程：采购发票→钩稽→外购入库核算→查看暂估补差单。

退回期初暂估入库货物业务流程：外购入库单（红字）→对等核销。

本期暂估入库业务流程：外购入库单→外购入库估价入库。

1. 本期收到期初暂估入库货物的采购发票

1）采购发票

将系统时间调整为 2018 年 1 月 2 日，以会计许小洁的身份登录系统，基于 2017 年 12 月 21 日的暂估入库单 WIN000001 制作采购发票。"供应商"选择"珠海飞航零配件有限公司"，"往来科目"为"应付账款"，"摘要"为"暂估"，"单价"修改为"3.2"，保存并审核单据，如图 6-5-2 所示。

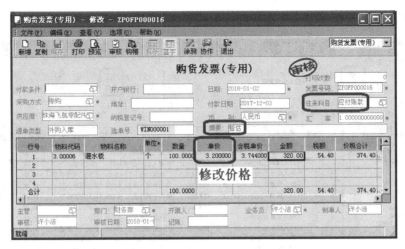

图 6-5-2

审核后的采购发票与外购入库单进行钩稽。

2）外购入库核算

将系统时间调整为 2018 年 1 月 2 日，以会计沈秋红的身份登录系统，进行外购入库核算。

根据路径找到入库核算，双击"外购入库核算"，打开【存货核算（供应链）系统-[外购入库核算]】窗口，选中 2018 年 1 月 2 日的采购发票 ZPOFP000016，单击【核算】按钮，系统自动完成外购入库核算，如图 6-5-3 所示。

路径：供应链→存货核算→入库核算→外购入库核算。

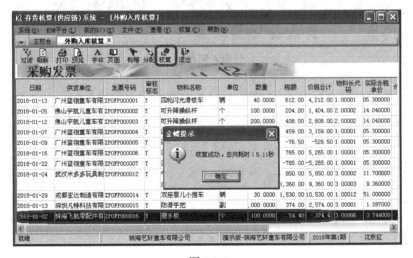

图 6-5-3

3）查看暂估补差单

由于系统参数设置为参数调整，本节采购发票上的单价与期初暂估入库的暂估价不同，系统会自动产生一张暂估补差单，该单据在外购入库-维护中查询不到，只能在生成凭证处查询。

根据路径找到凭证管理，双击"生成凭证"，打开【生成凭证】窗口，在左侧选中"外购入库单（单据直接生成）"，单击【重设】按钮，系统显示所有审核通过的外购入库单，入库核算后系统自动生成的差额调整单 WINA1，如图 6-5-4 所示。

路径：供应链→存货核算→凭证管理→生成凭证。

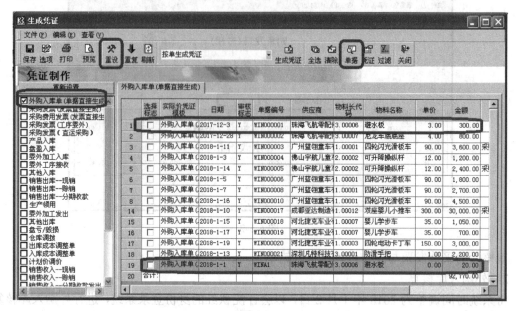

图 6-5-4

选中差额调整单，在工具栏上单击【单据】按钮，即可查看暂估补差单信息，如图 6-5-5 所示。

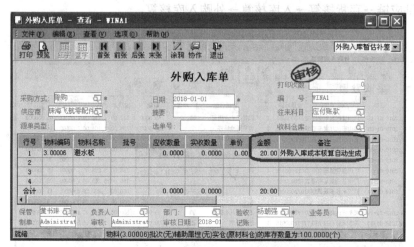

图 6-5-5

2. 退回期初暂估入库货物业务

1）外购入库单（红字）

将系统时间调整为 2018 年 1 月 8 日，以仓管员黄书琳的身份登录系统，基于期初暂估入库单制作外购入库单（红字）。

切换外购入单为红字模式，"供应商"为珠海飞航零配件有限公司，源单为 2017 年 12 月 28 日暂估入库单 WIN000002，"摘要"为"期初暂估退回"，保存并审核单据，如图 6-5-6 所示。

项目6　仓存管理

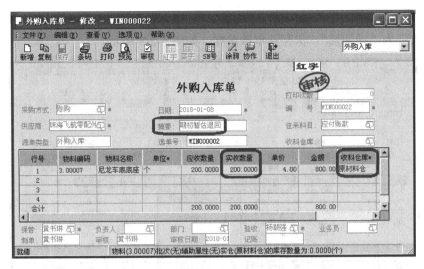

图 6-5-6

2）对等核销

根据路径找到外购入库，双击"外购入库-维护"，在【条件过滤】对话框中，选中【默认方案】，"时间"选择"全部"，不能选择"本期"，否则无法过滤出期初单据，单击【确定】按钮，如图 6-5-7 所示。

路径：供应链→采购管理→外购入库→外购入库-维护。

图 6-5-7

打开【采购管理（供应链）系统-[外购入库序时簿]】窗口，按住 Ctrl 键，选中期初 2017 年 12 月 28 日暂估入库单 WIN000002 和红字的外购入库单 WIN000022，单击【核销】按钮，系统弹出【金蝶提示】对话框，提示对等核销成功，如图 6-5-8 所示。

◉ 说明：为了便于选取单据，本书对业务的安排进行了分类设计，查看单据时可根据日期供应商、物料、单价、数量和金额等综合信息选取。

3．本期暂估入库业务

1）外购入库单

将系统时间调整为 2018 年 1 月 28 日，以仓管员黄书琳的身份登录系统，制作外购入库单，"供应商"为"珠海飞航零配件有限公司"，"摘要"为"本期暂估入库"，"物料编码"为

"3.00006","物料名称"为"避水板","数量"为"200","单价"为"3.2","保管"为"黄书琳","验收"为"杨朝强",保存并审核单据,如图6-5-9所示。

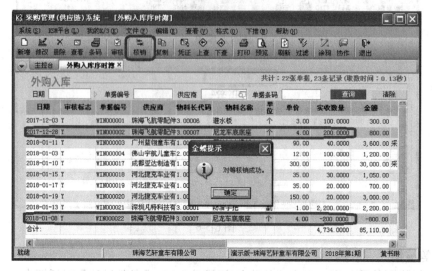

图 6-5-8

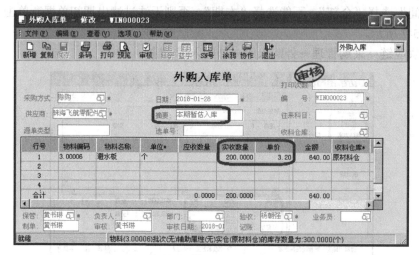

图 6-5-9

2)估价入库

将系统时间调整为2018年1月28日,以会计沈秋红的身份登录系统,进行估价入账。

根据路径找到入库核算,双击"存货估价入账",打开【存货核算(供应链)系统-[暂估入库单序时簿]】窗口,选中2018年1月28日的暂估入库单WIN000023,双击打开该外购入库单,修改"单价"为"3",保存单据,如图6-5-10所示。

路径:供应链→存货核算→入库核算→存货估价入账。

⊙ **说明**:在商业模式下,"差额调整"是指本期收到的采购发票上的"金额"与期初暂估入库单上的"金额"不一致时,系统会自动生成一张补差单。

在商业模式下,"单到冲回"是指本期收到采购发票时,钩稽并做入库核算,系统会自动生成一红一蓝两张外购入库单。

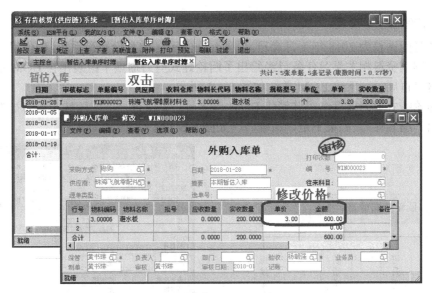

图 6-5-10

本学习任务主要介绍金蝶 K/3 软件仓库管理模块的暂估入库业务流程,主要包括期初暂估入库、本期暂估入库处理及本期暂估入库业务的操作。本学习任务还介绍了暂估入库系统参数的设置对账套模式的影响。

为了方便操作,建议每一学习任务结束后,及时备份账套,下一学习任务中可以恢复本学习任务的账套进行操作。

学习任务 6.6 组装销售业务

组装销售业务

6.6.1 组装销售业务介绍

企业销售时经常有组合销售业务,例如餐桌、餐椅作为餐桌套件成套销售,而在入库时按餐桌、餐椅单独入库。组装件是由多个物料组成,不在生产环节进行组合,而在仓库进行组装,组装后在仓库又可以拆开用于其他组装件,或生产领用出库或单独销售。组装件和组装子件之间是一对多的关系。而组装作业则指在仓库把多个库存组装子件组装成一个组装件的过程,拆卸指将组装件一个拆卸成多个组装子件的过程。

6.6.2 组装销售业务流程

业务描述:2018 年 1 月 8 日郑州曼博儿童车行订购 40 辆四轮蛙式剪刀摇摆车,含税单价为 200 元,要求交货日期为 2018 年 1 月 23 日。由于四轮蛙式剪刀摇摆车是组装型物料,2018 年 1 月 12 日仓库部接到通知,进行组装货物,2018 年 1 月 23 日发货。2018 年 1 月 26 日,因质量问题,退回 2 辆四轮蛙式剪刀摇摆车。

组装销售业务流程:组装件 BOM→销售订单→组装单→系统自动生成一张其他出库单和一张其他入库单→销售出库单→退货时做销售出库单(红字)。

1. 组装件 BOM 设置

将系统时间调整为 2018 年 1 月 8 日,以 Administrator 的身份登录系统,制作组装件 BOM。

在企业案例资料相关学习任务已经给出了四轮蛙式剪刀摇摆车组装销售 BOM 单。为了方便操作,这里再展示一下该 BOM 单,如图 6-6-1 所示。

制作四轮蛙式剪刀摇摆车组装销售 BOM 单之前,先检查一下四轮蛙式剪刀摇摆车的物料属性是否为"组装件",如果不是,请修改,如图 6-6-2 所示。

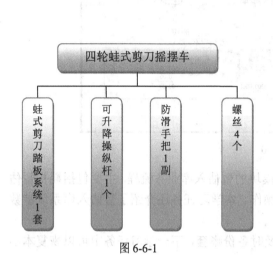

图 6-6-1　　　　　　　　　　　　　　　图 6-6-2

根据路径找到仓存管理,双击"组装件 BOM 录入",打开【BOM 单-新增-BOM000002】窗口,在"BOM 单组别"处按 F7 键,打开【BOM 组别选择】对话框,单击【新增组】按钮,打开【新增组】对话框,"代码"输入为"02","名称"为"四轮蛙式剪刀摇摆车组",单击【确定】按钮,然后单击【退出】按钮,返回【BOM 组别选择】对话框,选中该组别,如图 6-6-3 所示。

路径:系统设置→基础资料→仓存管理→组装件 BOM 录入。

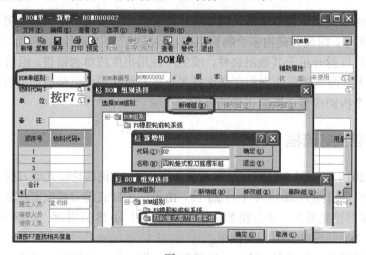

图 6-6-3

单击【确定】按钮,返回【BOM 单-新增-BOM000002】窗口,单据头中"物料代码"选择"1.00006","物料名称"为"四轮蛙式剪刀摇摆车",数据行中"物料代码"选择"2.00001","物料名称"为"蛙式剪刀尼龙踏板系统","用量"为"1";2.00002 可升降操纵杆"用量"为"1";3.00001 防滑手把"用量"为"1";3.00005 螺丝"用量"为"4","发料仓库"统一为默认,保存并审核单据,系统切换到【BOM 单-修改-BOM000002】窗口,如图 6-6-4 所示。

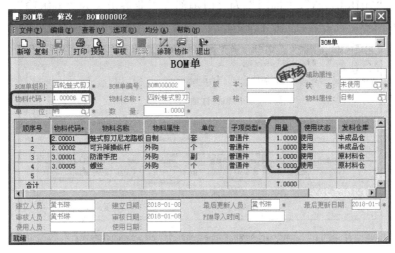

图 6-6-4

组装件 BOM 必须设置为"使用"状态才能生效,根据路径找到仓存管理,双击"组装件 BOM 维护",打开【生产数据管理系统-[BOM 资料维护]】窗口,在左侧【BOM 组】栏选中"02 四轮蛙式剪刀摇摆车组",然后在左下【普通 BOM】栏选中"BOM000002",在右侧显示详细的 BOM 单信息,然后在工具栏上单击【使用】按钮,系统弹出【金蝶提示】对话框,提示 BOM 使用成功,如图 6-6-5 所示。

路径:系统设置→基础资料→仓存管理→组装件 BOM 维护。

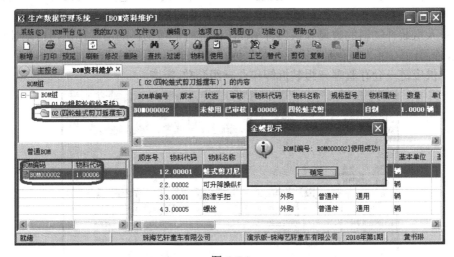

图 6-6-5

◉ **说明:** 如果查询不到 BOM 单,请检查【条件过滤】对话框设置,如审核时间和建立时间是否与该 BOM 的时间一致。

2. 销售订单

将系统时间调整为2018年1月8日，以销售员刘敏瑜的身份登录系统，制作销售订单。"购货单位"选择"郑州曼博儿童用品有限公司"，"摘要"为"组装销售"，"产品代码"选择"1.00006"，"产品名称"为"四轮蛙式剪刀摇摆车"，"数量"为"40"，"含税单价"为"200"，"交货日期"为"2018-01-23"，"部门"为"内销部"，"业务员"为"刘敏瑜"，保存并审核单据，如图6-6-6所示。

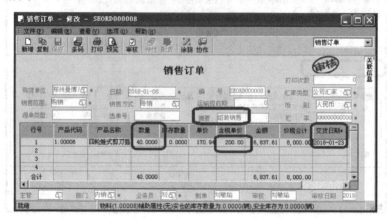

图6-6-6

● 说明：在填写单据中"数量"时为蓝底表示该物料库存为负库存，组装型物料在系统中没有库存，在销售时会通过组装单完成入库库存。

3. 组装单

将系统时间调整为2018年1月12日，以仓管员黄书琳的身份登录系统，制作组装单。

根据路径找到组装拆卸作业，双击"组装单-新增"，打开【组装单-新增-00000023】窗口，"事务类型"为"组装"，"备注"为"组装销售"，"物料代码"选择"1.00006"，"物料名称"为"四轮蛙式剪刀摇摆车"，系统会自动带出组装件物料的子项物料，"数量"输入"40"，系统会根据录入组装件物料的数量和组装件BOM设置的子项物料的用量比例，自动计算子项物料的数量，"部门"为"内销部"，"业务员"为"刘敏瑜"，保存单据，如图6-6-7所示。

路径：供应链→仓存管理→组装拆卸作业→组装单-新增。

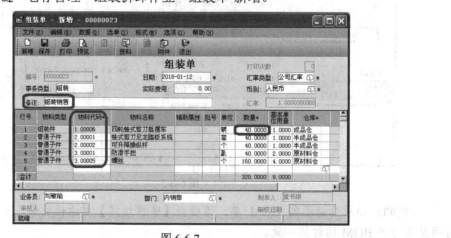

图6-6-7

单击【审核】按钮后，系统自动生成一张其他出库单和一张其他入库单，如图 6-6-8 所示。

图 6-6-8

4. 其他出库单与其他入库单

根据路径查询其他出库单，如图 6-6-9 所示。

路径：供应链→仓存管理→领料发货→其他出库-维护。

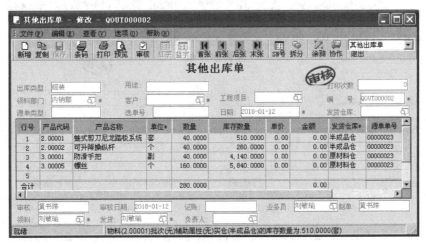

图 6-6-9

根据路径查询其他入库单，如图 6-6-10 所示。

路径：供应链→仓存管理→验收入库→其他入库-维护。

◉ 说明：其他出库单中的物料为组装单的子项物料，其他入库单中的物料为组装单的组装件物料，这两张单据的状态均为已审核，不能手工修改。若反审核组装单，系统会自动删除审核时生成的其他出库单和其他入库单。

5. 销售出库单

将系统时间调整为 2018 年 1 月 23 日，以仓管员黄书琳的身份登录系统，基于 2018 年 1

月 8 日销售订单 SEORD000008 做销售出库单,"购货单位"选择"郑州曼博儿童用品有限公司","摘要"为"组装销售","实发数量"为"40","发货"为"卫国强","保管"为"黄书琳",保存并审核单据,如图 6-6-11 所示。

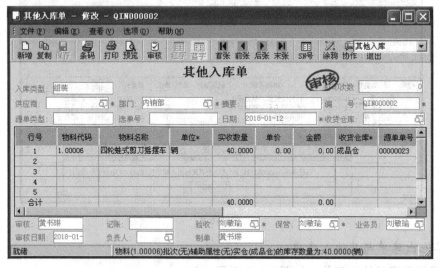

图 6-6-10

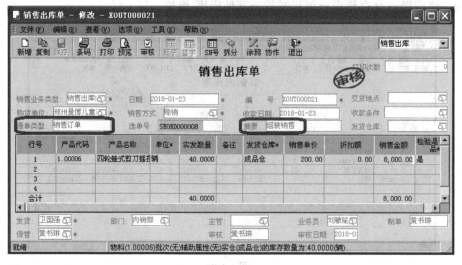

图 6-6-11

6. 销售出库单(红字)

将系统时间调整为 2018 年 1 月 26 日,以仓管员黄书琳的身份登录系统,基于 2018 年 1 月 23 日的销售出库单 XOUT000021 做销售出库单(红字)。"购货单位"选择"郑州曼博儿童用品有限公司","摘要"为"组装销售退货","实发数量"修改为"2",如图 6-6-12 所示。

本学习任务主要介绍金蝶 K/3 软件销售管理中组装销售业务操作流程,该流程主要针对组装型物料的销售业务通过组装单完成物料组装产品入库。本学习任务还介绍了组装件退货流程。

为了方便操作,建议每个学习任结束后,及时备份账套,下一学习任务中可以恢复本学习任务的账套进行操作。

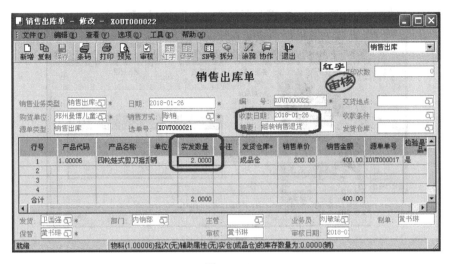

图 6-6-12

学习任务 6.7 盘 点 业 务

6.7.1 盘点业务介绍

库存盘点是处理与库存数据相关的日常操作和信息管理的综合功能模块,主要包括备份盘点数据、打印盘点表、输入盘点数据、编制盘点报告表等处理功能,实现对盘点数据的备份、打印、输出、录入、生成盘盈盘亏单据等,是对账存数据和实际库存数据进行核对的重要工具,是保证企业账实相符的重要手段。

6.7.2 盘点作业流程

业务描述:2018 年 1 月 30 日珠海艺轩童车有限公司对库存进行盘点,2018 年 1 月 30 日对盘点结果进行处理。

盘点作业流程:盘点方案→打印盘点表→录入盘点数据→编制盘点报告单→盘盈/盘亏单。

1. 盘点方案

盘点方案主要是序时地记录每次盘点的时间、仓库等信息,系统按盘点方案建立的时间及所选取的仓库、物料确定盘点范围,对相应的库存数据进行备份,并可以对盘点数据引出。

将系统时间调整为 2018 年 1 月 30 日,以仓管员黄书琳的身份登录系统,制作盘点方案。

根据路径找到盘点作业,双击"盘点方案-新增",打开【盘点进程】对话框,在工具栏上单击【新建】按钮,打开【备份仓库数据】对话框,选中所有仓库,单击【确定】按钮,系统弹出【金蝶提示】对话框,提示仓库备份已经完成,单击【确定】按钮,如图 6-7-1 所示。

路径:供应链→仓存管理→盘点作业→盘点方案-新增。

◉ **说明:** 如果系统提示有仓库(仓位)下有未审核的单据,则需要去查询出库入库单据,将未审核的单据审核后,方可进行盘点。只有审核通过,才会引起库存变化。

图 6-7-1

2. 打印盘点表

确定盘点范围和备份仓存数据之后，打印盘点数据，提供仓存人员进行盘点。系统根据使用者的备份数据自动生成盘点数量空白、物料属性与账面相同的"物料盘点表"供打印。

根据路径找到盘点作业，双击"盘点表打印"，打开【打印商品盘点表】窗口，在工具栏上单击【打印】按钮，即可打印物料盘点表，如图 6-7-2 所示。

路径：供应链→仓存管理→盘点作业→盘点表打印。

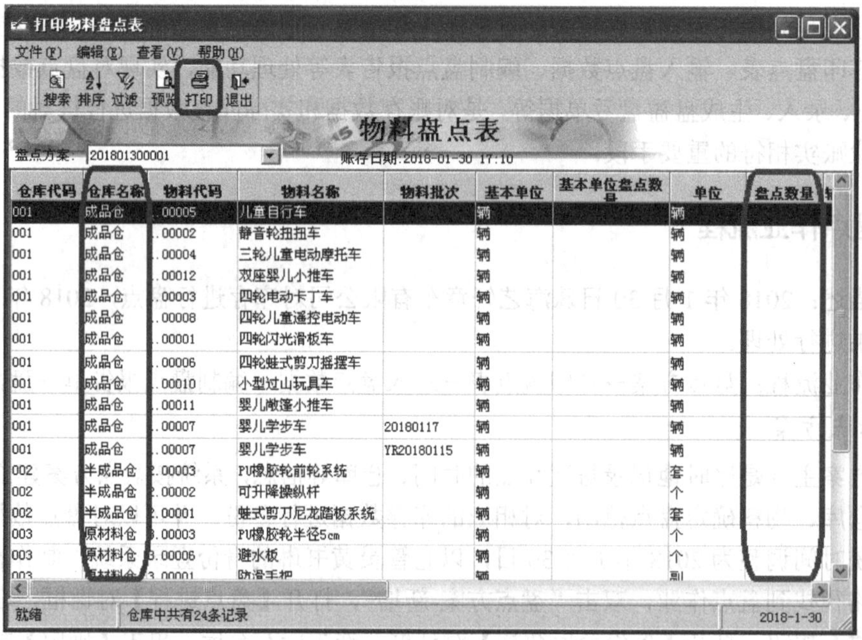

图 6-7-2

3. 录入盘点数据

将系统时间调整为 2018 年 1 月 30 日，以仓管员黄书琳的身份登录系统，制作盘点数据，录入盘点数据信息，如表 6-7-1 所示。

表 6-7-1 盘点数据信息

物 料 代 码	物 料 名 称	数 量	物 料 代 码	物 料 名 称	数 量
1.00001	四轮闪光滑板车	150	2.00001	蛙式剪刀尼龙踏板系统	510
1.00002	静音轮扭扭车	240	2.00002	可升降操纵杆	260
1.00003	四轮电动卡丁车	18	2.00003	PU 橡胶轮前轮系统	500
1.00004	三轮儿童电动摩托车	900	3.00001	防滑手把	4 140
1.00005	儿童自行车	220	3.00002	智能防倒转向系统	200
1.00006	四轮蛙式剪刀摇摆车	2	3.00003	PU 橡胶轮半径 5cm	98
1.00007	婴儿学步车	30	3.00004	不锈钢踏板 14cm	0
1.00008	四轮儿童遥控电动车	0	3.00005	螺丝	5 840
1.00009	二轮活力滑板	0	3.00006	避水板	300
1.00010	小型过山玩具车	80	3.00007	尼龙车底底座	0
1.00011	婴儿敞篷小推车	50	4.00001	音乐盒	40
1.00012	双座婴儿小推车	120			

注：此处盘点数据未统计进出口业务数据，盘点数是各个仓库同一物料盘点数总和。

根据路径找到盘点作业，双击"盘点数据录入"，打开【录入盘点数据】窗口，此时物料的排列不规则，在工具栏上单击【排序】按钮，系统弹出【过滤】对话框，在【排序】选项卡中，"排列字段"选择"物料代码"，"排序方式"选择"升序"，如图 6-7-3 所示。

路径：供应链→仓存管理→盘点作业→盘点数据录入。

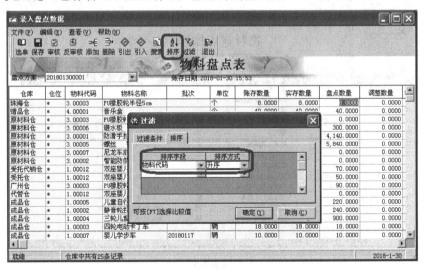

图 6-7-3

单击【确定】按钮，系统返回【录入盘点数据】对话框，物料按照物料代码升序排列。根据表 6-7-1 盘点结果在【盘点数量】列手工输入实际盘点数量，保存并审核单据，如图 6-7-4 所示。

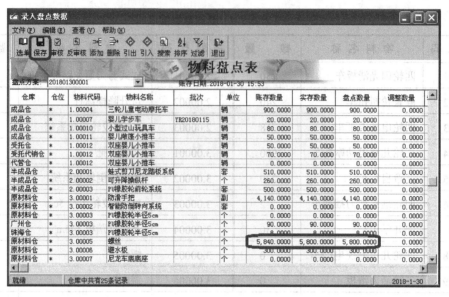

图 6-7-4

4. 编制盘点报告单

根据录入的盘点数据和账存数对比，分仓库自动生成物料盘点报告单，并可以自动生成物料的盘盈盘亏单。

根据路径找到盘点作业，双击"编制盘点报告"，打开【物料盘点报告单】窗口，系统自动计算出存货的盘盈盘亏数量，根据盘点结果，可以做盘盈盘亏单，如图6-7-5所示。

路径：供应链→仓存管理→盘点作业→编制盘点报告。

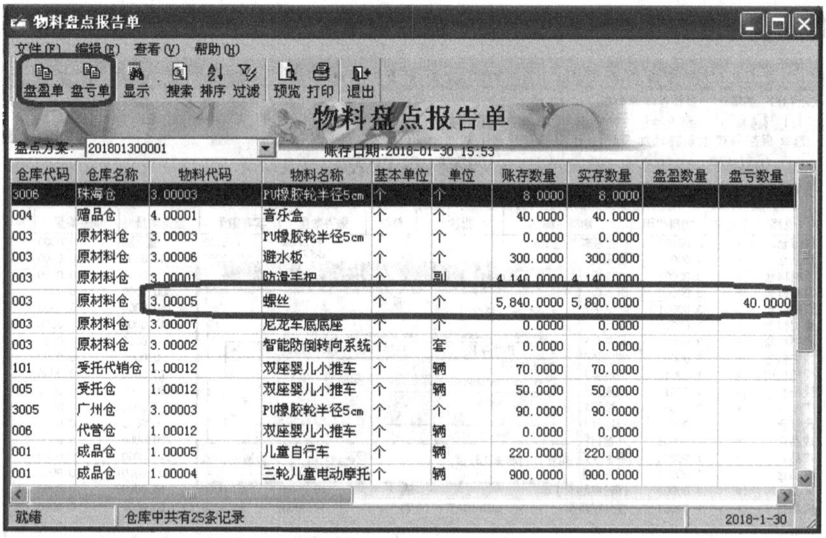

图 6-7-5

5. 盘盈/盘亏单

根据盘点结果，发现"3.00005 螺丝"盘亏40个，在工具栏上单击【盘亏单】按钮，打开【盘点报告单-新增-KADJ000001】窗口，输入"单价"为"0.5"，"保管"为"黄书琳"，录入完成，检查数据无误后保存并审核单据，系统切换到【盘点报告单-修改-KADJ000001】窗口，如图 6-7-6 所示。

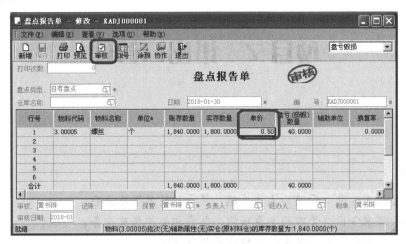

图 6-7-6

本学习任务主要介绍金蝶 K/3 软件仓库模块的盘点业务流程，该流程主要是建立盘点方案，打印盘点表，月末盘点后录入盘点数据，根据盘点报告单编制盘盈/盘亏单。盘点业务在企业管理中也是重要一环，做好定期盘点，有利于企业时刻掌握仓库动态，实现账实统一。

为了方便操作，建议每个学习任务结束后，及时备份账套，下一学习任务可以恢复本学习任务的账套进行操作。

项目 7　进出口管理

学习目标

- ◆ 了解金蝶 K/3 进口管理的主要功能，熟悉相关单据及业务；
- ◆ 了解金蝶 K/3 出口管理的主要功能，熟悉相关单据及业务；
- ◆ 掌握金蝶 K/3 进口管理中的进口业务处理方法；
- ◆ 掌握金蝶 K/3 进口管理中的出口业务处理方法。

学习任务

- ◆ 熟悉采购申请、进口采购订货、进口单证、进料检验、仓库收料等相关单据；
- ◆ 掌握海关编码、港口城市及包装类型等进出口基础资料设置；
- ◆ 掌握进口单证、报关处理、完税确认、验收入库的业务操作；
- ◆ 掌握外销订单、出口信用证、出运通知单、报关、装箱单的业务操作；
- ◆ 掌握进出口单据的权限设置。

学习任务 7.1　进 口 管 理

7.1.1　进口管理介绍

进口管理系统，是通过供应商价格管理及供货信息管理、订单管理、进口单证管理、质量检验管理等功能，经采购申请、进口采购订货、进口单证（包括供应商发票、报关单证、进口税金）、进料检验、仓库收料等进行综合运用的管理系统，对进口采购物流和资金流的全过程进行有效的双向控制和跟踪，实现完善的企业物资供应信息管理。

7.1.2　进口管理业务流程

业务描述：2018 年 1 月 3 日向美国乐源商贸有限公司进口 50 辆四轮儿童遥控电动车，CIF 单价为 40 美元，采用信用证付款，开证日期定为 2018 年 1 月 10 日，预计到货日期为 2018 年 1 月 25 日，目的港为珠海港，运输方式是集装箱运输。2018 年 1 月 12 日报关，完税日期为 2018 年 1 月 18 日。

进口管理流程：基础资料设置→多级审核设置→进口订单→进口单证→报关处理→完税确认→验收入库→钩稽（进口单证和外购入库单）。

1. 基础资料设置

1）HS 编码

海关编码即 HS 编码，为编码协调制度的简称。采用六位编码，适用于税则、统计、生产、运输、贸易管制、检验检疫等多方面，目前全球贸易量 98%以上使用这一目录，已成为国际贸易的一种标准语言。我国进出口税则采用十位编码，前八位等效采用 HS 编码，后两位是我国子目，它是在 HS 分类原则和方法的基础上，根据我国进出口商品的实际情况延伸的两位编码。

将系统时间调整为 2018 年 1 月 1 日，以 Administrator 的身份登录系统，设置进口管理基础资料。

根据路径找到公共资料，双击"HS 编码"，打开【基础平台-[HS 编码]】窗口，单击【新增】按钮，打开【HS 编码-新增】窗口，设置"代码"为"001"，"名称"为"四轮儿童遥控电动车"，"HS 编码"为"850400100"，"进口关税率%"为"3"，"进口增值税率%"为"17"，"第一法定计量单位"和"第二法定计量单位"为"辆"，单击【保存】按钮，如图 7-1-1 所示。

路径：系统设置→基础资料→公共资料→HS 编码。

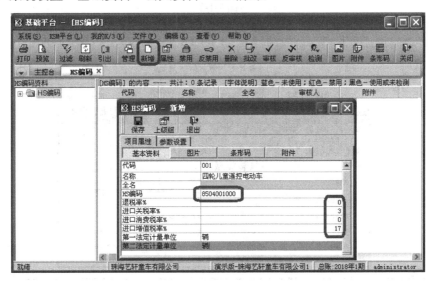

图 7-1-1

2）设置城市港口

根据路径找到公共资料，双击"城市港口"，打开【基础平台-[城市港口]】窗口，单击【新增】按钮，打开【城市港口-新增】窗口，"代码"为"01"，"名称"为"珠海港"，"海关标准代码"为"CNZUH"，单击【保存】按钮，如图 7-1-2 所示。

路径：系统设置→基础资料→公共资料→城市港口。

3）设置包装类型

根据路径找到进口管理，双击"包装类型"，打开【包装类型】窗口，单击【新增】按钮，打开【包装类型-新增】窗口，"代码"为"001"，"名称"为"重型纸箱"，"外包装单位"为

"箱","包装方式"为"1","单件毛重 kg"为"25","单件净重 kg"为"23","长 cm""宽 cm""高 cm"分别为"100""50""40",单击【保存】按钮,如图 7-1-3 所示。

路径:系统设置→基础资料→进口管理→包装类型。

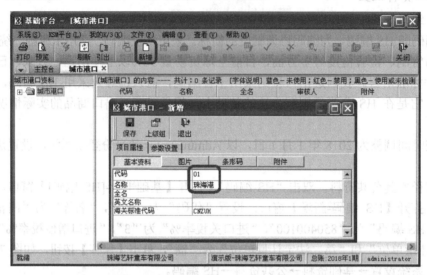

图 7-1-2

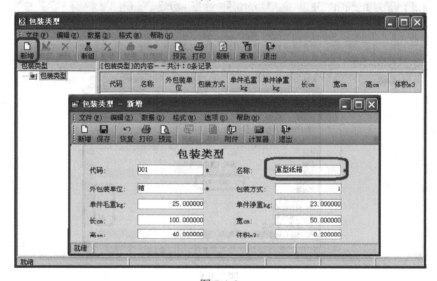

图 7-1-3

4)设置包装资料

根据路径找到进口管理,双击"包装资料",打开【物料包装单】窗口,在左侧栏选择"成品"中"1.00008 四轮儿童遥控电动车",单击【修改】按钮,打开【包装资料-新增】窗口,在"包装代码"处按 F7 键选择"001 重型纸箱","单位"为"辆",选中"是否主包装"复选框,单击【保存】按钮,如图 7-1-4 所示。

路径:系统设置→基础资料→进口管理→包装资料。

5)修改会计科目信息

由于涉及外币核算,修改会计科目"2202 应付账款"的"外币核算"属性为"所有外币",

选中"期末调汇"复选框,单击【保存】按钮,如图7-1-5所示。

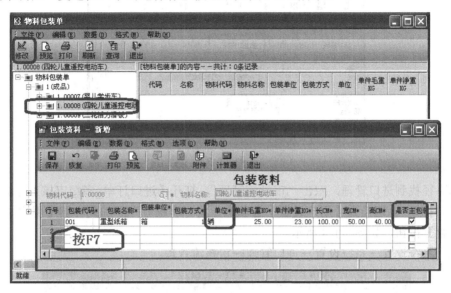

图 7-1-4

◉ **说明**:如果科目已发生业务,"外币核算"只能设置为所有币别。

6)修改物料信息

修改"1.00008 四轮儿童遥控电动车"进出口资料属性,在该物料【项目属性】选项卡【进出口资料】标签,"HS 编码"选取"8504001000","HS 第一法定单位换算率"和"HS 第二法定单位换算率"均为"1",单击【保存】按钮,如图7-1-6所示。

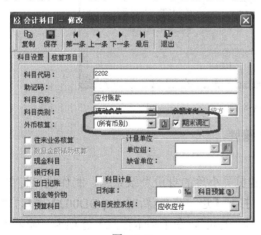

图 7-1-5　　　　　　　　　　　　　　　图 7-1-6

7)修改供应商信息

修改"3.0001 美国乐源商贸有限公司"的海关信息,在该供应商【项目属性】选项卡【进出口资料】标签,输入"海关注册码"为"CNZUH",单击【保存】按钮,如图7-1-7所示。

2. 多级审核设置

设置进口订单、进口单证均由李德胜审核。

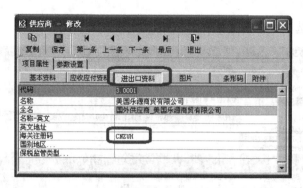

图 7-1-7

根据路径找到进口管理,双击"审批流管理",打开【进口订单_多级审核工作流】窗口,选中"进口订单",切换到【用户设置】选项卡,将"李德胜"添加到右侧【用户姓名】栏,单击【保存】按钮,如图 7-1-8 所示。

路径:系统设置→系统设置→进口管理→审核流管理。

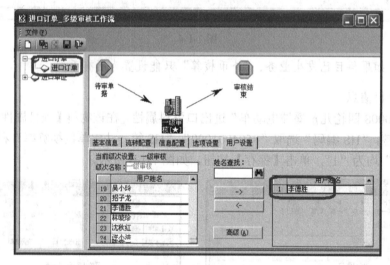

图 7-1-8

按上述方法设置进口单证的多级审核人为李德胜。

3. 进口订单

将系统时间调整为 2018 年 1 月 3 日,以采购员吴小玲的身份登录系统,制作进口订单。

根据路径找到进口管理,双击"进口订单",打开【进口订单-新增-ImpOD002】窗口,"供应商"选择"美国乐源商贸有限公司","币别"为"美元",在【基本信息】选项卡,输入"价格术语"为"CIF","部门"为"采购部","业务员"为"吴小玲","备注"为"进口","物料代码"选择"1.00008","物料名称"为"四轮儿童遥控电动车","数量"为"50","单价"为"40","交货日期"为"2018-01-28",切换到【付款信息】选项卡,"信用证付款比例"为"100","开证期限"为"2018-01-10",保存单据,如图 7-1-9 所示。

路径:系统设置→系统设置→进口管理→进口订单。

以李德胜的身份登录系统,审核进口订单。

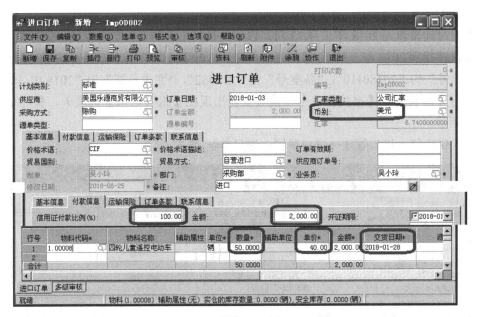

图 7-1-9

4. 进口单证

将系统时间调整为 2018 年 1 月 10 日，以采购员吴小玲的身份登录系统，制作进口单证。

根据路径找到进口单证，基于进口订单做进口单证，"供应商"选择"美国乐源商贸有限公司"，"往来科目"为"应付账款"，"币别"为"美元"，"提单号"为"201801012001"，"船名"为"玛丽号"，"集装箱号"为"20180109001"，"预计到货日期"为"2018-01-25"，"目的港"为"珠海港"，保存单据，如图 7-1-10 所示。

路径：供应链→进口管理→进口订单→进口单证-新增。

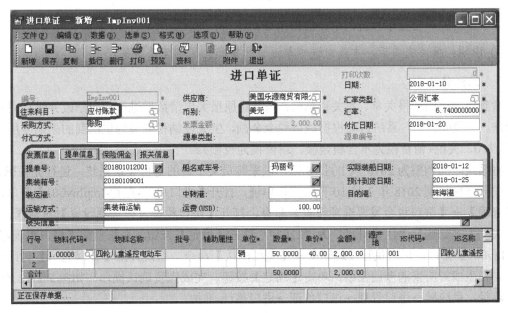

图 7-1-10

5. 报关处理

将系统时间调整为 2018 年 1 月 12 日，以采购员吴小玲的身份登录系统，进行报关处理。

根据路径找到 2018 年 1 月 10 日的进口单证，打开【进口单证-修改-ImpInv001】窗口，补充"报关单号"为"20180110"，"备案号"为"212432"，"完税日期"为"2018-01-18"，在菜单栏上执行【编辑】→【报关】命令，报关资料出现在【报关信息】选项卡，保存单据，如图 7-1-11 所示。

路径：供应链→进口管理→进口单证→进口单证-维护。

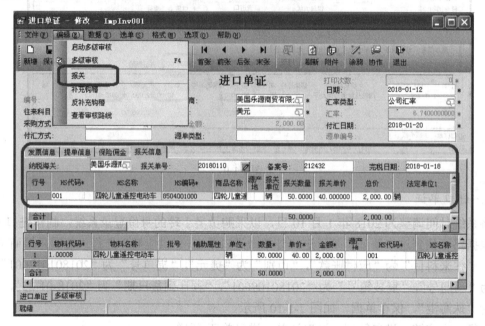

图 7-1-11

以李德胜的身份登录系统，审核进口单证。

⊙ 说明：报关完成后，才能对进口单证进行审核，否则无法报关。

6. 完税确认

拿到报关返回的报关单、海关税单后，需要对原报关申请数据进行相应修改并进行完税确认操作。完税确认后，系统自动根据进口税金金额，生成以纳税海关为供应商的采购专用发票（数量为 0、关税+消费税为不含税金额、增值税为税额）。

将系统时间调整为 2018 年 1 月 18 日，以采购员吴小玲的身份登录系统，进行完税确认。

根据路径找到 2018 年 1 月 10 日的进口单证，打开【进口单证-查看-ImpInv001】窗口，执行【选项】→【进口税金发票选项设置】命令，打开【进口税金发票选项设置】对话框，"采购方式"为"赊购"，"往来科目"为"2202"，单击【确定】按钮，系统返回【进口单证-查看-ImpInv001】窗口，然后执行【编辑】→【完税确认】命令，系统弹出【金蝶提示】对话框，提示完税生成对应采购专用发票，单击【确定】按钮，完成完税确认操作，如图 7-1-12 所示。

路径：供应链→进口管理→进口单证→进口单证-维护。

以会计许小洁的身份登录系统，查看该购货发票，如图 7-1-13 所示。

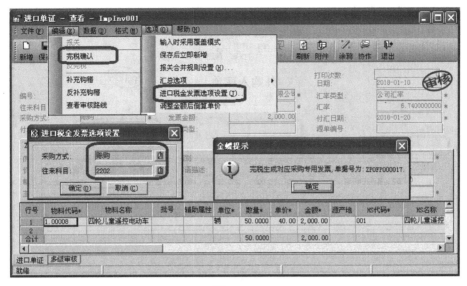

图 7-1-12

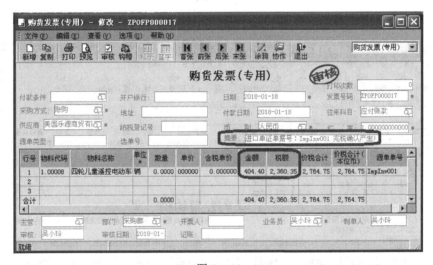

图 7-1-13

7．验收入库

将系统时间调整为 2018 年 1 月 25 日，以仓管员黄书琳的身份登录系统，进行验收入库。

基于 2018 年 1 月 10 日的进口单证制作外购入库单，"供应商"选择"美国乐源商贸有限公司"，"摘要"为"进口"，"往来科目"为"应付账款"，"收料仓库"为"成品仓"，"保管"为"黄书琳"，"验收"为"杨朝强"，保存单据并审核，如图 7-1-14 所示。

8．进口单证和外购入库单的钩稽

以采购员吴小玲的身份登录系统，根据路径找到进口单证，双击"进口单证-维护"，打开【进口管理（供应链）系统-[进口单证序时簿]】窗口，选中 2018 年 1 月 12 日的报关的进口单证 ImpInv001，单击【钩稽】按钮，系统打开【采购发票钩稽】窗口，确认两个"本次钩稽数量"均为"50"，再单击【钩稽】按钮，系统弹出【金蝶提示】对话框，提示钩稽成功，如图 7-1-15 所示。

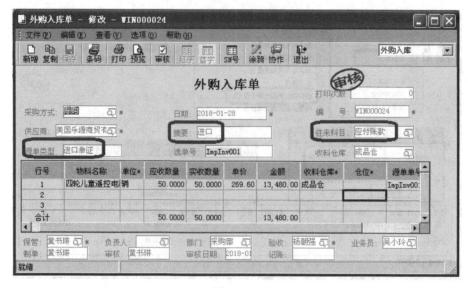

图 7-1-14

路径：供应链→进口管理→进口单证→进口单证-维护。

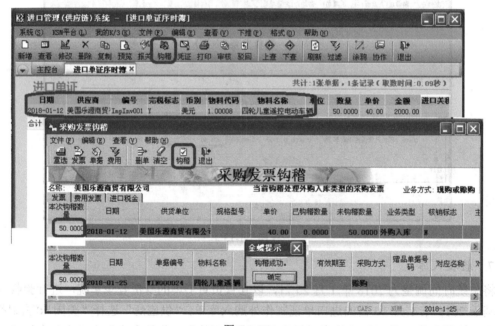

图 7-1-15

本学习任务主要介绍金蝶 K/3 软件进口管理的基本进口业务流程，该流程主要包括进口订单、进口单证、报关、完税确认和外购入库单的操作。本学习任务还介绍了要完成进口管理业务还需要的基础资料的设置如 HS 编码、城市港口、包装类型、包装资料、科目/物料/供应商属性进口属性设置，以及单据的多级审核权限设置。

为了方便操作，建议每个学习任务结束后，及时备份账套，下一学习任务可以恢复本学习任务的账套进行操作。

学习任务 7.2 出 口 管 理

7.2.1 出口管理介绍

出口管理系统,是通过外销订单、备货出运管理、装箱管理、仓库出库、国外客户管理、出口单证制作(报关单证、结汇单证)管理等功能综合运用的管理系统,对出口外销的物流和资金流的全过程进行有效的双向控制和跟踪,实现完善的企业物资供应信息管理。该系统可与销售系统协同进行出口销售操作,与供应链其他子系统、应收款管理系统等其他系统结合运用,将能提供更完整、全面的企业物流业务流程管理和财务管理信息,有效地提高企业工作效率。

7.2.2 出口管理业务流程

业务描述:2018 年 1 月 5 日香港龙达车行订购 150 辆三轮儿童电动摩托车,单价为 550 港币,1 月 10 日收到香港龙达车行开具的信用证,同日销售部开出出运通知单通知仓库备货,1 月 12 日进行报关,2018 年 1 月 20 日仓库进行装箱处理。

出口管理流程:基础资料设置→审核权限设置→外销订单→出口信用证→出运通知单→报关→装箱单。

1. 基础资料设置

将系统时间调整为 2018 年 1 月 1 日,以 Administrator 的身份登录系统,设置出口管理相关基础资料。

1)设置客户的销售模式

确认 4.001 香港龙达车行的"销售模式"为"外销",如图 7-2-1 所示。

2)HS 编码

根据路径找到公共资料,双击"HS 编码",打开【基础平台-[HS 编码]】窗口,单击【新增】按钮,打开【HS 编码-新增】窗口,"代码"为"002","名称"为"三轮儿童电动摩托车","HS 编码"为"8712001000","进口关税率%"为"3","进口增值税率%"为"17","第一法定计量单位"和"第二法定计量单位"均为"辆",单击【保存】按钮,如图 7-2-2 所示。

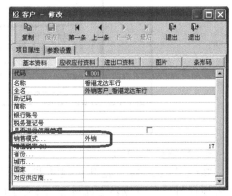

图 7-2-1

路径:系统设置→基础资料→公共资料→HS 编码。

3)设置包装类型

根据路径找到出口管理,双击"包装类型",打开【包装类型】窗口,单击【新增】按钮,打开【包装类型-新增】窗口,"代码"为"002","名称"为"瓦楞纸箱","外包装单位"为"箱","包装方式"为"1","单件毛重 kg"为"22","单件净重 kg"为"20","长 cm"为"100","宽 cm"为"40","高 cm"为"80","体积 m3"为"0.32",单击【保存】按钮,如图 7-2-3 所示。

路径：系统设置→基础资料→出口管理→包装类型。

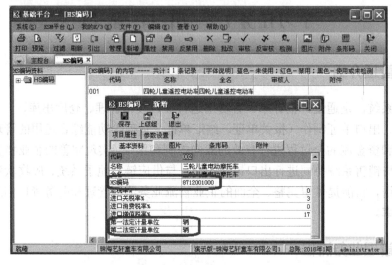

图 7-2-2

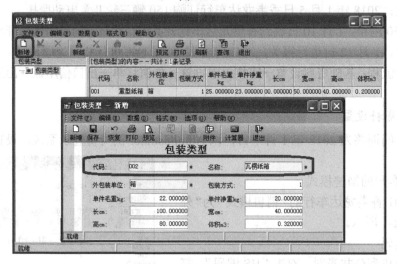

图 7-2-3

4）修改物料属性

修改"1.00004 三轮儿童电动摩托车"进出口资料属性，在该物料【项目属性】选项卡【进出口资料】标签，"HS 编码"选取"8712001000"，"HS 第一法定单位换算率"和"HS 第二法定单位换算率"均为"1"，单击【保存】按钮，如图 7-2-4 所示。

5）包装资料

根据路径找到进口管理，双击"包装资料"，打开【物料包装单】窗口，在左侧栏选择"成品"中"1.00004 三轮儿童电动摩托车"，单击

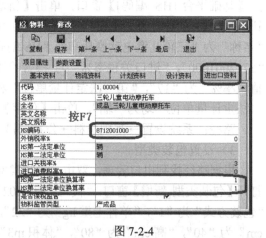

图 7-2-4

【修改】按钮,打开【包装资料-新增】窗口,在"包装代码"处按 F7 键选择"002 瓦楞纸箱","单位"为"辆",选中"是否主包装"复选框,单击【保存】按钮,右侧显示该物料的包装资料,如图 7-2-5 所示。

路径:系统设置→基础资料→出口管理→包装资料。

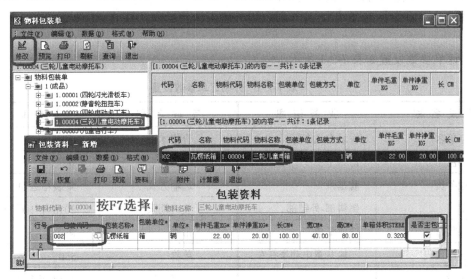

图 7-2-5

2. 审核权限设置

设置外销订单、出口信用证、出运通知单和装箱单均由李德胜审核。

根据路径找到出口管理,双击"审批流管理",打开【外销订单-多级审核工作流】窗口,选中"外销订单",在【基本信息】选项卡,确认选中"启用流程"复选框,切换到【用户设置】选项卡,将"李德胜"添加到右侧【用户姓名】栏,单击【保存】按钮,如图 7-2-6 所示。

路径:系统设置→系统设置→出口管理→审核流管理。

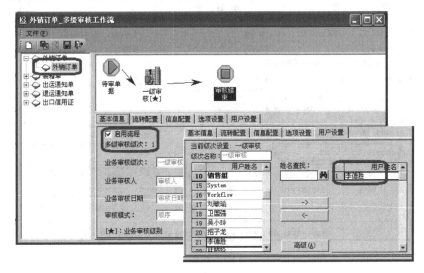

图 7-2-6

按上述方法设置出口信用证、出运通知单和装箱单的多级审核人为李德胜。

3. 外销订单

外销订单是国内企业与国外客户之间购销双方共同签署的、以确认出口销售活动的标志，在 K/3 系统中处于出口管理的核心地位。

将系统时间调整为 2018 年 1 月 5 日，以外销部销售员魏基豪的身份登录系统，制作外销订单。

外销订单参数设置如表 7-2-1 所示。

表 7-2-1 外销订单参数设置

字 段 名 称	业 务 信 息	字 段 名 称	业 务 信 息
订单客户	香港龙达车行	价格术语	FOB
备注	出口	装运港	珠海港
业务员	魏基豪	运输方式	集装箱运输
部门	销售部-外销部	装运期限	2018 年 1 月 20 日
付款方式	商业汇票	币别	港币
物料代码	三轮儿童电动摩托车	单价	550
数量	150	交货日期	2018 年 1 月 28 日

根据路径找到外销订单，双击"外销订单-新增"，打开【外销订单-新增-SO000001】窗口，根据表 7-2-1 所示的参数制作外销订单，单击【保存】按钮，如图 7-2-7 所示。

路径：供应链→出口管理→外销订单→外销订单-新增。

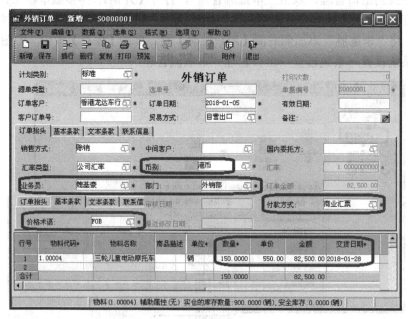

图 7-2-7

以李德胜的身份登录系统，对外销订单进行审核。

项目 7 进出口管理

4. 出口信用证

出口信用证是客户依据外销订单，通过银行开给卖方（受益人）的有条件的付款承诺书。

将系统时间调整为 2018 年 1 月 10 日，以外销部销售员魏基豪的身份登录系统，制作出口信用证。

根据路径找到出口信用证，双击"出口信用证-新增"，打开【出口信用证-新增-EXPLC001】窗口，"客户"为"香港龙达车行"，"币别"选择"港币"，"源单类型"为"外销订单"，选择 2018 年 1 月 5 日的外销订单 SO000001，补充字段"信用证号"为"20180110001"，保存单据后，以李德胜的身份登录系统，对出口信用证进行审核，如图 7-2-8 所示。

路径：供应链→出口管理→出口信用证→出口信用证-新增。

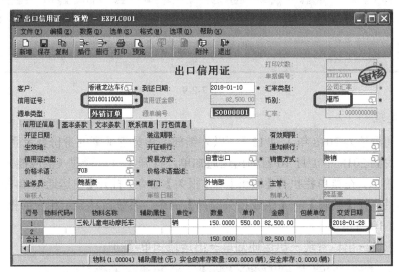

图 7-2-8

⊙ **说明**：基于外销订单做出口信用证时，币别要保持一致，否则无法过滤出来数据。在外销订单中"币别"为"港币"，在出口信用证界面要先设置"币别"为"港币"，再选择"源单类型"和"源单编号"才能过滤出数据。

5. 出运通知单

出运通知单本身既作为仓储部门安排出库的通知单，也作为单证部门缮制单证的载体，作为工厂备货的指令，也可以作为其装箱的指令。

将系统时间调整为 2018 年 1 月 10 日，以外销部销售员魏基豪的身份登录系统，制作出运通知单。

根据路径找到出运通知单，双击"出运通知单-新增"，打开【出运通知单-新增-cytz0001】窗口，"客户"为"香港龙达车行"，"币别"为"港币"，"源单类型"为"出口信用证"，选择 2018 年 1 月 10 日的出口信用证 EXPLC001，"摘要"为"出口"，确认"包装单位"为"瓦楞纸箱"，"HS 代码"为"002"，"HS 名称"为"三轮儿童电动摩托车"，保存后由李德胜审核，如图 7-2-9 所示。

路径：供应链→出口管理→出运通知单→出运通知单-新增。

⊙ **说明**：基于出口信用证做出运通知单时，币别要保持一致，否则无法过滤出来数据。

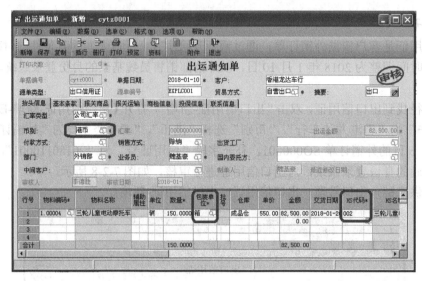

图 7-2-9

6. 报关处理

将系统时间调整为 2018 年 1 月 12 日，以外销部销售员魏基豪的身份登录系统，进行报关。

根据路径找到 2018 年 1 月 10 日的出运通知单，打开【出口管理（供应链）系统-[出运通知单序时簿]】窗口，在菜单栏执行【编辑】→【报关】命令，打开【出运通知单-修改-cytz0001】窗口，在菜单栏执行【编辑】→【生成报关商品】命令，系统自动显示相应的报关信息，保存单据，如图 7-2-10 所示。

路径：供应链→出口管理→出运通知单→出运通知单-维护。

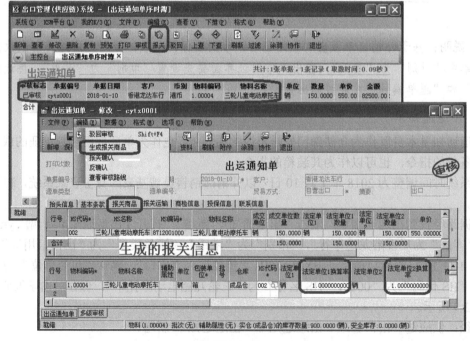

图 7-2-10

⊙ **说明**：若四轮儿童遥控电动车"进出口资料"标签，没有设定 HS 第一和第二法定单位换算率，则此处需要设定。

7. 装箱单

装箱单是常见的包装单据之一。包装单据是说明出口商品包装情况的单据。作为商业发票的一项补充单据，主要显示商品的包装，毛重、净重以及体积、外包装编号、每一包装的装箱情况等。

将系统时间调整为 2018 年 1 月 20 日，以外销部销售员魏基豪的身份登录系统，制作装箱单。

根据路径找到装箱单，双击"装箱单-新增"，打开【装箱单-新增-PACK001】窗口，"客户"为"香港龙达车行"，在"出运单号"处按 F7 键选择 2018 年 1 月 10 日的出运通知单 cytz0001，保存单据，如图 7-2-11 所示。

路径：供应链→出口管理→装箱单→装箱单-新增。

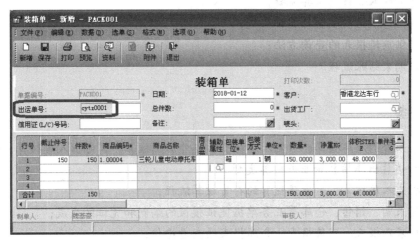

图 7-2-11

以李德胜的身份登录系统，对装箱单进行审核。

本学习任务主要介绍金蝶 K/3 软件出口管理的基本出口业务流程，该流程主要包括外销订单、出口信用证、出运通知单、装箱单的操作。本学习任务还介绍了出口管理相关的基础资料，如客户销售类型、HS 编码、装运方式，以及单据的多级审核权限设置。

为了方便操作，建议每个学习任务结束后，及时备份账套，下一学习任务可以恢复本学习任务的账套进行操作。

项目 8 存货核算

学习目标

- ✧ 掌握金蝶 K/3 存货核算流程；
- ✧ 掌握凭证模板的编制与凭证生成；
- ✧ 掌握供应链报表的查询方法；
- ✧ 掌握期末结账流程。

学习任务

- ✧ 熟悉如外购入库核算，自制入库核算，委外加工核算，其他出入库核算，材料出库核算和销售出库核算等业务核算类型；
- ✧ 掌握先入库核算、后出库核算的存货核算流程；
- ✧ 掌握采购、销售、仓库等业务单据凭证模板的编制和凭证的生成；
- ✧ 掌握采购报表、销售报表、仓库报表的查看操作；
- ✧ 掌握期末关账、期末对账及期末结账操作。

学习任务 8.1 存货核算业务

存货核算

8.1.1 存货核算介绍

存货是指企业在日常活动中持有以备出售的产成品或商品、处在生产过程中的在产品、在生产过程或提供劳务过程中耗用的材料和物料等。

存货按核算类型分为入库核算和出库核算。

存货按业务类型可分类如下：

(1) 外购业务（外购入库单及发票齐全）：外购入库核算。

(2) 暂估业务（有外购入库单无发票的）：存货估价入账。

(3) 委外加工业务（委外加工出入库单及购货发票齐全）：委外加工入库核销、材料出库核算、委外加工入库核算、产品出库核算。

（4）其他仓库入库业务（非组装/拆卸业务）：其他入库核算。
（5）销售业务（非产成品销售出库单）：材料出库核算。
（6）无源单无单价的红字出库业务：红字出库核算。
（7）产成品销售业务：自制入库核算、产品出库核算。
存货核算的顺序是先入库后出库核算。

8.1.2 存货核算业务流程

业务描述：月底要核算成本，在核算前需要做一些收尾工作，2018年1月30日检查采购发票和销售发票是否都进行了钩稽，若没有钩稽，将单据钩稽。2018年1月31日对存货进行出入库核算，算出存货成本。

存货核算流程：核算前准备→入库类业务核算→出库类业务核算→成本查询。

1. 核算前准备

进行存货核算前，采购发票、销售发票必须钩稽，系统才能根据发票上的金额计算物料成本。为避免疏漏，采购发票和销售发票未及时钩稽的情况发生，此处对未钩稽的单据进行钩稽。

将系统时间调整为2018年1月30日，以会计许小洁的身份登录系统，根据路径找到采购发票，双击"采购发票-维护"，在【条件过滤】对话框，方案选中【默认方案】，"红蓝标志"为"全部"，"钩稽状态"选择"未钩稽"，如图8-1-1所示。

路径：供应链→采购管理→采购发票→采购发票-维护。

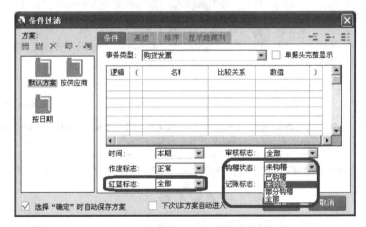

图 8-1-1

单击【确定】按钮，打开【采购管理（供应链）系统-[采购发票序时簿]】窗口，看到有两张未钩稽的采购发票，因直运业务没有入库单不用钩稽，此处说明所有采购发票已经钩稽完毕，如部分单据忘记钩稽，请在此进行钩稽，确保所有采购发票都已钩稽，如图8-1-2所示。

⊙ 说明：

可以双击单据，查看单据摘要便知是何种业务单据。
若此处出现其他采购发票单据，则需要对其进行钩稽操作。

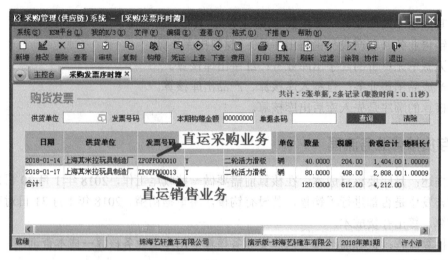

图 8-1-2

根据路径找到销售发票，双击"销售发票-维护"，在【条件过滤】对话框，"红蓝标志"为"全部"，"钩稽状态"选择"未钩稽"，单击【确定】按钮，打开【销售管理（供应链）系统-[销售发票序时簿]】窗口，看到三张未钩稽的销售发票，因直运业务没有入库单不用钩稽，前面的两张单是忘记钩稽的销售发票，需要进行钩稽，要确保所有销售发票均已钩稽，如图 8-1-3 所示。

路径：供应链→销售管理→销售发票→销售发票-维护。

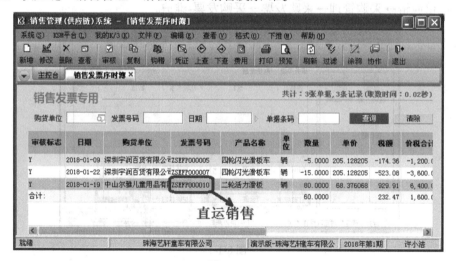

图 8-1-3

对前面两张销售发票单据进行钩稽，双击 2018 年 1 月 9 日的销售发票，若发票钩稽行与出库钩稽行的数量不同，则需要"删单"，选中不需要的单行，然后在工具栏上单击【删单】按钮，当发票数量与出库数量相同时，在工具栏上单击【钩稽】按钮，完成单据钩稽，如图 8-1-4 所示。

钩稽完成的单据就不在【销售管理（供应链）系统-[销售发票序时簿]】窗口显示。

同样的方法，双击 2018 年 1 月 22 日的销售发票，先"删单"再"钩稽"，如图 8-1-5 所示。

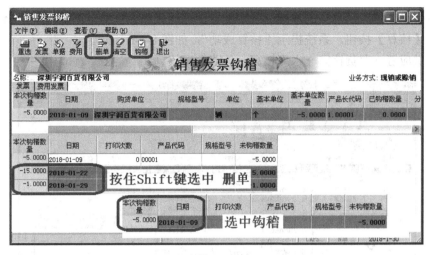

图 8-1-4

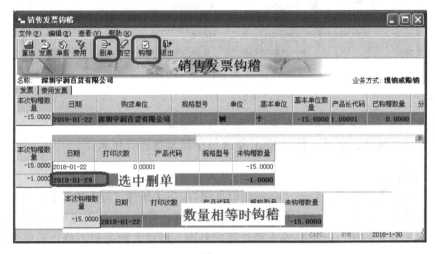

图 8-1-5

● **说明**：若采购发票和销售发票均已钩稽，则此处就不用对其再钩稽，该部分的工作主要是检查是否所有发票均已钩稽，已钩稽的发票才能进行存货核算。

2．入库类业务核算

入库核算功能主要用来核算各种类型的存货入库的实际成本，包括外购、委外、生产、其他入库四种业务类型，不同类型的入库其核算的特点不同，如外购入库的成本主要依据与之相钩稽的采购发票金额和应计入采购费用金额，委外加工入库的成本主要由材料费和加工费组成。入库核算主要是已收到发票的入库材料的核算，它的核算以采购发票上的金额和对应的入库单的数量为准，保证核算的正确性。所以，在外购入库核算中显示的是采购发票，没有收到发票的入库物料属于暂估入库，不属外购入库核算范围。

1) 外购业务

将系统时间调整为 2018 年 1 月 31 日，以会计沈秋红的身份登录系统，进行外购入库核算。

根据路径找到入库核算，双击"外购入库核算"，在【条件过滤】对话框，"红蓝字"选择"全部"，单击【确定】按钮，打开【存货核算（供应链）系统-[外购入库核算]】窗口，该窗口中显示出所有已钩稽、已审核的本期红蓝字发票，可逐张选中单据也可按住 Shift 键选中全部单据，单击【核算】按钮，系统提示"核算成功"，如图 8-1-6 所示。

路径：供应链→存货核算→入库核算→外购入库核算。

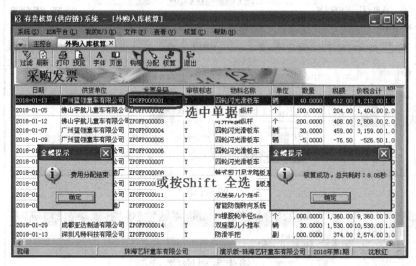

图 8-1-6

⊙ 说明：

若有费用发票，则需要进行"分配"，再进行"核算"。

可以逐张单据核算，也可以按住 Shift 键选择全部单据进行核算。

2）暂估业务

根据路径找到入库核算，双击"存货估价入账"，在【条件过滤】对话框，"红蓝字"选择"全部"，单击【确定】按钮，打开【存货核算（供应链）系统-[暂估入库单序时簿]】窗口，该窗口中显示出所有未钩稽、已审核的本期红蓝字外购入库单，此处暂不修改价格，如图 8-1-7 所示。

路径：供应链→存货核算→入库核算→存货估价入账。

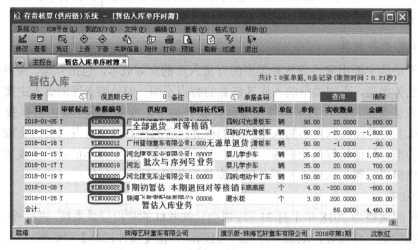

图 8-1-7

若企业做账时暂估价格与外购入库单价格不同,则需要修改,在菜单栏上执行【编辑】→【修改】命令,打开外购入库单,手工输入暂估物料的入库成本,单击【保存】按钮。最后一张单据就是在暂估入库学习任务介绍的暂估入账单据,其他单据价格保持不变。

◉ **说明:** 过滤出来的部分外购入库单由于已经关闭或已对等核销单据,不能修改价格。在该账套中有两类入库业务做了对等核销:一是 2018 年 1 月 5 日与 2018 年 1 月 6 日开票前的全部退货的单据对等核销;二是 2018 年 1 月 8 日期初暂估入库全部退回的单据对等核销。

3) 委外加工业务

委外加工物资的成本包括加工中实际耗用物资的成本、支付的加工费用及应负担的运杂费、支付的税金等。

委外加工业务核算流程:委外加工入库核销→材料出库核算→委外加工入库核算。

(1) 委外加工入库核销

根据路径找到入库核算,双击"委外加工库入库核算",打开【存货核算(供应链)系统-[委外加工入库单]】窗口,选中 2018 年 1 月 26 日的委外加工单 JIN000001,在工具栏上单击【核销】按钮,打开【委外加工核销】窗口,输入本次核销数量"500"和"1000",选中委外出库单 JIN000001,在该窗口工具栏上单击【核销】按钮,如图 8-1-8 所示。

路径:供应链→存货核算→入库核算→委外加工入库核算。

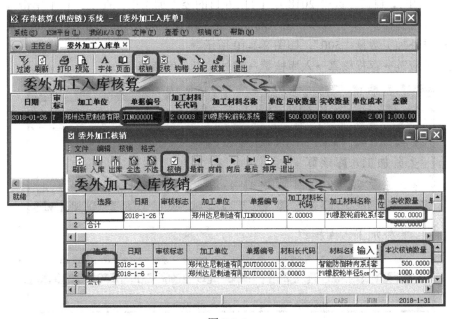

图 8-1-8

(2) 材料出库核算

根据路径找到出库核算,双击"材料出库核算",打开【结转存货成本-第一步(材料出库核算)】对话框,单击【下一步】按钮,选中"结转指定物料代码段"单选按钮,设置"物料代码"为"3.00002","至"为"3.00003",单击【下一步】按钮,再单击【查看报告】按钮,可以查看结转的物料成本,单击【下一步】按钮,再单击【完成】按钮,如图 8-1-9 所示。

路径:供应链→存货核算→出库核算→材料出库核算。

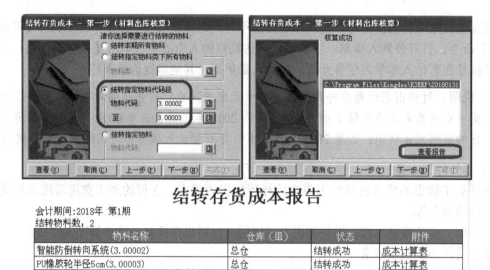

图 8-1-9

(3) 委外加工入库核算

根据路径找到入库核算、双击"委外加工库入库核算",打开【存货核算(供应链)系统-[委外加工入库单]】窗口,选中 2018 年 1 月 26 日的委外加工单,在工具栏上单击【分配】和【核算】按钮,物料的"单位成本"由"28"变成"28.6",多出的"0.6"是费用发票中的金额"300"除以委外加工数量"500",如图 8-1-10 所示。

路径:供应链→存货核算→入库核算→委外加工入库核算。

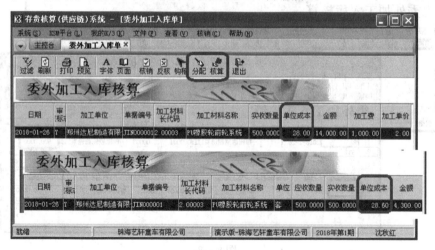

图 8-1-10

4) 其他入库业务

(1) 其他入库单(非组装/非拆卸)核算

根据路径找到入库核算,双击"其他入库核算",在【条件过滤】对话框,"事务类型"选择"其他入库单(非组装/非拆卸核算)",如图 8-1-11 所示。

路径:供应链→存货核算→入库核算→其他入库核算。

图 8-1-11

单击【确定】按钮后,打开【存货核算(供应链)系统-[其他入库单序时簿]】窗口,选中 2018 年 1 月 5 日其他入库单 QIN000001,在工具栏上单击【修改】按钮,将 PU 橡胶轮的"单价"从"8"修改为"8.2",单击【保存】按钮,如图 8-1-12 所示。

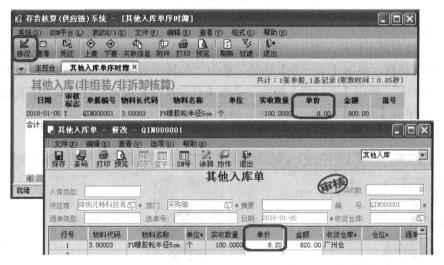

图 8-1-12

(2)其他入库单(组装)核算

组装单审核成功后会自动生成一张出库单和入库单,组装型物料的核算需要先进行其他出库单中所有物料的出库核算,然后再进行其他入库单(组装)核算。

其他入库单(组装)核算流程:材料出库核算→产成品出库核算→其他入库单(组装)核算。

① 材料出库核算。

根据路径找到出库核算,双击"材料出库核算",打开【结转存货成本-第一步(材料出库核算)】对话框,单击【下一步】按钮,选中"结转本期所有物料"单选按钮,单击【下一步】按钮,单击【查看报告】按钮,可以查看组装物料子项的结转成本,单击【完成】按钮,如图 8-1-13 所示。

路径:供应链→存货核算→出库核算→材料出库核算。

图 8-1-13

② 产成品出库核算。

根据路径找到出库核算，双击"产成品出库核算"，打开【结转存货成本-第一步（产成品出库核算）】对话框，单击【下一步】按钮，选中"结转指定物料"单选按钮，设置"物料代码"为"2.00001"，单击【下一步】按钮，单击【查看报告】按钮，可以查看组装物料子项的结转的成本，单击【完成】按钮，如图 8-1-14 所示。

路径：供应链→存货核算→出库核算→产成品出库核算。

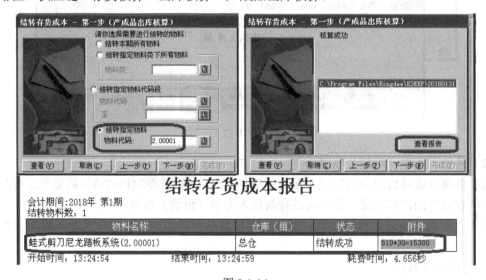

图 8-1-14

⊙ 说明：物料属性为自制的物料采用产成品出库核算，物料属性为外购的物料采用材料出库核算。

③ 其他入库单（组装）核算。

根据路径找到入库核算，双击"其他入库核算"，在【条件过滤】对话框，"事务类型"选择"其他入库（组装核算）"，如图 8-1-15 所示。

路径：供应链→存货核算→入库核算→其他入库核算。

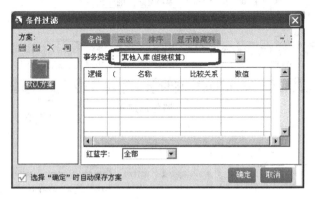

图 8-1-15

单击【确定】按钮，打开【存货核算（供应链）系统-[其他入库单序时簿]】窗口，选中 2018 年 1 月 12 日的其他入库单 QIN000002，在工具栏上单击【核算】按钮，"1.00006 四轮蛙式剪刀摇摆车"的"单价"从"0"变为"45"，单击【保存】按钮，如图 8-1-16 所示。

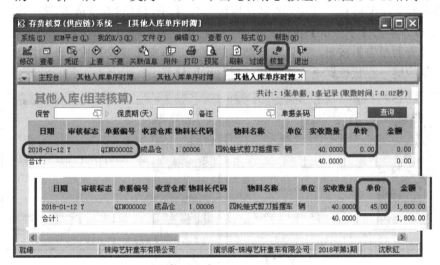

图 8-1-16

3. 出库类业务核算

出库类业务核算流程：红字出库核算→材料出库核算→不确定单价单据→产成品出库核算。

（1）红字出库核算

根据路径找到出库核算，双击"红字出库核算"，打开【存货核算（供应链）系统-[红字出库核算]】窗口，选中 2018 年 1 月 29 日红字销售出库单 XOUT000010，在工具栏上单击【修改】按钮，打开【销售出库单-修改-XOUT000010】窗口，输入"单位成本"为"90"，"销售单价"为"240"，保存单据，如图 8-1-17 所示。

路径：供应链→存货核算→出库核算→红字出库核算。

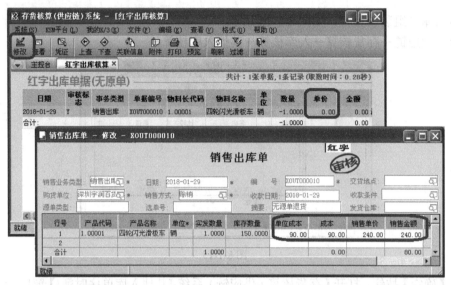

图 8-1-17

(2) 材料出库核算

根据路径找到出库核算,双击"材料出库核算",打开【结转存货成本-第一步(材料出库核算)】对话框,单击【下一步】按钮,选中"结转本期所有物料"单选按钮,单击【下一步】按钮,单击【查看报告】按钮,可以查看结转的成本,单击【完成】按钮,如图 8-1-18 所示。

路径:供应链→存货核算→出库核算→材料出库核算。

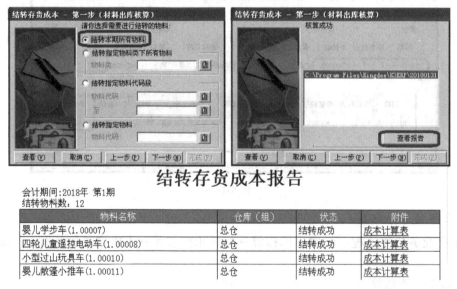

图 8-1-18

(3) 不确定单价单据

根据路径找到出库核算,双击"不确定单价单据维护",打开【存货核算(供应链)系统-[不确定单价录入]】窗口,逐个选中单据,在工具栏上单击【修改】按钮,在"单位成本"输入物料的成本,单击【保存】按钮,如图 8-1-19 所示。

路径：供应链→存货核算→出库核算→不确定单价单据维护。

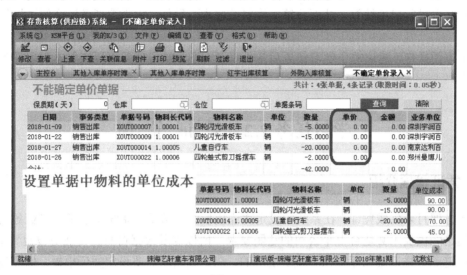

图 8-1-19

（4）产成品出库核算

根据路径找到出库核算，双击"产成品出库核算"，打开【结转存货成本-第一步（产成品出库核算）】对话框，单击【下一步】按钮，选中"结转本期所有物料"单选按钮，单击【下一步】按钮，单击【查看报告】按钮，可以查看结转的成本，单击【完成】按钮，如图 8-1-20 所示。

路径：供应链→存货核算→出库核算→产成品出库核算。

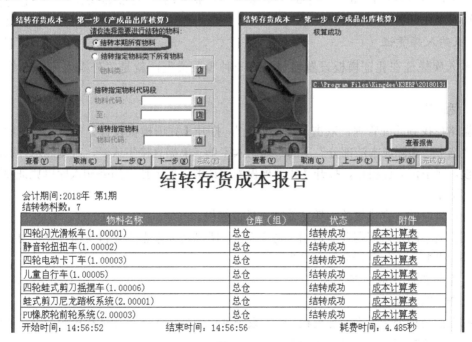

图 8-1-20

本学习任务主要介绍金蝶 K/3 软件存货核算模块中的存货核算流程。存货核算主要是先进行入库核算再进行出库核算，从而核算出物料的成本。另外，本学习任务还介绍了核算前的准备工作。

为了方便操作，建议每个学习任务后备份账套，下一学习任务可以恢复本学习任务的账套进行操作。

学习任务 8.2 凭证管理

8.2.1 凭证管理介绍

为了方便月末生成凭证，在系统中设定凭证模板尤为重要，系统预设了很多业务的凭证模板，但是这些模板未必适合每个公司的走账要求，所以需要根据自身公司业务设定凭证模板。

供应链业务凭证是在存货核算模块生成的，在生成之前需要设定凭证模板。供应链业务凭证模板分为三类事务类型：实际成本法部分、计划成本法部分和 BOS 业务部分，由于本账套在创建时没有设置为标准成本法，本账套采购系统默认的实际成本法。

业务描述：月底将所有供应链业务单据生成凭证，按业务编制凭证模板，并生成凭证。

凭证管理流程：采购类凭证→销售类凭证→委外加工凭证→仓存管理凭证→盘点凭证。

8.2.2 采购类凭证

将系统时间调整为 2018 年 1 月 31 日，以会计沈秋红的身份登录系统，制作采购入库凭证和采购发票凭证。

凭证管理-采购类凭证

1. 采购入库凭证

采购入库凭证在凭证模板设置窗口只有一种事务类型，就是"外购入库单（单据直接生成）"。

（1）凭证模板

根据路径找到凭证管理，双击"凭证模板"，打开【凭证模板设置】窗口，在左侧【事务类型】栏选中"实际成本法部分"下的"外购入库单（单据直接生成）"，右侧显示外购入库单凭证模板，双击该凭证模板，打开【凭证模板】对话框，显示预设的外购入库单凭证模板，如图 8-2-1 所示。

路径：供应链→存货核算→凭证管理→凭证模板。

凭证模板中的走账规则并非适用于每个企业，所以需要根据企业自身情况设定财务走账规则，该公司采购入库的会计分录定义为：

借：库存商品\半成品\原材料
　　贷：在途物资

根据企业会计分录设定凭证模板，由于系统预设的外购入库单凭证模板跟企业走账科目相差不大，可以直接在该凭证模板上修改。

项目 8 存货核算

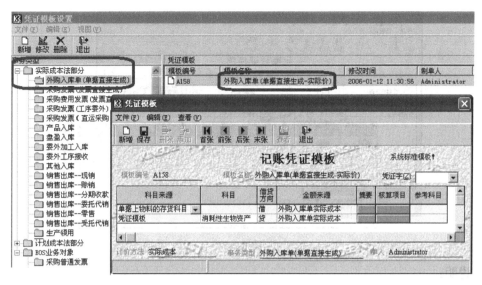

图 8-2-1

在【凭证模板】对话框，在"凭证字"处选择"记"，第一行分录行"科目来源"为"单据上物料的存货科目"，单击"摘要"，打开【摘要定义】对话框，在"摘要公式"文本框中输入"外购入库-"，然后在"可选择摘要单元"列表中双击"[外购入库.摘要]"，"[外购入库.摘要]"就添加到"摘要公式"文本框中，单击【确定】按钮，如图 8-2-2 所示。

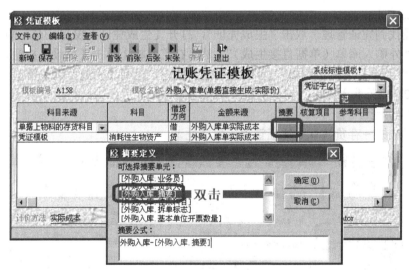

图 8-2-2

⊙ 说明：图 8-2-2 所示的"摘要公式"文本框中，黑色部分（即"外购入库-"）为手动输入信息，属于不变信息，红色部分（即"[外购入库.摘要]"）为单据取值，属于变化信息，会随着单据中的信息而变化。

第二分录行"科目来源"为"凭证模板"，在"消耗性生物资产"处按 F7 键，打开【会计科目】对话框，选中"1402-在途物资"科目，单击【确定】按钮，如图 8-2-3 所示。

返回【凭证模板】对话框，单击【保存】按钮，该凭证模板就设置完成了。

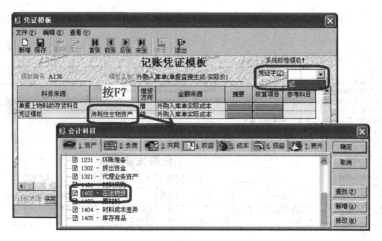

图 8-2-3

◉ 说明：

凭证模板中有"科目来源"和"金额来源"两个字段。

"科目来源"表明科目的取值，"单据上物料的存货科目"取值物料主数据中设定的存货科目，"凭证模板"取值科目表中的科目，优先使用单据取值类科目来源，无单据取值来源，则选"凭证模板"。

"金额来源"表明金额的取值，"外购入库单实际成本"表明取值单据上的成本。

（2）生成凭证

根据路径找到凭证管理，双击"生成凭证"，打开【生成凭证】窗口，在左侧【重置设置】导航栏选中"外购入库单（单据直接生成）"，然后在工具栏上单击【重设】按钮，在【条件过滤】窗口，"红蓝字"选择"全部"，单击【确定】按钮，返回【生成凭证】窗口，在右侧列表栏显示本月 25 张外购入库单，勾选所有外购入库单据，然后在工具栏上单击【生成凭证】按钮，如图 8-2-4 所示。

路径：供应链→存货核算→凭证管理→生成凭证。

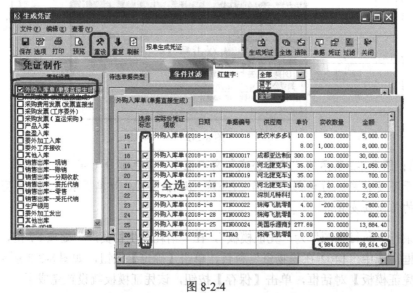

图 8-2-4

如果是第一次生成凭证，系统会出现"生成凭证失败"提示，单击【查看报告】按钮，可以查看错误信息，如图 8-2-5 所示。

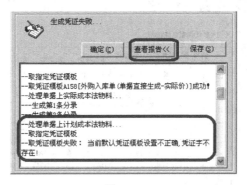

图 8-2-5

错误提示"处理单据上计划成本法物料时取凭证模板失败，没有凭证字"。系统在生成凭证时，会自动检测实际成本法部分和计划成本法部分的凭证模板是否填制完整，"凭证字"为必填字段，前面只填写了实际成本法部分第一个凭证模板的凭证字，还需要设置计划成本法部分中第一个凭证模板的凭证字。

根据路径找到凭证管理，双击"凭证模板"，打开【凭证模板设置】窗口，在左侧【事务类型】导航栏选中"计划成本法部分"下第一个"外购入库单（单据直接生成）"，双击右侧凭证模板，打开【凭证模板】对话框，"凭证字"选中"记"，如图 8-2-6 所示。

路径：供应链→存货核算→凭证管理→凭证模板。

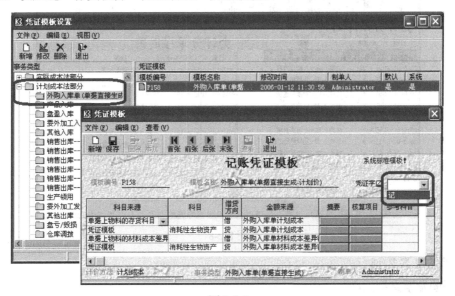

图 8-2-6

单击【保存】按钮，关闭【凭证模板设置】窗口，重复上述生成凭证操作，在【生成凭证】窗口，选中所有单据，单击【生成凭证】按钮，系统提示"生成凭证成功"，说明已经成功生成凭证，此处共生成 23 张凭证，WIN00001 和 WIN00002 两张单据是期初单据，不能生成凭证，如图 8-2-7 所示。

图 8-2-7

（3）凭证查询

根据路径找到凭证管理，双击"凭证查询"，打开【凭证查询】窗口，可以查询已生成的单据凭证，"摘要"列可以区分该凭证是何种业务的单据凭证，如图 8-2-8 所示。

路径：供应链→存货核算→凭证管理→凭证查询。

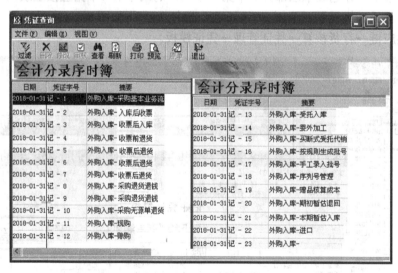

图 8-2-8

2．采购发票凭证

1）采购发票直接生产

（1）凭证模板

根据路径找到凭证管理，双击"凭证模板"，打开【凭证模板设置】窗口，在左侧【事务类型】导航栏选中"实际成本法部分"下"采购发票（发票直接生成）"，双击右侧系统预设的采购发票凭证模板，打开【凭证模板】对话框，如图 8-2-9 所示。

路径：供应链→存货核算→凭证管理→凭证模板。

项目 8 存货核算

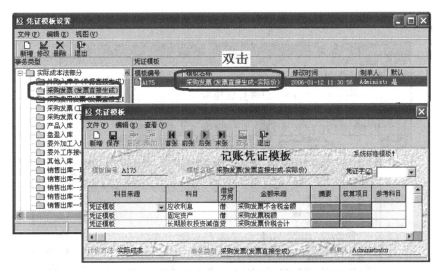

图 8-2-9

该企业采购发票的会计分录：

借：在途物资

进项税

贷：应付账款

根据会计分录设定凭证模板，系统提供的模板科目设置跟企业财务科目走账相差较大，需新增凭证模板。

关闭【凭证模板】对话框，返回【凭证模板设置】窗口，在工具栏上单击【新增】按钮，打开【凭证模板】对话框，"模板编号"为"A175001"，"模板名称"为"采购发票"，"凭证字"选择"记"，第一分录行"科目来源"选择"凭证模板"，"科目"处按 F7 键选择"在途物资"，"借贷方向"为"借"，"金额来源"选择"采购发票不含税金额"，第一分录行"摘要"为"采购发票-[购货发票.摘要]"，如图 8-2-10 所示。

路径：供应链→存货核算→凭证管理→凭证模板。

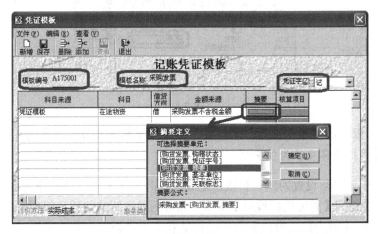

图 8-2-10

第二分录行"科目来源"选择"凭证模板"，"科目"处按 F7 选择负债类科目"进项税"，

"借贷方向"为"借","金额来源"选择"采购发票税额",如图8-2-11所示。

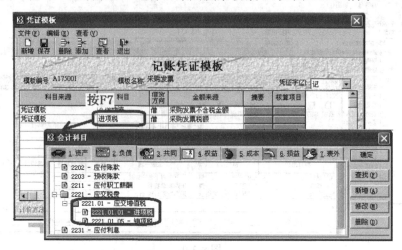

图 8-2-11

第三分录行"科目来源"选择"单据上的往来科目","科目"及"借贷方向"系统自动填充,"金额来源"选择"采购发票价税合计",在"核算项目"处单击,打开【核算项目取数】对话框,在【核算项目】选项卡中选中"008 供应商"行,"对应单据上项目"列选中"供货单位",单击【确定】按钮,系统返回【凭证模板】对话框,单击【保存】按钮,如图 8-2-12 所示。

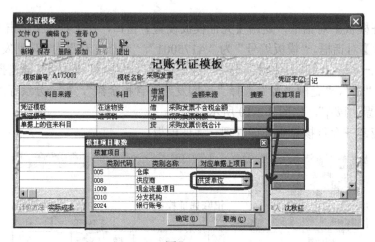

图 8-2-12

◉ 说明:一般情况"单据上的往来科目"都要设置核算项目,应收类科目的核算项目为客户,应付类科目的核算项目为供应商。

新增的凭证模板必须设置为默认模板,生成凭证时系统才会自动取该凭证模板。关闭新增的凭证模板,系统返回【凭证模板设置】窗口,在右侧显示新增的凭证模板,选中该凭证模板,然后执行【编辑】-【设为默认模板】命令,默认状态由"否"变为"是",如图 8-2-13 所示。

(2)生成凭证

根据路径找到生成凭证,按上述生成凭证的方法,打开【生成凭证】窗口,在左侧【重新设置】导航栏选中"采购发票(单据直接生成)",系统显示有 17 张单据,选中所有采购发票,单击【生成凭证】按钮,再按照上述方法查询凭证,共生成 16 张凭证,现购的采购发票没有生成凭证,如图 8-2-14 所示。

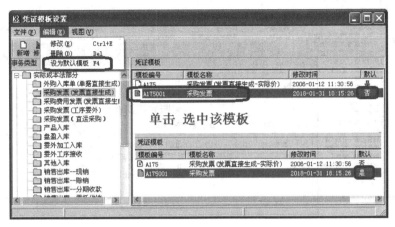

图 8-2-13

路径:供应链→存货核算→凭证管理→生成凭证。

图 8-2-14

2)现购采购发票

(1)凭证模板

由于现购业务不用做付款单,付款科目为"银行存款/现金",现购业务不能使用前面所述的凭证模板生成凭证,必须新增现购的凭证模板。

按照上述方法新增现购采购发票凭证模板。根据路径打开【凭证模板设置】窗口,在左侧【事务类型】选中"实际成本法部分"下"采购发票(发票直接生成)",单击【新增】按钮,打开【凭证模板】对话框,"模板编号"为"A175002","模板名称"为"采购发票-现购","凭证字"选择"记",具体分录行设置如图 8-2-15 所示,其中第一分录行"摘要"为"采购发票-[购货发票.摘要]",单击【保存】按钮。

路径：供应链→存货核算→凭证管理→凭证模板。

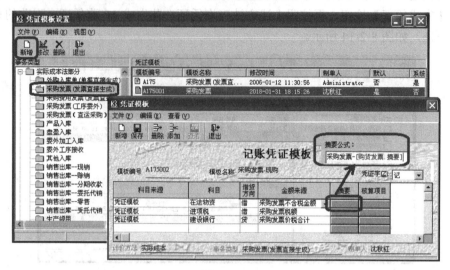

图 8-2-15

（2）生成凭证

根据路径打开【生成凭证】窗口，在左侧【重置设置】导航栏选中"采购发票（单据直接生成）"，单击【重设】按钮，在右侧选中 2018 年 1 月 20 日的现购采购发票，在"实际价凭证模板"选中"采购发票-现购"凭证模板，单击【生成凭证】按钮，然后再单击【凭证】按钮，查询该凭证，如图 8-2-16 所示。

路径：供应链→存货核算→凭证管理→生成凭证。

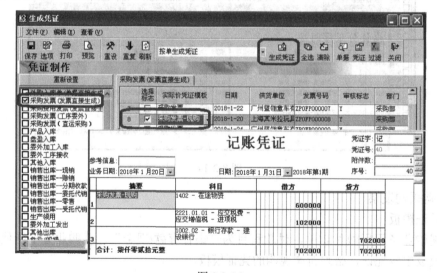

图 8-2-16

3）采购发票直运采购

（1）凭证模板

按照上述方法新增凭证模板，在【凭证模板设置】窗口，在左侧【事务类型】选中"实际成本法部分"下"采购发票（直运采购）"，单击【新增】按钮，打开【凭证模板】对话框，"模板编码"为"A18001","模板名称"为"采购发票-直运采购","凭证字"选择"记",具体分录行设置如图 8-2-17 所示,其中第一分录行"摘要"为"采购发票-[购货发票.摘要]",第三分录行"核算项目"选中"供应商"行对应的"供货单位",单击【保存】按钮,并将该凭证模板设置为默认。

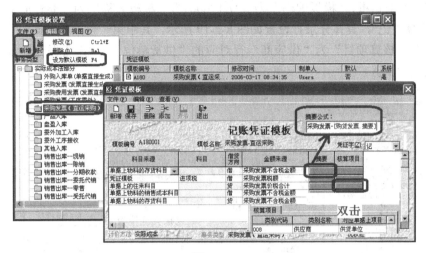

图 8-2-17

◉ 说明:

在凭证模板中,"摘要"为必填项,系统默认凭证模板各分录行均有摘要信息,为了便于识别,在新建凭证模板中,建议只在第一分录行填写,后续分录行不用填写。

设置了核算项目的往来科目,在凭证模板中必须为其设置核算项目。

(2)生成凭证

按照上述方法生成凭证,在【生成凭证】窗口左侧【重置设置】导航栏选中"采购发票(直运采购)",过滤条件"红蓝字"选择"全部",右侧栏中显示 2 张直运采购发票,单击【生成凭证】按钮,可在【凭证查询】窗口查询凭证信息,如图 8-2-18 所示。

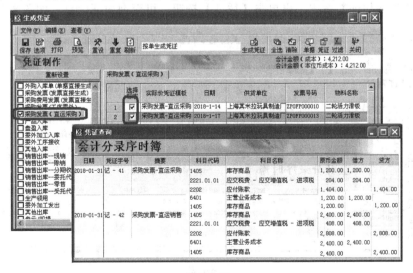

图 8-2-18

4)采购费用发票

(1)凭证模板

按照上述方法新增委外加工费用发票凭证模板,在【凭证模板设置】窗口,在左侧【事务类型】选中"实际成本法部分"下"采购费用发票(发票直接生成)",单击【新增】按钮,打开【凭证模板】对话框,"模板编码"为"A176001","模板名称"为"委外加工费用发票","凭证字"选择"记",具体分录行设置如图 8-2-19 所示,其中第一分录行"摘要"为"委外加工费用发票","核算项目"为"供应商"行对应的"供货单位",单击【保存】按钮,并将该凭证模板设置为默认。

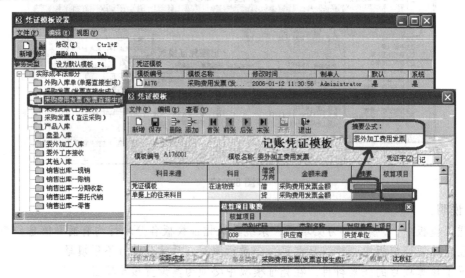

图 8-2-19

(2)生成凭证

按照上述方法生成凭证,在【生成凭证】窗口左侧【重置设置】导航栏选中"采购费用发票(发票直接生成)",过滤条件"红蓝字"选择"全部",右侧栏中显示一张单委外加工费用发票,单击【生成凭证】按钮,再单击【凭证】按钮,可查询凭证信息,如图 8-2-20 所示。

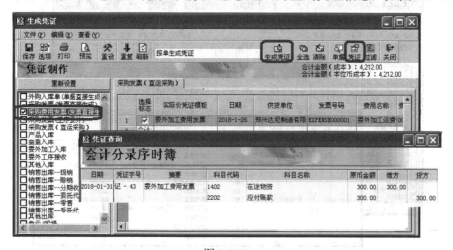

图 8-2-20

8.2.3 销售类凭证

将系统时间调整为 2018 年 1 月 31 日,以会计沈秋红的身份登录系统,制作销售出库凭证和销售发票凭证。

1. 销售出库凭证

1)销售出库单-赊销

(1)凭证模板

该公司销售出库的会计分录定义为:

借:主营业务成本

　　贷:库存商品\原材料\半成品

根据路径找到凭证管理,双击"凭证模板",打开【凭证模板设置】窗口,在左侧【事务类型】导航栏选中"实际成本法部分"下"销售出库_赊销",右侧显示销售出库(赊销)凭证模板,选中该凭证模板,在工具栏上单击【修改】按钮或直接双击该凭证模板,打开【凭证模板】对话框,由于系统预设的赊销出库凭证模板跟企业走账科目相差不大,可直接在该凭证模板上修改。补充"凭证字"为"记",第一分录行"摘要"为"销售出库-[销售出库.摘要]",单击【保存】按钮,如图 8-2-21 所示。

路径:供应链→存货核算→凭证管理→凭证模板。

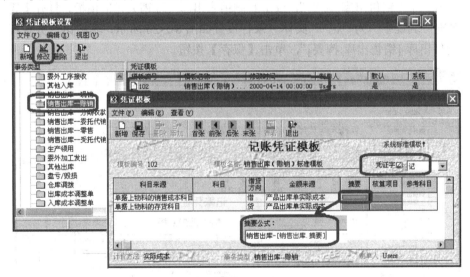

图 8-2-21

(2)生成凭证

根据路径找到凭证管理,双击"生成凭证",打开【生成凭证】窗口,在左侧【重置设置】导航栏选中"销售出库-赊销",单击【重设】按钮,在【条件过滤】对话框,"红蓝字"选择"全部",单击【确定】按钮,返回【生成凭证】窗口,在右侧栏显示本月 17 张赊销销售出库单,勾选所有外购入库单据,单击【生成凭证】按钮,打开【凭证查询】窗口,查询凭证信息,如图 8-2-22 所示。

路径:供应链→存货核算→凭证管理→生成凭证。

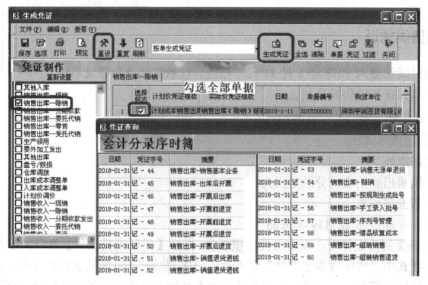

图 8-2-22

2）销售出库单-现销

（1）凭证模板

根据上述方法修改凭证模板，打开【凭证模板设置】窗口，在左侧【事务类型】选中"实际成本法部分"下"销售出库_现销"，双击右侧销售出库（现销）凭证模板，打开【凭证模板】对话框，补充"凭证字"为"记"，具体分录行设置如图 8-2-23 所示，其中第一分录行"摘要"修改为"销售出库-[销售出库.摘要]"，单击【保存】按钮。

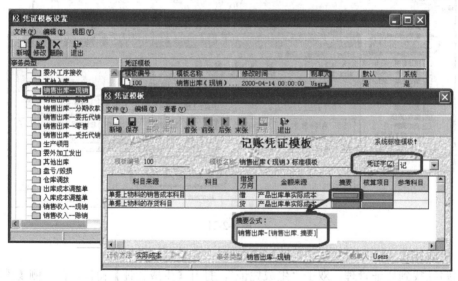

图 8-2-23

（2）生成凭证

按照上述方法生成凭证，在【生成凭证】窗口左侧【重置设置】导航栏选中"销售出库_现销"，过滤条件"红蓝字"选择"全部"，右侧栏中显示一张现销销售出库单，单击【生成凭证】按钮，可在【凭证查询】窗口查询凭证信息，如图 8-2-24 所示。

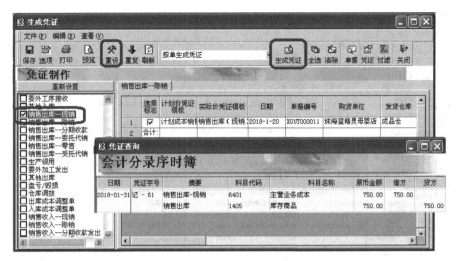

图 8-2-24

3)销售出库单-委托代销

(1)凭证模板

根据上述方法修改凭证模板,打开【凭证模板设置】窗口,在左侧【事务类型】选中"实际成本法部分"下"销售出库-委托代销",双击销售出库(委托代销商品)凭证模板,打开【凭证模板】对话框,添加"凭证字"为"记",具体分录行设置如图 8-2-25 所示,其中第一分录行"科目"要新增科目"委托代销商品","摘要"为"销售出库-[销售出库.摘要]",单击【保存】按钮。

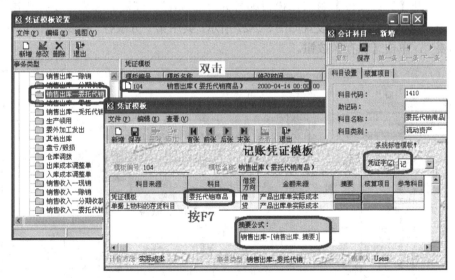

图 8-2-25

(2)生成凭证

按照上述方法生成凭证,在【生成凭证】窗口左侧【重置设置】导航栏选中"销售出库-委托代销",过滤条件"红蓝字"选择"全部",右侧栏中显示 3 张委外代销销售出库单,单击【生成凭证】按钮,可在【凭证查询】窗口查询凭证信息,如图 8-2-26 所示。

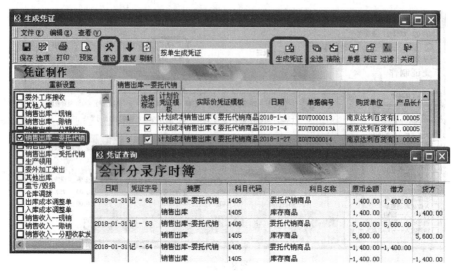

图 8-2-26

4）销售出库单-受托代销

在做受托代销业务凭证时，会发现前面已经生成受托入库业务的外购入库单 WIN000017 的凭证和采购发票的凭证 ZPOFP000014，凭证号分别为"记-15""记-35"，这里需要将该凭证删除，重新定义受托入库业务的外购入库单凭证模板和采购发票凭证模板，并生成凭证。

根据上述方法制作受托代销业务外购入库单凭证模板并生成凭证。打开【凭证模板设置】窗口，在左侧【事务类型】选中"实际成本法部分"下"外购入库单（单据直接生成）"，新增凭证模板，打开【凭证模板】窗口，模板编号为"A1581"，模板名称为"受托代销入库单"，"凭证字"为"记"，具体分录行设置如图 8-2-27 所示，其中第一分录行"摘要"为"外购入库-[外购入库.摘要]"，单击【保存】按钮。

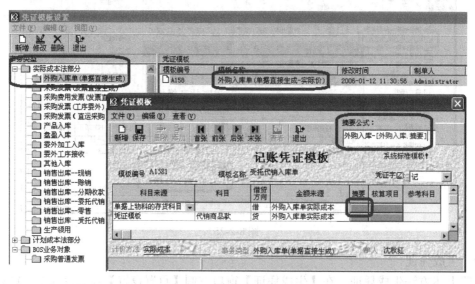

图 8-2-27

按照上述方法，选中受托代销入库凭证模板，生成凭证，如图 8-2-28 所示。

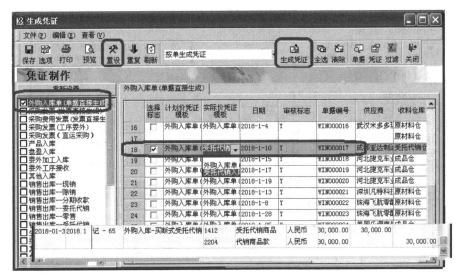

图 8-2-28

根据上述方法制作受托代销业务采购发票凭证模板并生成凭证。打开【凭证模板设置】窗口，在左侧【事务类型】选中"实际成本法部分"下"采购发票（发票直接生成）"，新增凭证模板，打开【凭证模板】窗口，模板编号为"A175003"，模板名称为"受托代销采购发票"，"凭证字"为"记"，具体分录行设置如图 8-2-29 所示，其中第一分录行"摘要"为"采购发票-[购货发票.摘要]"，单击【保存】。

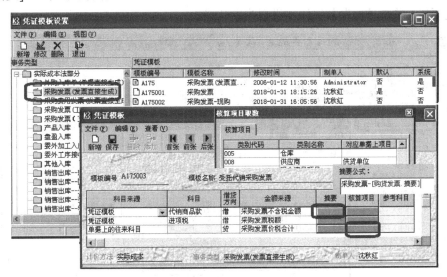

图 8-2-29

按照上述方法，选中受托代销采购发票凭证模板，生成凭证，如图 8-2-30 所示。

◎ 说明：

删除凭证后，会出现断号现象，重新生成该单据凭证时，凭证号会根据最后一次生成凭证的凭证号自动加 1。凭证号"记-15""记-35"删除后重新生成的凭证号为"记-65""记-66"。

若删除全部凭证，再次生成凭证时，凭证号从 1 开始。

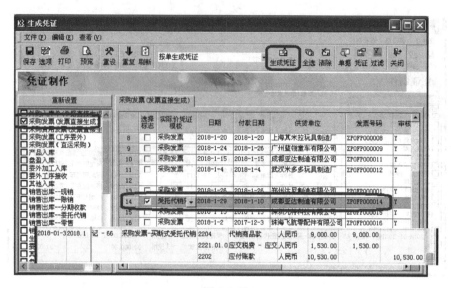

图 8-2-30

(1) 凭证模板

根据上述方法修改凭证模板,打开【凭证模板设置】窗口,在左侧【事务类型】导航栏选中"实际成本法部分"下"销售出库_受托代销",双击销售出库(受托代销-实际价)凭证模板,打开【凭证模板】对话框,模板编号为"A215001",模板名称为"受托代销出库单","凭证字"为"记",具体分录行设置如图 8-2-31 所示,其中第一分录行"摘要"为"销售出库-[销售出库.摘要]",单击【保存】按钮,设置为默认模板。

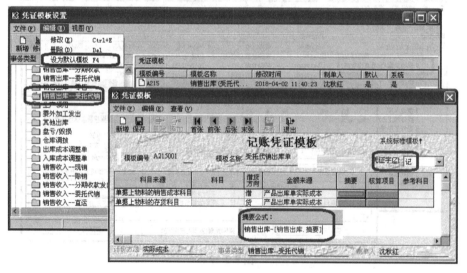

图 8-2-31

(2) 生成凭证

按照上述方法生成凭证,在【生成凭证】窗口【重新设置】导航栏选中"销售出库_受托代销",过滤条件"红蓝字"选择"全部",右侧栏中显示 1 张买断式受托代销销售出库单,单击【生成凭证】按钮,系统提示生成凭证失败,需要将【计划成本法部分】下"销售出库-

受托托代销"凭证模板中的"凭证字"设置为"记",再重新生成凭证,可以在【凭证查询】窗口,查到凭证信息,如图 8-2-32 所示。

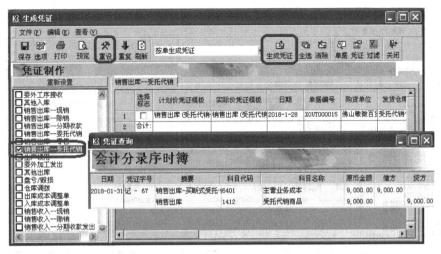

图 8-2-32

5)销售出库单-分期收款

(1)凭证模板

根据上述方法修改凭证模板,打开【凭证模板设置】窗口,在左侧【事务类型】选中"实际成本法部分"下"销售出库_分期收款",双击销售出库(分期收款发出商品)凭证模板,打开【凭证模板】对话框,添加"凭证字"为"记",具体分录行设置如图 8-2-33 所示,其中第一分录"科目"修改为"分期收款发出商品","摘要"为"销售出库-[销售出库.摘要]",单击【保存】按钮。

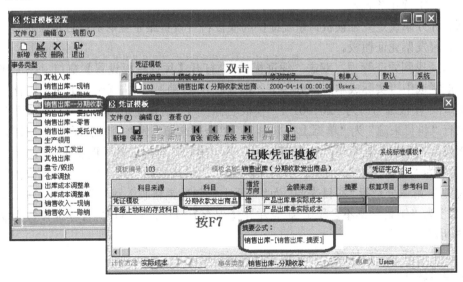

图 8-2-33

(2)生成凭证

按照上述方法生成凭证,在【生成凭证】窗口,左侧【重置设置】导航栏选中"销售出库_

分期收款",过滤条件"红蓝字"选择"全部",右侧栏中显示 1 张分期收款销售出库单,单击【生成凭证】按钮,可在【凭证查询】窗口查询凭证信息,如图 8-2-34 所示。

图 8-2-34

2. 销售发票凭证

1) 销售发票-赊销

(1) 凭证模板

该企业销售发票的会计分录:

借:应收账款

  贷:销项税

    主营业务收入

根据会计分录设定凭证模板,系统提供的模板科目设置跟企业财务科目走账相差太远,需新增赊销销售发票凭证模板。

根据路径找到凭证管理,双击"凭证模板",打开【凭证模板设置】窗口,在左侧【事务类型】导航栏选中"实际成本法部分"下"销售收入-赊销",单击【新增】按钮,打开【凭证模板】窗口,"模板编号"为"201001","模板名称"为"销售发票-赊销","凭证字"为"记",第一分录行"科目来源"为"单据上往来科目","金额来源"为"销售发票价税合计","摘要"为"销售发票-[销售发票.摘要]","核算项目"为"客户"行对应的"购货单位";第二分录行"科目来源"为"凭证模板","科目"为"销项税","借贷方向"为"贷","金额来源"为"销售发票税额";第三分录行"科目来源"为"单据上物料的销售收入科目","借贷方向"为"贷","金额来源"为"销售发票不含税金额",单击【保存】按钮,并将该凭证模板设置为默认,如图 8-2-35 所示。

路径:供应链→存货核算→凭证管理→凭证模板。

(2) 生成凭证

按照上述方法生成凭证,在【生成凭证】窗口【重新设置】导航栏选中"销售收入-赊销",过滤条件"红蓝字"选择"全部",右侧栏中显示 9 张赊销销售发票,单击【生成凭证】按钮,可在【凭证查询】窗口查询凭证信息,如图 8-2-36 所示。

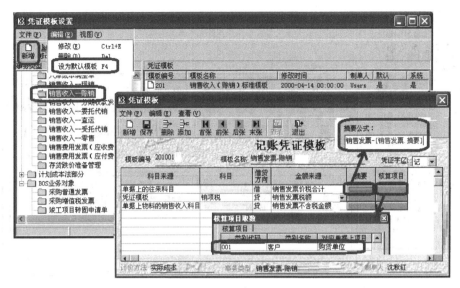

图 8-2-35

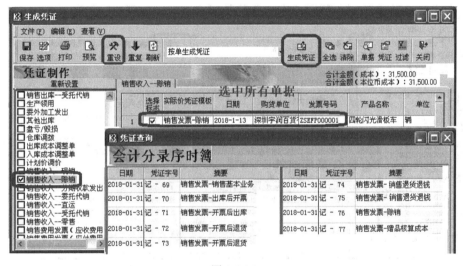

图 8-2-36

2)销售发票-现销

(1)凭证模板

根据上述方法新增现销销售发票凭证模板,打开【凭证模板设置】窗口,在左侧【事务类型】导航栏选中"实际成本法部分"下"销售收入-现销",单击【新增】按钮,打开【凭证模板】对话框,"模板编号"为"XS_XX002","模板名称"为"销售发票-现销","凭证字"为"记",具体分录行设置如图 8-2-37 所示,其中第一分录行"摘要"为"销售发票-[销售发票.摘要]",单击【保存】按钮。

(2)生成凭证

按照上述方法生成凭证,在【生成凭证】窗口【重新设置】导航栏选中"销售收入-现销",过滤条件"红蓝字"选择"全部",右侧栏中显示 1 张现销销售发票,单击【生成凭证】按钮,可在【凭证查询】窗口查询凭证信息,如图 8-2-38 所示。

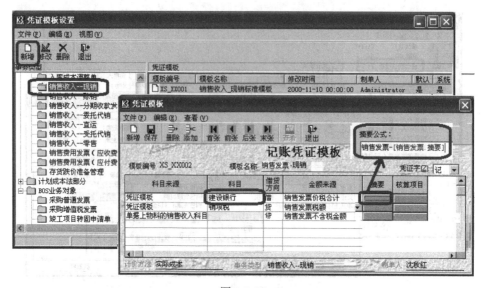

图 8-2-37

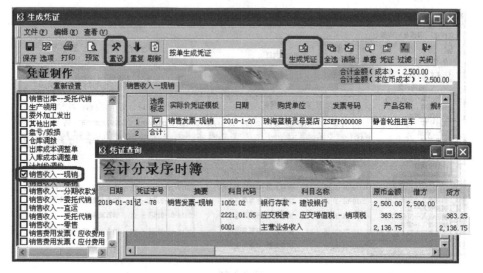

图 8-2-38

3）销售发票-直运

（1）凭证模板

根据上述方法新增直运销售发票凭证模板，打开【凭证模板设置】窗口，在左侧【事务类型】选中"实际成本法部分"下"销售收入-直运"，单击【新增】按钮，打开【凭证模板】对话框，"模板编号"为"A804001"，"模板名称"为"销售发票-直运"，"凭证字"为"记"，具体分录行设置如图 8-2-39 所示，其中第一分录行"摘要"为"销售发票-[销售发票.摘要]"，"核算项目"为"客户-购货单位"，单击【保存】按钮，设置为默认模板。

（2）生成凭证

按照上述方法生成凭证，在【生成凭证】窗口【重新设置】导航栏选中"销售发票-直运"，过滤条件"红蓝字"选择"全部"，右侧栏中显示 1 张直运销售发票，单击【生成凭证】按钮，可在【凭证查询】窗口查询凭证信息，如图 8-2-40 所示。

项目 8　存货核算

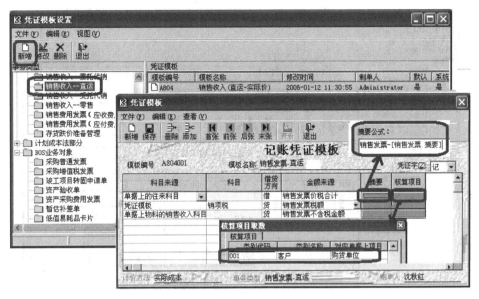

图 8-2-39

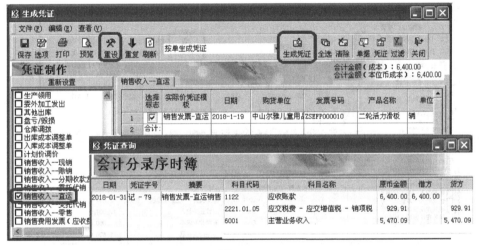

图 8-2-40

4）销售发票-委托代销

（1）凭证模板

根据上述方法新增委托代销销售发票凭证模板，打开【凭证模板设置】窗口，在左侧【事务类型】选中"实际成本法部分"下"销售收入-委托代销"，单击【新增】按钮，打开【凭证模板】窗口，"模板编号"为"203001"，"模板名称"为"销售发票-委托代销"，"凭证字"为"记"，具体分录行设置如图 8-2-41 所示，其中第一分录行"摘要"为"销售发票-[销售发票.摘要]"，"核算项目"为"客户-购货单位"，单击【保存】按钮，设置为默认模板。

（2）生成凭证

按照上述方法生成凭证，在【生成凭证】窗口【重新设置】导航栏选中"销售收入-委托代销"，过滤条件"红蓝字"选择"全部"，右侧栏中显示 1 张委托代销销售发票，单击【生成凭证】按钮，可在【凭证查询】窗口查询凭证信息，如图 8-2-42 所示。

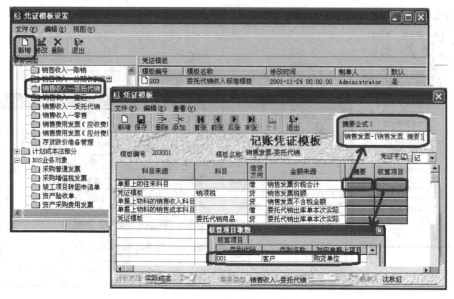

图 8-2-41

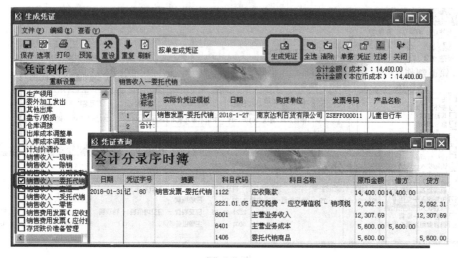

图 8-2-42

5）销售发票-受托代销

（1）凭证模板

根据上述方法新增受托代销销售发票凭证模板，打开【凭证模板设置】窗口，在左侧【事务类型】选中"实际成本法部分"下"销售收入-受托代销"，单击【新增】，打开【凭证模板】窗口，"模板编号"为"A805001"，"模板名称"为"销售发票-受托代销"，"凭证字"为"记"，具体分录行设置如图 8-2-43 所示，其中第一分录行"摘要"为"销售发票-[销售发票.摘要]"，"核算项目"为"客户-购货单位"，单击【保存】按钮。

（2）生成凭证

按照上述方法生成凭证，在【生成凭证】窗口【重新设置】导航栏选中"销售收入-受托代销"，过滤条件"红蓝字"选择"全部"，右侧栏中显示 2 张受托代销销售发票，单击【生成凭证】按钮，可在【凭证查询】窗口查询凭证信息，如图 8-2-44 所示。

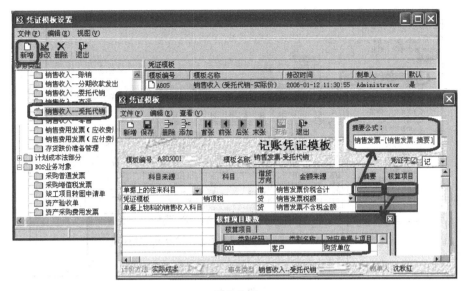

图 8-2-43

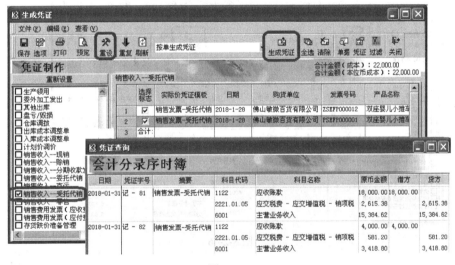

图 8-2-44

6）销售发票-分期收款

（1）凭证模板

根据上述方法新增分期收款销售发票凭证模板，打开【凭证模板设置】窗口，在左侧【事务类型】选中"实际成本法部分"下"销售收入-分期收款发出"，单击【新增】按钮，打开【凭证模板】对话框，"模板编号"为"FQSL002"，"模板名称"为"销售发票-分期收款"，"凭证字"为"记"，具体分录行设置如图 8-2-45 所示，其中第一分录行"摘要"为"销售发票-[销售发票.摘要]"，"核算项目"为"客户-购货单位"，单击【保存】按钮。

（2）生成凭证

按照上述方法生成凭证，在【生成凭证】窗口【重新设置】导航栏选中"销售收入-分期收款发出"，过滤条件"红蓝字"选择"全部"，右侧栏中显示 1 张分期收款销售发票，单击【生成凭证】按钮，可在【凭证查询】窗口查询凭证信息，如图 8-2-46 所示。

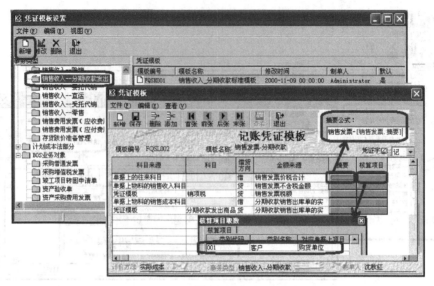

图 8-2-45

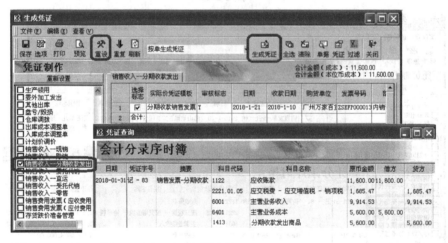

图 8-2-46

8.2.4 委外加工凭证

将系统时间调整为 2018 年 1 月 31 日，以会计沈秋红的身份登录系统，制作委外出库凭证和委外入库凭证。

凭证管理-其他凭证

1. 委外加工出库

（1）凭证模板

该公司委外出库的会计分录定义为：

借：委外加工物资

　　贷：原材料\半成品

系统预设的赊销出库凭证模板跟企业走账科目相差不大，可直接在该凭证模板上修改，根据上述方法修改凭证模板，打开【凭证模板设置】窗口，在左侧【事务类型】选中"实际成本法部分"下"委外加工发出"，双击委外出库凭证模板，打开【凭证模板】对话框，添加"凭证字"为"记",具体分录行设置如图 8-2-47 所示,其中第一分录行"科目"修改为"委托加工物资","摘要"修改为"委外加工出库",单击【保存】按钮。

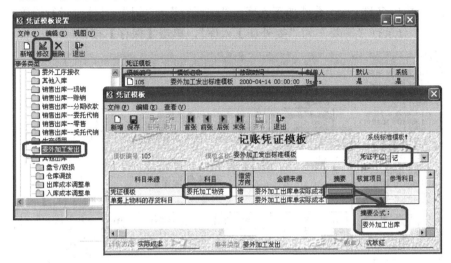

图 8-2-47

(2) 生成凭证

按照上述方法生成凭证,在【生成凭证】窗口左侧【重置设置】导航栏选中"委外加工发出",过滤条件"红蓝字"选择"全部",右侧栏中显示 1 张委外出库单,单击【生成凭证】按钮,可在【凭证查询】窗口查询凭证信息,如图 8-2-48 所示。

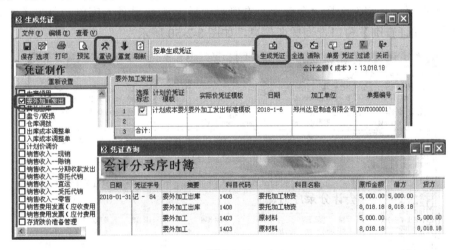

图 8-2-48

2. 委外加工入库

(1) 凭证模板

该公司委外入库的会计分录定义为:

借:库存商品\半成品

　　贷:委外加工物资

系统预设的赊销出库凭证模板跟企业走账科目相差较大,需新增凭证模板,根据上述方法新增委外加工入库凭证模板，打开【凭证模板设置】窗口，在左侧【事务类型】选中"实际成本法部分"下"委外加工入库"，单击【新增】按钮，打开【凭证模板】对话框，"模板编号"为"003001"，"模板名称"为"委外加工入库"，"凭证字"为"记"，具体分录行设置如图8-2-49所示，其中第一分录行"摘要"为"委外加工入库"，单击【保存】按钮。

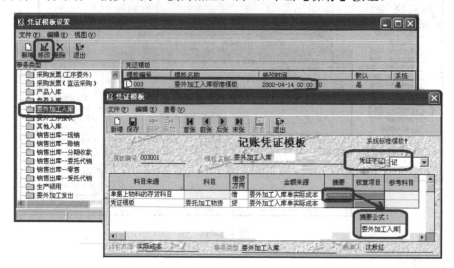

图 8-2-49

（2）生成凭证

按照上述方法生成凭证，在【生成凭证】窗口左侧【重置设置】导航栏选中"委外加工入库"，过滤条件"红蓝字"选择"全部"，右侧栏中显示1张委外入库单，单击【生成凭证】按钮，可在【凭证查询】窗口查询凭证信息，如图8-2-50所示。

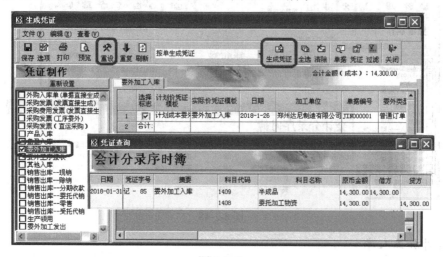

图 8-2-50

8.2.5 仓存管理凭证

将系统时间调整为2018年1月31日，以会计沈秋红的身份登录系统，制作其他入库凭证、其他出库凭证和调拨凭证。

1. 其他出库

其他出库业务根据企业实际业务情况，财务走账也有所不同，根据本教材设定业务，其他出库单有两类，分别是手工制作的其他出库单和组装业务自动生成的其他出库单。

（1）手工制作的其他出库单

该公司其他出库的会计分录定义为：

借：营业外支出

　　贷：库存商品\原材料\半成品

系统预设的其他出库凭证模板跟企业走账科目相差不大，可直接在该凭证模板上修改，根据上述方法修改其他出库凭证模板，打开【凭证模板设置】窗口，在左侧【事务类型】选中"实际成本法部分"下"其他出库"，双击其他出库凭证模板，打开【凭证模板】窗口，补充"凭证字"为"记"，第一分录行"摘要"为"其他出库"，第二分录行"科目"修改为"营业外支出"，单击【保存】按钮，如图 8-2-51 所示。

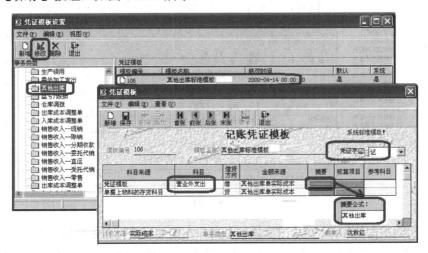

图 8-2-51

按照上述方法生成凭证，在【生成凭证】窗口左侧【重置设置】导航栏选中"其他出库"，过滤条件"红蓝字"选择"全部"，右侧栏中选中其他出库单 QOUT000001，单击【生成凭证】按钮，可在【凭证查询】窗口查询凭证信息，如图 8-2-52 所示。

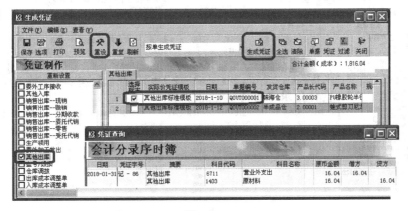

图 8-2-52

（2）组装业务自动生成的其他出库单

该公司组装业务自动生成的其他出库单的会计分录定义为：

借：发出商品

　　贷：库存商品\原材料\半成品

根据上述方法新增其他出库凭证模板，打开【凭证模板设置】窗口，在左侧【事务类型】选中"实际成本法部分"下"其他出库"，双击其他出库凭证模板，打开【凭证模板】窗口，凭证编号为"106001"，模板名称为"组装业务自动生成其他出库单"，"凭证字"为"记"，第一分录行"科目"修改为"发出商品"，"摘要"为"组装业务自动生成其他出库单"，单击【保存】按钮，如图 8-2-53 所示。

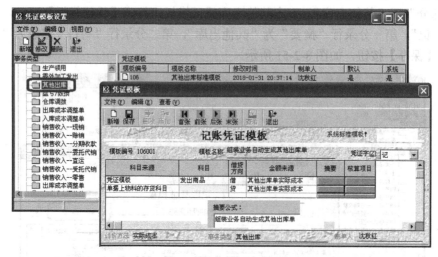

图 8-2-53

按照上述方法生成凭证，在【生成凭证】窗口左侧【重置设置】导航栏选中"其他出库"，过滤条件"红蓝字"选择"全部"，右侧栏中选中其他出库单 QOUT000002，单击【生成凭证】按钮，可在【凭证查询】窗口查询凭证信息，如图 8-2-54 所示。

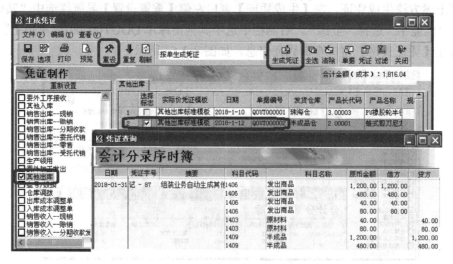

图 8-2-54

2. 其他入库

其他入库业务根据企业实际业务情况，财务走账也有所不同，根据本教材设定业务，其他入库单有两类，分别是手工制作的其他入库单和组装业务自动生成的其他入库单。

（1）手工制作的其他入库单

该公司手工制作的其他入库的会计分录定义为：

借：库存商品\原材料\半成品

贷：营业外收入

系统预设的其他入库凭证模板跟企业走账科目相差不大，可直接在该凭证模板上修改，根据上述方法修改其他入库凭证模板，打开【凭证模板设置】窗口，在左侧【事务类型】选中"实际成本法部分"下"其他入库"，双击其他入库凭证模板，打开【凭证模板】窗口，补充"凭证字"为"记"，第一分录行"摘要"为"其他入库"，第二分录行"科目"修改为"营业外收入"，单击【保存】按钮，如图 8-2-55 所示。

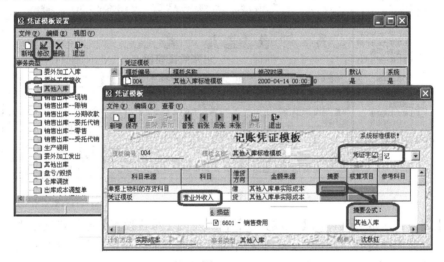

图 8-2-55

选中其他入库单 QIN000001 生成凭证，如图 8-2-56 所示。

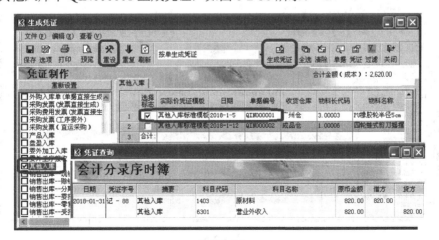

图 8-2-56

（2）组装业务自动生成的其他入库单生成凭证

该公司组装业务自动生成的其他入库的会计分录定义为：

借：库存商品

　　贷：发出商品

根据上述方法新增其他入库凭证模板，打开【凭证模板设置】窗口，在左侧【事务类型】选中选中"实际成本法部分"下"其他入库"，双击其他入库凭证模板，打开【凭证模板】窗口，补充"凭证字"为"记"，第一分录行"摘要"为"其他入库"，第二分录行"科目"修改为"发出商品"，单击【保存】按钮，如图 8-2-57 所示。

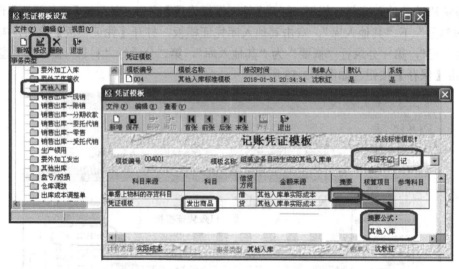

图 8-2-57

按照上述方法生成凭证，在【生成凭证】窗口左侧【重置设置】导航栏选中"其他入库"，过滤条件"红蓝字"选择"全部"，右侧栏中显示两张其他入库单，单击【生成凭证】按钮，可在【凭证查询】窗口查询凭证信息，如图 8-2-58 所示。

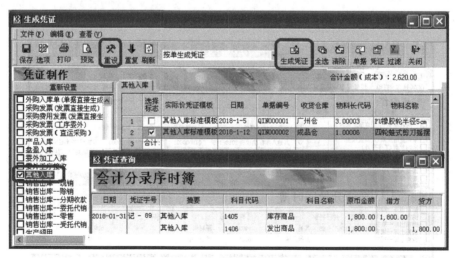

图 8-2-58

3. 仓库调拨

（1）凭证模板

该公司仓库调拨的会计分录定义为：

借：库存商品\原材料\半成品

　　贷：库存商品\原材料\半成品

系统预设的仓库调拨凭证模板跟企业走账科目相差较大，可在新增凭证模板上修改，根据上述方法新增仓库调拨凭证模板，打开【凭证模板设置】窗口，在左侧【事务类型】选中"实际成本法部分"下"仓库调拨"，单击【新增】按钮，打开【凭证模板】对话框，"模板编号"为"202001"，"模板名称"为"仓库调拨"，"凭证字"为"记"，具体分录行设置如图 8-2-59 所示，其中第一分录行"摘要"为"仓库调拨"，单击【保存】按钮。

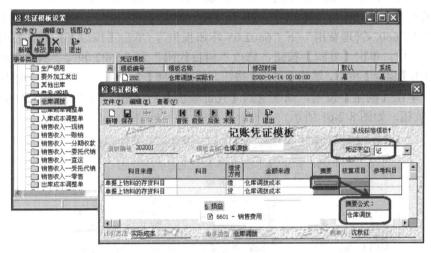

图 8-2-59

（2）生成凭证

按照上述方法生成凭证，在【生成凭证】窗口左侧【重置设置】导航栏选中"仓库调拨"，右侧栏中显示 1 张仓库调拨单，单击【生成凭证】按钮，可在【凭证查询】窗口查询凭证信息，如图 8-2-60 所示。

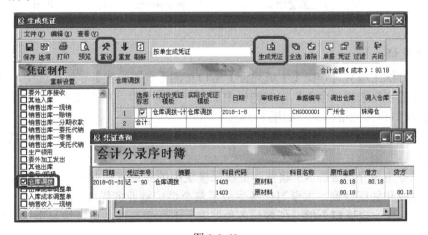

图 8-2-60

8.2.6 盘点凭证

将系统时间调整为 2018 年 1 月 31 日，以会计沈秋红的身份登录系统，制作盘点凭证。

1. 凭证模板

该公司盘亏单的会计分录定义为：

借：管理费用-存货盘亏

贷：库存商品\原材料\半成品

系统预设的盘亏毁损凭证模板跟企业走账科目相差不大，可凭证模板上修改，根据上述方法修改盘亏毁损凭证模板，打开【凭证模板设置】窗口，在左侧【事务类型】选中"实际成本法部分"下"盘点亏损"，双击盘亏毁损凭证模板，打开【凭证模板】对话框，添加"凭证字"为"记"。在第一分录"科目"处按 F7 键打开【会计科目】对话框，在管理费用下新增存货盘亏科目，选中"6602-管理费用"下"6602.05-坏账损失"，单击【修改】按钮，打开【会计科目-修改】对话框，单击【复制】按钮，修改"科目代码"为"6602.09"，"科目名称"为"存货盘亏"，单击【保存】按钮。单击【退出】按钮，系统返回【会计科目】对话框，选中"6602.09-存货盘亏"，单击【确定】按钮，系统返回【凭证模板】对话框，"摘要"为"盘亏损毁"，单击【保存】按钮，如图 8-2-61 所示。

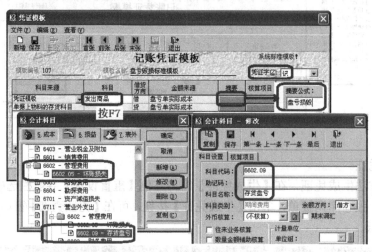

图 8-2-61

2. 生成凭证

按照上述方法生成凭证，在【生成凭证】窗口左侧【重置设置】导航栏选中"盘亏/损毁"，过滤条件"红蓝字"选择"全部"，右侧栏中显示一张盘亏单，单击【生成凭证】按钮，可在【凭证查询】窗口查询凭证信息，如图 8-2-62 所示。

从图 8-2-62 可以看出，最终凭证字号为 91，由于前面删除两张凭证，产生断号，本教材共生成 89 张单。

本学习任务主要介绍金蝶 K3 软件存货核算模块中的凭证管理业务，主要包括凭证模板的制作、凭证生成和凭证查询，本学习任务生成了整个供应链业务凭证。

为了方便操作，建议每个学习任务后备份账套，下一学习任务可以恢复本学习任务的账套进行操作。

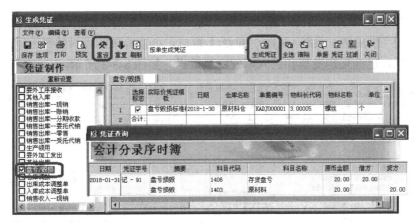

图 8-2-62

学习任务 8.3 报　　表

8.3.1 报表介绍

报表查询模块提供各种报表、账簿的查询，系统根据每一种账簿和报表的特点提供了不同的过滤和汇总条件。汇总表可联查到明细表（账），明细表可关联到单据，单据还可上查、下查到关联单据和凭证。核算模块的账簿报表主要按会计期间查询。而仓存模块报表主要按单据日期查询。另外，核算模块的账簿报表从单据的角度反映存货，而总账系统的账簿报表从科目的角度反映存货。

将系统时间调整为 2018 年 1 月 31 日，以总经理李德胜的身份登录系统，查看系统报表。

8.3.2 采购报表

1. 采购汇总表

根据路径找到报表分析，双击"采购汇总表"，在【过滤】对话框的【条件】选项卡中，设置"起始日期"为"2018 年 1 月 1 日"，"截止日期"为"2018 年 1 月 31 日"，"汇总依据"为"物料类别"，如图 8-3-1 所示。

路径：供应链→采购管理→报表分析→采购汇总表。

单击【确定】按钮，打开【采购管理（供应链）系统-[采购汇总表]】窗口，可查看 1 月所有采购物料的汇总信息，包括已开采购发票的物料汇总数据和已入库的物料汇总数据，如图 8-3-2 所示。

2. 采购明细表

根据路径找到报表分析，双击"采购明细表"，在【过滤】对话框，设置"起

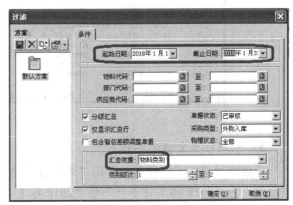

图 8-3-1

始日期”为“2018 年 1 月 1 日”，“截止日期”为“2018 年 1 月 31 日”，单击【确定】按钮，打开【采购管理（供应链）系统-[采购明细表]】窗口，可查看采购物料的每一笔业务数据，包括每张单据信息，已开采购发票和已入库的物料数据，如图 8-3-3 所示。

1级物料类别	2级物料类别	发票			入库		差异		
		数量(常用	金额(本位币)	含税金额(本位币)	数量(常用	金额	数量(基本	数量(常用	金额
成品	双座婴儿小推车(小	80	24,000.00	28,080.00	150	45,000.00	-70	-70	-21,000.00
成品(小计		315	47,334.40	55,381.25	334	69,394.40	-19	-19	-22,060.00
半成品	可升降操纵杆(小计	300	3,600.00	4,212.00	300	3,600.00			
半成品	蛙式剪刀尼龙踏板系	350	10,500.00	12,285.00	350	10,500.00			
半成品(小		650	14,100.00	16,497.00	650	14,100.00			
原材料	尼龙车底底座(小计				-200	-800.00	200	200	800.00
原材料	避水板(小计)	100	320.00	374.40	200	600.00	-100	-100	-280.00
原材料	智能防倒转向系统(	500	5,000.00	5,850.00	500	5,000.00			
原材料	PU橡胶轮半径5cm(小	1,000	8,000.00	9,360.00	1,000	8,000.00			
原材料	防滑手把(小计)	2,000	2,200.00	2,574.00	2,200	2,200.00	-400	-200	
原材料(小		3,600	15,520.00	18,158.40	3,700	15,000.00	-300	-100	520.00
合计		4,565	76,954.40	90,036.65	4,684	98,494.40	-319	-119	-21,540.00

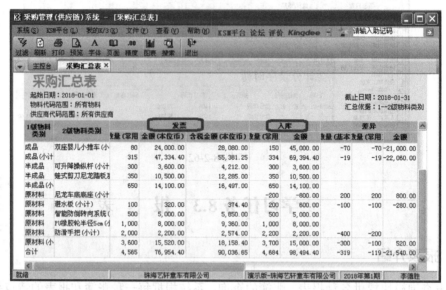

图 8-3-2

路径：供应链→采购管理→报表分析→采购明细表。

日期	物料代码	物料名称	单据号码	发票					入库			
				单位	数量	不含税单价	不含税金额	含税金额	单位	数量	单价	金额
2018-1-12	2.00002	可升降操纵杆	ZPOFP000003	个	200	12.00	2,400.00	2,808.00				
2018-1-3	2.00002	可升降操纵杆	WIN000004						个	100	12.00	1,200.00
2018-1-14	2.00002	可升降操纵杆	WIN000005						个	200	12.00	2,400.00
2018-1-13	3.00001	防滑手把	ZPOFP000015	副	2,000	1.10	2,200.00	2,574.00				
2018-1-13	3.00001	防滑手把	WIN000021						副	2,200	1.00	2,200.00
2018-1-4	3.00002	智能防倒转向系统	ZPOFP000012	套	500	10.00	5,000.00	5,850.00				
2018-1-4	3.00002	智能防倒转向系统	WIN000016						套	500	10.00	5,000.00
2018-1-4	3.00003	PU橡胶轮半径5cm	ZPOFP000012	个	1,000	8.00	8,000.00	9,360.00				
2018-1-4	3.00003	PU橡胶轮半径5cm	WIN000016						个	1,000	8.00	8,000.00
2018-1-2	3.00006	避水板	ZPOFP000016	个	100	3.20	320.00	374.40				
2018-1-28	3.00006	避水板	WIN000023						个	200	3.00	600.00
2018-1-8	3.00007	尼龙车底底座	WIN000022						个	-200	4.00	-800.00
		合计			4,565	16.8575	76,954.40	90,036.65		4,684	21.0278	98,494.40

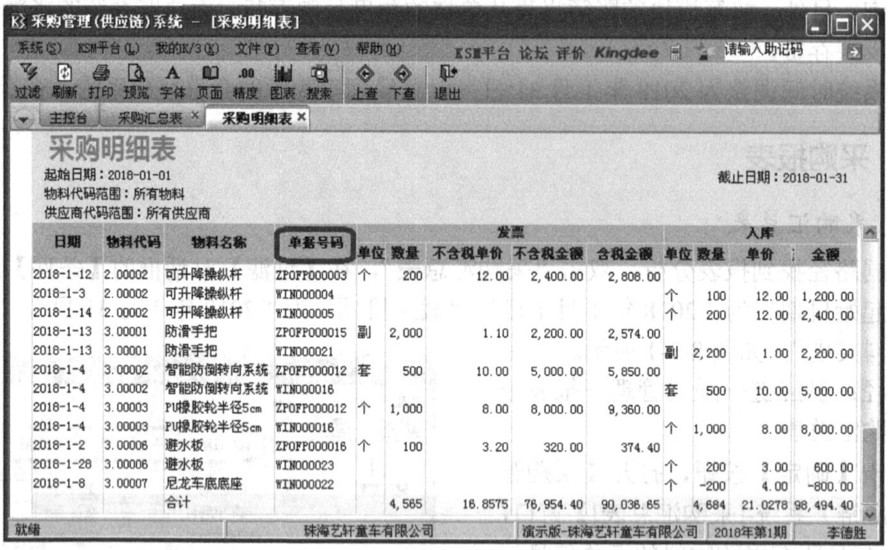

图 8-3-3

3. 采购订单全程跟踪报表

根据路径找到采购订单，双击“采购订单全程跟踪报表”，在【过滤】对话框中设置“单据日期”为“2018 年 1 月 1 日”至“2018 年 1 月 31 日”，单击【确定】按钮，在弹出的【采购管理（供应链）系统-[采购订单全程跟踪报表]】窗口可以查看每张采购订单的到货、入库、开票及付款情况，如图 8-3-4 所示。

路径：供应链→采购管理→采购订单→采购订单全程跟踪报表。

订单编号	物料名称	数量	实际含税单价	价税合计	到货		入库		开票				付款	
					到货数量	未到货数量	入库数量	未入库数量	开票数量	开票数量	开票金额	开票金额	付款金额	付款金额
POORD000001	智能防倒	100	11.70	1,170.00		100		100		100		1,170.00		1,170.00
POORD000002	四轮闪光	40	105.30	4,212.00	40		40		40		4,212.00			4,212.00
POORD000003	可升降操	200	14.04	2,808.00		200	200		200		2,808.00			2,808.00
POORD000004	二轮活力	40	35.10	1,404.00		40		40	40		1,404.00		1,404.00	
POORD000005	二轮活力	80	35.10	2,808.00		80		80	80		2,808.00		2,808.00	
POORD000006	双座婴儿	100	351.00	35,100.00		100	100		30	70	10,530.00	24,570.00		35,100.00
POORD000007	婴儿敞篷	20	320.00	6,400.00		20		20		20		6,400.00		6,400.00
WW001	PU橡胶轮	500				500	500		500		1,000.00	-1,000.00		
		1,080		53,902.00	40	1,040	840	240	890	190	22,762.00	31,140.00	4,212.00	49,690.00

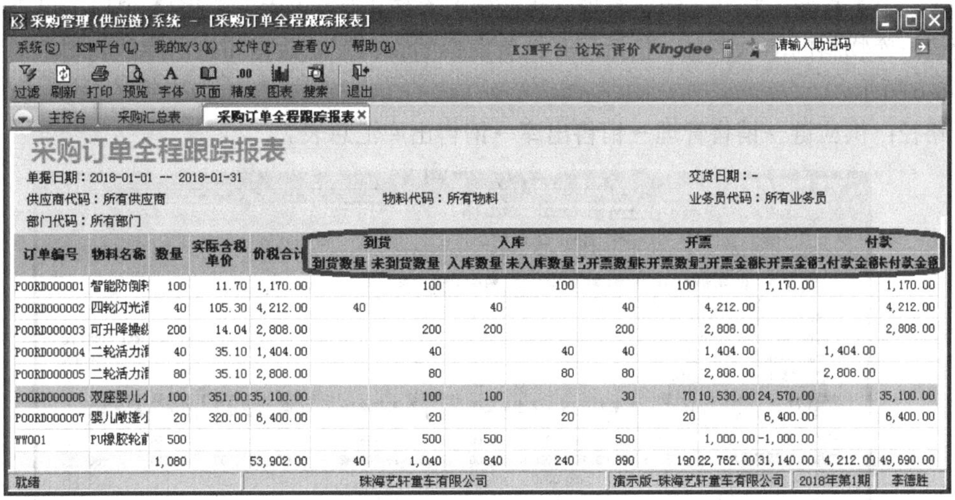

图 8-3-4

8.3.3 销售报表

1. 销售订单全程跟踪

根据路径找到销售订单，双击“销售订单全程跟踪”，打开【销售管理（供应链）系统-[销售订单全程跟踪]】窗口，在“选单”处按 F7 键选单，按住 Shift 键可选中全部销售订单，单击【返回】按钮，携带到左侧销售订单中，选中某一销售订单即可在右侧查看单据的执行情况，如图 8-3-5 所示。

路径：供应链→销售管理→销售订单→销售订单全程跟踪。

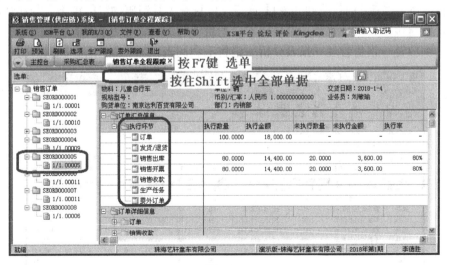

图 8-3-5

2. 销售出库汇总表

根据路径找到销售出库，双击“销售出库汇总表”，在【过滤】对话框中，设置“起始日期”为“2018 年 1 月 1 日”，“截止日期”为“2018 年 1 月 31 日”，“汇总依据”为“物料类别”，单击【确定】按钮，打开【销售管理（供应链）系统-[销售出库汇总表]】窗口，可查看 1 月所有销售出库物料的汇总信息，包括已开销售发票的物料汇总数据和已出库的物料汇总数据，如图 8-3-6 所示。

路径：供应链→销售管理→销售出库→销售出库汇总表。

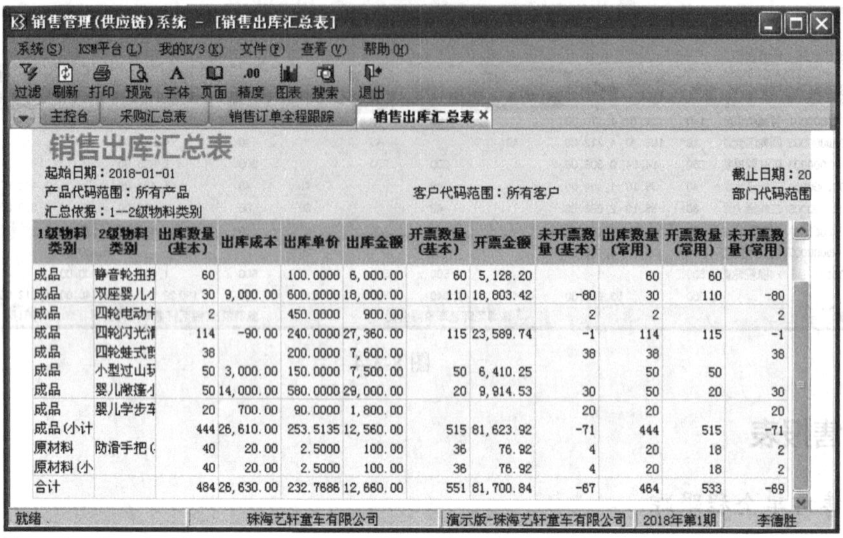

销售出库汇总表

起始日期：2018-01-01　截止日期：20

产品代码范围：所有产品　客户代码范围：所有客户　部门代码范围

汇总依据：1--2级物料类别

1级物料类别	2级物料类别	出库数量(基本)	出库成本	出库单价	出库金额	开票数量(基本)	开票金额	未开票数量(基本)	出库数量(常用)	开票数量(常用)	未开票数量(常用)
成品	静音轮扭扭	60		100.0000	6,000.00	60	5,128.20		60	60	
成品	双座婴儿小	30	9,000.00	600.0000	18,000.00	110	18,803.42	-80	30	110	-80
成品	四轮电动卡	2		450.0000	900.00			2	2		2
成品	四轮闪光滑	114	-90.00	240.0000	27,360.00	115	23,589.74	-1	114	115	-1
成品	四轮蛙式踏	38		200.0000	7,600.00			38	38		38
成品	小型过山玩	50	3,000.00	150.0000	7,500.00	50	6,410.25		50	50	
成品	婴儿敞篷小	50	14,000.00	580.0000	29,000.00	20	9,914.53	30	50	20	30
成品	婴儿学步车	20	700.00	90.0000	1,800.00			20	20		20
成品(小计		444	26,610.00	253.5135	12,560.00	515	81,623.92	-71	444	515	-71
原材料	防滑手把(	40	20.00	2.5000	100.00	36	76.92	4	20	18	2
原材料(小		40	20.00	2.5000	100.00	36	76.92	4	20	18	2
合计		484	26,630.00	232.7686	12,660.00	551	81,700.84	-67	464	533	-69

图 8-3-6

3. 销售毛利润表

根据路径找到报表分析，双击“销售毛利润表”，在【过滤】对话框中，设置“起始日期”为“2018 年 1 月 1 日”，“截止日期”为“2018 年 1 月 31 日”，单击【确定】按钮，打开【销售管理（供应链）系统-[销售毛利润表]】窗口，可查看 1 月销售物料的销售毛利润情况，包括销售数量、销售金额、发货数量、销售成本、销售毛利润、销售毛利率，如图 8-3-7 所示。

路径：供应链→销售管理→报表分析→销售毛利润表。

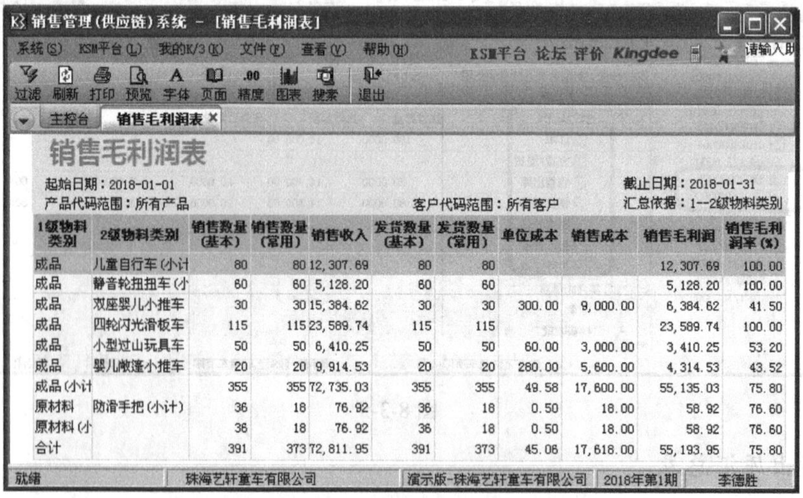

销售毛利润表

起始日期：2018-01-01　截止日期：2018-01-31

产品代码范围：所有产品　客户代码范围：所有客户　汇总依据：1--2级物料类别

1级物料类别	2级物料类别	销售数量(基本)	销售数量(常用)	销售收入	发货数量(基本)	发货数量(常用)	单位成本	销售成本	销售毛利润	销售毛利润率(%)
成品	儿童自行车(小计	80	80	12,307.69	80	80			12,307.69	100.00
成品	静音轮扭扭车(小	60	60	5,128.20	60	60			5,128.20	100.00
成品	双座婴儿小推车	30	30	15,384.62	30	30	300.00	9,000.00	6,384.62	41.50
成品	四轮闪光滑板车	115	115	23,589.74	115	115			23,589.74	100.00
成品	小型过山玩具车	50	50	6,410.25	50	50	60.00	3,000.00	3,410.25	53.20
成品	婴儿敞篷小推车	20	20	9,914.53	20	20	280.00	5,600.00	4,314.53	43.52
成品(小计		355	355	72,735.03	355	355	49.58	17,600.00	55,135.03	75.80
原材料	防滑手把(小计)	36	18	76.92	36	18	0.50	18.00	58.92	76.60
原材料(小		36	18	76.92	36	18	0.50	18.00	58.92	76.60
合计		391	373	72,811.95	391	373	45.06	17,618.00	55,193.95	75.80

图 8-3-7

8.3.4 仓库报表

1. 库存台账

根据路径找到报表分析，双击"库存台账"，在【过滤】对话框中，设置"起始日期"为"2018年1月1日"，"截止日期"为"2018年1月31日"，单击【确定】按钮，打开【仓存管理（供应链）系统-[库存台账]】窗口，可查看1月所有出入库单据中物料的收入、发出及结存情况，如图8-3-8所示。

路径：供应链→仓存管理→报表分析→库存台账。

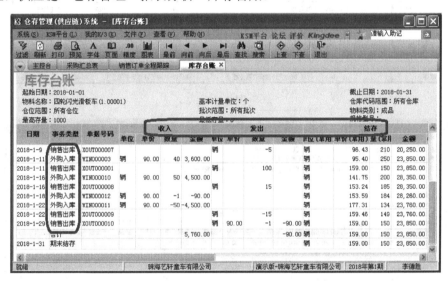

图 8-3-8

2. 出入库流水账

根据路径找到报表分析，双击"出入库流水账"，在【过滤】对话框中，设置"起始日期"为"2018年1月1日"，"截止日期"为"2018年1月31日"，单击【确定】按钮，打开【仓存管理（供应链）系统-[出入库流水账]】窗口，可查看1月每笔单据交易的物料收入、发出及结存情况，如图8-3-9所示。

路径：供应链→仓存管理→报表分析→出入库流水账。

3. 物料收发明细表

根据路径找到报表分析，双击"物料收发明细表"，在【过滤】对话框中，设置"起始日期"为"2018年1月1日"，"截止日期"为"2018年1月31日"，单击【确定】按钮，打开【仓存管理（供应链）系统-[物料收发明细表]】窗口，可按物料分组小计每一物料1月每笔单据业务的物料收入、发出及结存情况，如图8-3-10所示。

路径：供应链→仓存管理→报表分析→物料收发明细表。

本学习任务主要介绍金蝶K/3软件报表管理中的采购报表、销售报表及仓库报表，通过查看报表可以快速了解各业务情况。

为了方便操作，建议每个学习任务结束后，及时备份账套，下一学习任务可以恢复本学习任务的账套进行操作。

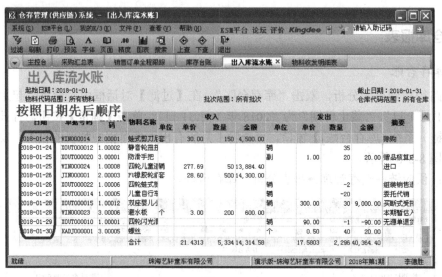

图 8-3-9

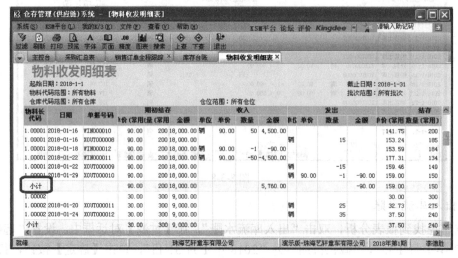

图 8-3-10

学习任务 8.4 期末结账

期末结账

8.4.1 期末结账介绍

为了总结某一会计期间（如月度和年度）的经营活动情况，必须定期进行结账。结账之前，按企业财务管理和成本核算的要求，必须进行制造费用、产品生产成本的结转，期末调汇及损益结转等工作。若为年底结转，还必须结平本年利润和利润分配账户。

8.4.2 期末结账流程

业务描述：2018 年 1 月 31 日对本期进行结账。

期末结账流程：凭证的审核与过账→期末关账→期末对账→期末结账。

1. 凭证审核及过账

将系统时间调整为 2018 年 1 月 31 日，以财务部经理林晓珍的身份登录系统，审核单据并过账。

根据路径找到凭证处理，双击"凭证查询"，在【条件过滤】对话框中选中"全部""未记账"单据，打开【总账系统-[凭证查询]】窗口，按住 Shift 键选中全部单据，然后在菜单栏执行【编辑】→【审核凭证】命令，系统弹出【成批审核凭证】对话框，选中"审核未审核的凭证"单选按钮，单击【确定】按钮，系统提示 89 张凭证审核成功，如图 8-4-1 所示。

路径：财务会计→总账→凭证处理→凭证查询。

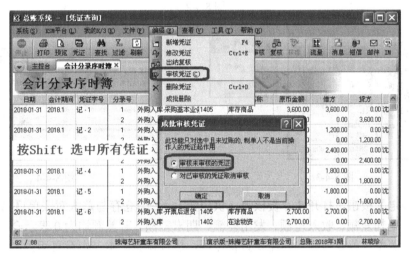

图 8-4-1

根据路径找到凭证处理，双击"凭证过账"，打开【凭证过账】对话框，在"凭证号不连续时"栏中选中"继续过账"单选按钮，在"凭证范围"栏中选中"全部未过账凭证"单选按钮，单击【开始过账】按钮，系统弹出【凭证过账】对话框，提示 89 张凭证过账成功，如图 8-4-2 所示。

路径：财务会计→总账→凭证处理→凭证过账。

2. 期末关账

供应链系统在期末结账前，往往需要对本期的出入库单据进行后续处理，如出入库核算，生成凭证，与财务系统对账等，但此时本期的核算单据录入尚未截止，可能会造成对账结果的不确定，而通过关账功能可截止本期的出入库单据的录入和其他处理，有利于为期末结账前的核算处理创造稳定的数据环境。是否关账并不影响期末结账，用户可根据企业实际情况选用此功能。

将系统时间调整为 2018 年 1 月 31 日，以会计沈秋红的身份登录系统，进行期末关账。

根据路径找到期末处理，双击"期末关账"，打开【期末关账】对话框，单击【关账】按钮，系统弹出【金蝶提示】对话框，提示关账成功，单击【确定】按钮，如图 8-4-3 所示。

路径：供应商→存货核算→期末处理→期末关账。

3. 期末对账

在【期末关账】对话框，单击【对账】按钮，在【过滤】对话框，设置"会计期间"为"2018 年 1 期"，"至"为"2018 年 1 期"，如图 8-4-4 所示。

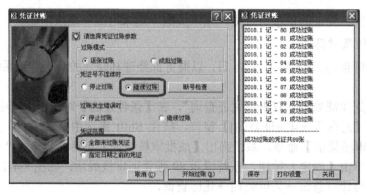

图 8-4-2

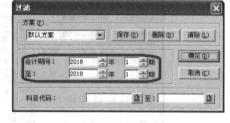

图 8-4-3　　　　　　　　　　　　　　图 8-4-4

单击【确定】按钮，打开【存货核算（供应链）系统-[仓存与总账对账单]】窗口，可查看仓存与总账的期初差额、收入差额、发出差额、期末差额。若差额均为 0 表示仓存和总账账务一致，不需要调整，若有差额，则需要查找原因，进行调整。本书中有直运采购、直运采购入库，但是发票中结转成本，所以会出现仓库本期收入与总账借方发生额、仓库本期发出与总账贷方发生额不一致的现象，但是期末差额为 0，说明对账成功，如图 8-4-5 所示。

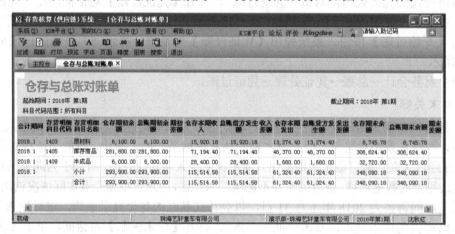

图 8-4-5

◉ 说明：

供应链对账时存货核算和总账对账不平原因：

（1）总账中存货核算系统的凭证是否都已经记账。
（2）存货核算对单据记账与制单月份是否相同。

（3）总账或其他模块是否使用了存货科目或存货模块的对方科目使用了存货科目。
（4）存在金额为 0 的单据。

4. 期末结账

期末结账截止本期核算单据的处理，计算本期的存货余额，并将其转入下一期，同时系统当前期间下置。期末结账前，会对本期的核算单据进行检查，从而判断物流业务是否已处理完整，若不完整，会给出相应的提示，并可在该模块联查相关的序时簿和报表。

根据路径找到期末处理，双击"期末结账"，打开【期末结账-介绍】对话框，单击【下一步】按钮，系统弹出【金蝶提示】对话框，提示"是否确定结账？"，单击【确定】按钮，系统弹出【期末结账-完成】对话框，单击【完成】按钮，如图 8-4-6 所示。

路径：供应商→存货核算→期末处理→期末结账。

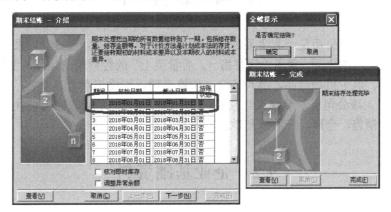

图 8-4-6

根据路径再次双击"期末结账"，打开【期末结账-介绍】对话框，2018 年 1 月会计期间的"结账状态"变为"是"，表示结账成功，供应链系统进入 2018 年 2 月会计期间，如图 8-4-7 所示。

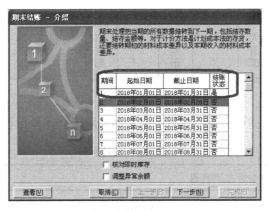

图 8-4-7

本学习任务主要介绍金蝶 K/3 软件存货核算中期末结账流程，期末结账包括期末关账、期末对账和期末结账，在保证仓库数据和总账数据一致的情况下才可以结账。

为了方便操作，建议每个学习任务结束后，及时备份账套，下一学习任务可以恢复本学习任务的账套进行操作。

项目 9 供应链模拟实训

9.1 企业介绍

广州美特电器有限公司是一家主要经营小家电的销售型企业。自成立以来，始终坚持为消费者提供健康而优质的生活，秉承"信誉第一，质量至上"的经营理念。公司主要经营电磁炉、电饭煲、电风扇、烘干机等产品，品种齐全、价格合理，深受消费者喜欢。

2018 年 1 月，该公司引入金蝶 K/3 软件，使用供应链模块、应收应付模块、总账模块来管理公司的采购、销售、仓库、应收应付款及存货核算业务。

9.2 企业基础资料

企业组织架构图，如图 9-1 所示。

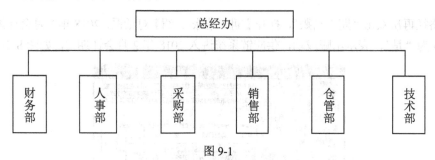

图 9-1

表 9-1 至表 9-14 所示为该企业会计科目、币别、新增会计科目等数据资料。

表 9-1 会计科目

会计科目	采用新会计准则科目

表 9-2 币别

币别代码	币别名称	记账汇率	折算方式	金额小数位数
RMB	人民币	1	（默认）	2
USD	美元	6.74	原币×汇率=本位币	2
EUR	欧元	7.71	原币×汇率=本位币	2

表 9-3 新增会计科目

科目代码	科目名称	外币核算	期末调汇	借贷方
1001.01	人民币	不核算		
1001.02	美元	美元	是	
1001.03	欧元	欧元	是	
1002.01	招商银行	不核算		
1002.01.01	人民币	不核算		
1002.01.02	美元	美元	是	
1002.01.03	欧元	欧元	是	
1002.02	建设银行	不核算		
1409	半成品			
2221.01	应交增值税	不核算		
2221.01.01	进项税额	不核算		借方
2221.01.05	销项税额	不核算		
6602.05	坏账准备			

表 9-4 会计科目修改

科目代码	科目名称	核算项目	备注
1122	应收账款	客户	科目受控系统：应收应付
1123	预付账款	供应商	科目受控系统：应收应付
2202	应付账款	供应商	科目受控系统：应收应付
2203	预收账款	客户	科目受控系统：应收应付

表 9-5 凭证字

凭证字	
	记

表 9-6 计量单位

计量单位组	计量单位编码	计量单位名称	换算率	转换方式
数量组	101	个	1	固定
	102	台	1	固定
	103	套	1	固定

表 9-7 客户

客户代码	客户名称	备注
001	广州华润家电有限公司	赊销
002	深圳新力电器商行	现销/直运
003	上海利达百货超市	委外代销
004	广州八达百货有限公司	分期收款
005	美国贝亲家电有限公司	出口

表 9-8 部门

部门代码	部门名称	部门属性	成本核算类型
001	总经办	非车间	期间费用部门
002	财务部	非车间	期间费用部门
003	采购部	非车间	期间费用部门
004	销售部	非车间	期间费用部门
005	仓管部	非车间	期间费用部门
006	技术部	非车间	期间费用部门
007	人事部	非车间	期间费用部门

表 9-9 职员

代码	姓名	部门名称	性别	职务
101	邓凯	总经办	男	总经理
201	谢婷	财务部	女	财务部经理
202	张璐	财务部	女	会计
203	林晶晶	财务部	女	出纳
204	杨雅然	财务部	女	会计
301	黄思聪	采购部	男	采购处处长
302	马晓琪	采购部	女	采购员
401	萧伟力	销售部	男	销售部主管
402	温左丽	销售部	女	销售员
403	郭家兴	销售部	男	销售员
501	何明华	仓库部	男	仓管部经理
502	张静怡	仓库部	女	仓管员
601	马永涛	技术部	男	质检员

表 9-10 仓库

仓库代码	仓库名称	仓库属性	仓库类型	是否进行仓位管理
001	成品仓	良品	普通仓	否
002	半成品仓	良品	普通仓	否
003	原材料仓	良品	普通仓	否

表 9-11 物料

物料代码	物料名称	物料分类	计量单位	存货科目	物料属性
1.00001	超滑豆浆机	成品	台	1405	外购
1.00002	婴儿辅食榨汁机	成品	台	1405	外购
1.00003	挂式圆筒热水器	成品	台	1405	外购
1.00004	智能电脑小风扇	成品	台	1405	委外加工
1.00005	三开保鲜冰箱	成品	台	1405	外购
1.00006	轻柔滚筒洗衣机	成品	台	1405	外购
1.00007	恒温电磁炉热水壶	成品	台	1405	外购
1.00008	家用烘干机	成品	台	1405	外购
1.00009	德国挂式烫熨机	成品	台	1405	外购
1.00010	蒸蛋器	成品	台	1405	外购
3.0001	小风扇扇片	原材料	个	1403	外购
3.0002	小电机	原材料	个	1403	外购
3.0003	风扇壳 10 cm	原材料	套	1403	外购

注：计价方法统一采用加权平均法；销售收入科目统一为 6001；销售成本科目统一为 6401。

表 9-12 供应商

供应商代码	供应商名称	备注
0001	广州美居家电有限公司	赊购
0002	佛山信达电器有限公司	现购
0003	长沙新阳电器有限公司	直运
0004	深圳灵韵小家电厂	委外加工
0005	上海力科家电有限公司	受托代销
0006	德国西门子电器有限公司	进口
0007	珠海天宇配件有限公司	原材料

表 9-13 仓库期初

物料代码	物料名称	单位	期初数量	期初金额	采购不含税价	销售含税价	备注
1.00001	超滑豆浆机	台	300	45 000	150	360	赊购/销
1.00002	婴儿辅食榨汁机	台	100	8 000	80	200	现购/销
1.00003	挂式圆桶热水器	台			1 500	3 000	直运
1.00004	智能电脑小风扇	台			25	70	委外加工
1.00005	三开保鲜冰箱	台			800	1 800	受托代销
1.00006	轻柔滚筒洗衣机	台	100	2 000	400	1 200	分期收款
1.00007	恒温电磁热水壶	台	600	21 000	35	200	委外代销
1.00008	家用烘干机	台	200	18 000	90	30 USD	出口
1.00009	德国挂式烫熨机	台			14EUR	280	进口/序列号
1.00010	蒸蛋器	台			15	40	批次/赠品
2.0001	小风扇扇片	个	2 000	2 000	1	5	
2.0002	小电机	个	1 000	10 000	10	30	期初暂估
2.0003	风扇壳 10cm	套	1 000	8 000	8	26	

表 9-14 总账会计科目期初数据

科目代码	科目名称	方向	期初余额	备注
1001.01	人民币		897 343	
1002.01.01	人民币		752 425	
1002.01.03	欧元		10 000	欧元
1002.02	建设银行		467 357	
1122	应收账款			
1231	坏账准备	贷	1 250	
1403	原材料			
1405	库存商品			
1409	半成品			
1601	固定资产		1 478 457	
1602	累计折旧	贷	13 000	
2001	短期借款	贷	200 000	
2202	应付账款			
4001	实收资本		2 768 656	

智能电脑小风扇 BOM 单如图 9-2 所示。

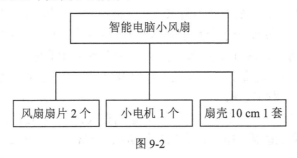

图 9-2

期初暂估入库单如图 9-3 所示。

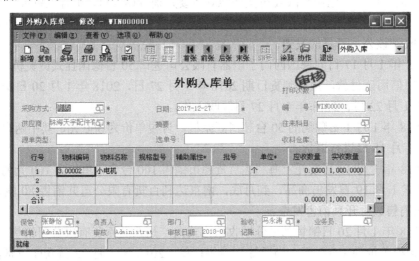

图 9-3

公司 2018 年 1 月份的供应链业务如下：

（1）2018 年 1 月 1 日向广州美居家电有限公司下达采购订单，赊购 50 台超滑豆浆机，采购不含税单价为 150 元，2018 年 1 月 5 日将该批货物入到成品仓，2018 年 1 月 10 日收到该公司开具的采购发票。

（2）2018 年 1 月 2 日深圳新力电器商行订购 20 台挂式圆桶热水器，含税单价为 3 000 元，公司接到订单后，同日向长沙新阳电器有限公司直运采购该批货物，采购不含税单价为 1 500 元，2018 年 1 月 10 日长沙新阳电器有限公司发货给深圳新力电器商行。2018 年 1 月 11 日开具销售发票，2018 年 1 月 14 日收到长沙新阳电器有限公司开具的采购发票。

（3）2018 年 1 月 3 日委托深圳灵韵小家电厂加工 500 台智能电脑小风扇，2018 年 1 月 6 日将委外加工原材料发货给委外加工商深圳灵韵小家电厂，2018 年 1 月 25 日收到委外加工完成的 500 台智能电脑小风扇，并收到该公司开具的加工发票 1 000 元，在整个委外业务中，公司花费了 200 元运费。

（4）2018 年 1 月 7 日美国贝亲家电有限公司订购 100 台家用烘干机，销售含税单价为 30USD，2018 年 1 月 11 日收到美国贝亲家电有限公司开具的信用证，同日销售部开出出运通知单通知仓库备货，2018 年 1 月 13 日进行报关，2018 年 1 月 21 日仓库进行装箱处理。

（5）2018 年 1 月 8 日收到珠海天宇配件有限公司 2017 年 12 月 23 日暂估入库货物的采购

发票，不含税单价为 10.2。

（6）2018 年 1 月 9 日公司受上海力科家电有限公司委托销售 50 台不含税单价为 800 元的三开保鲜冰箱，公司采用买断式受托代销方式，同日与该公司签订了采购订单，2018 年 1 月 10 日仓库收到该批货物，2018 年 1 月 28 日卖给广州华润家电有限公司 30 台，以发货给该公司，并开具了销售发票含税单价为 1 800 元。2018 年 1 月 29 日收到上海力科家电有限公司开具的 30 台三开保鲜冰箱采购发票。

（7）2018 年 1 月 15 日仓库发货给广州华润家电有限公司 50 台销售含税单价为 360 元的超滑豆浆机，销售方式为赊销，30~80 台的价格折扣为 5%，同日开具了销售发票，2018 年 1 月 28 日该公司支付货款。

（8）公司向佛山信达电器有限公司现购 200 台婴儿辅食榨汁机，不含税单价为 80 元，2018 年 1 月 16 日仓库收到该批货物，同时收到佛山信达电器有限公司赠送的 20 台蒸蛋器，单价为 15 元，同日收到该公司开具的发票。

（9）2018 年 1 月 17 日向德国西门子电器有限公司进口 50 台德国挂式烫熨机，CIF 单价为 14 欧元，采用信用证付款，预计到货日期 2018 年 1 月 27 日，2018 年 1 月 20 日报关，完税日期为 2018 年 1 月 22 日，2018 年 1 月 27 日验收入库。

（10）2018 年 1 月 1 日赊购的 50 台超滑豆浆机，含税单价为 360 元，其中两台出现质量问题，2018 年 1 月 18 日进行退货。

（11）2018 年 1 月 19 日委托上海利达百货超市销售 100 台含税单价为 100 元的恒温电磁热水壶，2018 年 1 月 19 日发出商品，到月底，南京达利百货有限公司共销售 80 辆，2018 年 1 月 29 日根据销售数量开具销售发票。

（12）2018 年 1 月 20 日销售部以分期收款方式向广州八达百货有限公司销售 50 台轻柔滚筒洗衣机，含税单价为 1 200 元，当天签订销售订单。2018 年 1 月 22 日仓库发货，2018 年 1 月 30 日与客户约定先支付 20 台货款，开具 20 台货款发票给该客户。

（13）2018 年 1 月 23 日广州华润家电有限公司购买 100 台超滑豆浆机，含税单价为 360 元，同时开具了发票，2018 年 1 月 24 日对该业务进行了收款，2018 年 1 月 28 日深圳宇润百货有限公司发现货物型号与订购要求不符，要求退货退钱。

（14）2018 年 1 月 31 日期末结账，进行核算成本、生成凭证、期末结账工作。

参 考 文 献

[1] 傅仕伟,李湘琳. 金蝶 K/3 ERP 供应链管理系统实验教程[M]. 北京:清华大学出版社,2017.

[2] 郑菁,傅仕伟,李湘琳,等. 金蝶 K/3 ERP 财务管理系统实验教程[M]. 北京:清华大学出版社,2015.

[3] 金蝶软件(中国)有限公司. 金蝶 K/3 V13.1 采购管理系统用户手册[Z],2013.

[4] 金蝶软件(中国)有限公司. 金蝶 K/3 V13.1 销售管理系统用户手册[Z],2013.

[5] 金蝶软件(中国)有限公司. 金蝶 K/3 V13.1 仓库管理系统用户手册[Z],2013.

[6] 金蝶软件(中国)有限公司. 金蝶 K/3 V13.1 存货核算用户手册[Z],2013.

[7] 金蝶软件(中国)有限公司. 金蝶 K/3 V13.1 供应商管理系统用户手册[Z],2013.

[8] 金蝶软件(中国)有限公司. 金蝶 K/3 V13.1 进出口管理系统用户手册[Z],2013.

参考文献

[1] 秦国鹏,丁亚红,王盼,等. FRP 筋和钢筋混凝土柱轴压试验对比[J]. 长江科学院院报, 2017.

[2] 吴涛,柴绍伟,刘喜,等. 方形 SCC FRP 筋/钢筋混凝土柱轴压性能[J]. 湖南大学学报, 2016.

[3] 邓海洋 (导师). 苗生文,等. 钢筋 K3V13 泵控液压系统设计[J]. 工程机械, 2013.

[4] 宋志安 (导师). 丁德会. 钢筋 K2V13 柱控液压系统理论分析[J]. 工程机械, 2013.

[5] 郑海莹 (导师). 杨国会,等. 筋混凝土 KJ/V13 柱压性能液压系统用[J]. 测量杂志, 2013.

[6] 魏振华 (导师). 王智志,等. 钢筋 KJ3V13 拄号液压杂志[J]. 工程机械, 2013.

[7] 张顺斌 (导师). 汪承志,等. 钢筋 K4V13 柱工程塔复液压系统分析[J]. 工程机械, 2013.

[8] 罗志昌,李树一,邓红英,等. 混凝土 KJ/V13 拄压实验性能研究[J]. 测量杂志, 2007.